國家出版基金項目
NATIONAL PUBLICATION FOUNDATION
重慶市出版專項資金

來知德全集（輯校）

第十册

周易集注·下（影印）

〔明〕來知德 撰
郭東斌 主編
劉重來 薛新力 學術審稿

重慶出版集團
重慶出版社

圖書在版編目（CIP）數據

周易集注．下 /（明）來知德撰；郭東斌主編．— 影印本．— 重慶：重慶出版社，2021.6
（來知德全集：輯校）
ISBN 978-7-229-15301-4

Ⅰ．①周… Ⅱ．①來… ②郭… Ⅲ．①《周易》- 注釋 Ⅳ．① B221.2

中國版本圖書館 CIP 數據核字 (2020) 第 189903 號

周易集注 · 下（影印）
ZHOUYI JIZHU · XIA（YINGYIN）
〔明〕來知德 撰 郭東斌 主編

總 策 劃： 郭 宜 鄭文武
責任編輯： 王 娟 朱 江
美術編輯： 鄭文武 王 遠
責任校對： 何建雲
裝幀設計： 王芳甜

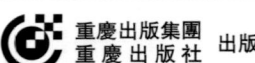

重慶出版集團
重慶出版社 出版
重慶市南岸區南濱路 162 號 1 幢 郵編：400061 http://www.cqph.com
重慶市聖立印刷有限公司印刷
重慶出版集團圖書發行有限公司發行
E-MAIL:fxchu@cqph.com 郵購電話：023-61520646
全國新華書店經銷

開本：787mm × 1092mm 1/16 印張：33.75
2021 年 6 月第 1 版 2021 年 6 月第 1 次印刷
ISBN 978-7-229-15301-4
定價：420.00 元

如有印裝質量問題，請向本集團圖書發行有限公司調換：023-61520678

《周易集注·下（影印）》編委會成員

總目録

目録

梁山來知德先生易經集註卷之十三

平山後學崔華重訂　男纘山代山鼂山齊同校

繫辭上傳

天尊地卑乾坤定矣卑高以陳貴賤位矣動靜有常剛柔斷矣方以類聚物以羣分吉凶生矣在天成象在地成形變化見矣

天地者。陰陽形氣之實體也。乾坤者。易中純陰純陽之卦名也。卑高者。天地萬物上下之位。貴賤者。易中卦爻上下之位也。動者陽之常。靜者陰之常。

以天地論。天動地靜。以萬物論。男外而動。女內而靜。雄鳴而動。雌伏而靜也。剛柔者。易中卦爻陰陽之稱也。斷、判斷。乃自然分判。非由人也。方者。東南西北之四方也。方以類聚者。以天下言之。冀州之類。與冀州相聚。荊州之類。與荊州相聚是也。以職方言之。南方之類。與南方相聚。北方之類。與北方相聚是也。物者、萬物也。羣分者、角之羣分別于毛。毛之羣分別于羽。羽之羣分別于裸是也。吉凶即善惡。以方言之。中土四邊。有腹裏邊方之善惡。天下九州有君子小人之善惡以物言之牛馬則善虎狼則惡此皆陰陽淑慝之分也故吉凶生矣吉凶者易中卦爻占决之辭也此皆聖人仰觀俯察列于兩間之表表可見者故以一尊一卑一卑一高一動一静一類一羣一形一象言之前儒以方謂事情所向恐不然矣象者日月星辰之屬形者山川動植之屬兩間形象其中有往有來有隱有見有榮有枯有生有死千變萬化易中變化則陰之極者變乎陽陽之極者化乎陰也○此一條言

天地萬物。一對一待。易之象也。蓋未畫易之前。一部易經已列于兩間。故天尊地卑。未有易卦之乾坤。而乾坤已定矣。卑高以陳。未有易卦之貴賤。而貴賤已位矣。動靜有常。未有易卦之剛柔。而剛柔已斷矣。方以類聚。物以羣分。未有易卦之吉凶。而吉凶已生矣。在天成象。在地成形。未有易卦之變化。而變化已見矣。聖人之易不過模寫其象數而已。非有心安排也。孔子因伏羲圓圖陰陽一對一待。陰錯乎陽。陽錯乎陰。所以發此條。

是故剛柔相摩八卦相盪鼓之以雷霆潤之以風雨日月運行一寒一暑乾道成男坤道成女乾知大始坤作成物、

八卦、以天地水火山澤雷風八卦之象。言非乾坎艮震巽離坤兌也。若舊註以兩相摩而爲四。四相摩而爲八。則將下文日月男女說不通矣。八卦者剛柔之體。剛柔者八卦之性。總則剛柔。分則八卦。摩盪者、兩儀配對。氣通乎間。交感相摩盪也。惟兩間之氣。交感摩盪。而後生育不窮。得陽氣之健者爲男。得陰氣之順者爲女。然成男雖屬乾道。而男女所受之氣。皆乾以始之。成女雖屬坤道。而男女所生之形。皆坤以成之。分之則乾男而坤女。合之則乾始而坤終。此造化一氣流行之妙。兩在不可測者也。知者、知此事也。作者、能此事也。蓋未成之物。無所造作。故言知。已成之物。曾經長養。故言作。言乾惟知始物。別無所知。坤惟能成物。別無所能。此所以易簡也。凡人之知屬氣屬魂。凡人之能屬形屬魄。故乾以知言。坤以能言也。大者、完全之意。

譬之生人。止天一生水也。而二之火爲心。三之木爲肝。四之金爲肺。五之土爲脾。一身之骸骨臟腑皆完全備具矣。蓋不惟始而大始也。〇此一條言天地陰陽之流行。一施一受。易之氣也。言天地萬物惟有此對待。故剛柔八卦相爲摩盪。于是鼓雷霆。潤風雨。日月寒暑運行往來。形交氣感。男女于是乎生矣。故乾所知者惟始物。坤所能者惟成物。無乾之施。則不能成坤之終。無坤之受。則不能成乾之始。惟知以施之。能以受之。所以生育不窮。孔子因文王圓圖帝出乎震。成言乎艮。又文王序卦陰綜乎陽。陽綜乎陰。所以發此條。

乾以易知坤以簡能易則易知簡則易從易知則有親易從則有功有親則可久有功則可大可久則賢人之德可大則賢人之業易簡而天下之理得矣天下之理得而成位乎其中矣

易知者、一氣所到。生物更無凝滯。此則造化之良知。無一毫之私者也。故知之易。簡能者、乃順承天。不自作爲。此則造化之良能。無一毫之私者也。故能之簡。蓋乾始坤成者。乃天地之職司也。使爲乾者用力之難。爲坤者用力之煩。則天地亦勞矣。惟易乃造化之良知。故始物不難。惟簡乃造化之良能。故成物不煩也。人受天地之中以生。其性分之天理。爲我良知良能者。本與天同其易。而乃險不可知。本與地同其簡。而乃阻不可從者。以其累于人欲之私耳。故易則易知。簡則易從。易知者、我易知乎此無私之理也。易從者、我易從乎此無私之理也。非人知人從也。下易字難易之易 ○此一條言人成位乎中也。言乾惟知大始。是乾以易知矣。坤惟能成物。是坤以簡能矣。人之所知如乾之易。則所知者皆性分之所固有。而無一毫人欲之艱深。豈不易知。人之所能如坤之簡。則所能者皆職分之所當爲。而無一毫人欲之紛擾。豈不易從。易知則此理之具于吾心者。常洽浹親就。不相支離疎隔。故有親。易從則此理之踐于吾身者。常日積月累。無有作輟怠荒。故有功。有親則日新不已。是以可久。有功則富有盛大。是以可大。可久則賢人之德與天同其悠久矣。可大則賢人之業。與地同其博大矣。夫以易簡而天下之理得成賢人之德業。則是天有是易。吾之心亦有是易。地有是簡。吾之身亦有是簡。與天地參而爲三矣。易中三才成其六位者此也。理得成位。即致中和天地位萬物育之意。賢人即聖人。與天地竝而爲三。非聖人而何。

右第一章　此章天尊地卑一條。言天地對待之體。剛柔相摩一條。言天地流行之用。乾以易知一條。則言人成位乎天地之中。成位乎中。則天地之體用模寫于易者。神而明之。皆存乎其人矣。此三條孔子原易之所由作。通未說到易上去。至第二章設卦觀象方言易。

聖人設卦觀象繫辭焉而明吉凶剛柔相推而生變化

設卦者。文王周公將伏羲圓圖六十四卦陳列也。象者物之似。總之有一卦之象。析之有六爻之象。觀此象而繫之以辭。以明一卦一爻之吉凶。剛柔相推者卦爻陰陽迭相爲推也。柔不一于柔。柔有時而窮。則自陰以推于陽而變生矣。剛不一于剛。剛有時而窮。則自陽以推于陰而化生矣。如乾之初九交于坤之初六。則爲震。坤之初六交于乾之初九。則爲巽。此類是也。又如夬極而乾矣。反下而又爲姤。剝極而坤矣。反下而又爲復。此類是也。易之爲道不過辭變象占四者而已。吉凶者占也。占以辭而明。故繫辭焉而明吉凶。剛柔相推者象也。變由象而出。故剛柔相推而生變化。

是故吉凶者失得之象也悔吝者憂虞之象也變化者進退之象也剛柔者晝夜之象也六爻之動三極之道也

是故者。因上文也。吉凶悔吝以卦辭言。失得憂虞以人事言。易言吉凶。在人爲失得之象。易言悔吝在人爲憂虞之象。蓋人之行事順理則得。逆理則失。故辭有吉凶。即人事失得之象。虞者樂也。憂則困心衡慮。漸趨于吉。亦如悔之自凶而趨吉也。虞則志得意滿。漸向于凶。亦如吝之自吉而向凶也。

所以悔吝即憂虞之象所謂觀象繫辭以明吉凶者此也。變化剛柔以卦畫言。進退晝夜以造化言。柔變乎剛進之象。剛化乎柔退之象。進者息而盈也。退者消而虛也。剛屬陽明。晝之象。柔屬陰暗。夜之象。進退無常。故變化者進退之象。晝夜一定。故剛柔者晝夜之象。三者、三才也。地位人位天位也。三才即六爻。分之則六爻。總之則三才。極、至也。爻不極則不變動。陽極則陰。陰極則陽。言六爻之變動者。乃三才極至之道理如此也。故曰道有變動。

曰爻。所謂剛柔相推而生變化者此也。六爻之動二句。言變化之故。

是故君子所居而安者易之序也所樂而玩者爻之辭也

上二節言聖人作易之事。此二節則教人之學易也。居者、處也。安者、處而不遷。樂者、悅樂也。玩者、悅樂而反覆玩味。序者、文王序卦也。所居而安者。文王六十四卦之序。所樂而玩者。周公三百八十四爻之辭。文王序卦有錯有綜。變化無窮。若可遷移叅然文王本其自然之畫而定之非有心安排也故不可遷移如乾止可與坤相錯不可與別卦相錯故孔子雜卦曰乾剛坤柔屯止可與蒙相綜不可與別卦相綜故孔子雜卦曰屯見而不失其居蒙雜而著故處而不遷此則教人學文王序卦學周公爻辭

是故君子居則觀其象而玩其辭動則觀其變而玩其占是以自天祐之吉无不利

辭因象而繫占因變而決靜而未卜筮時易之所

有者。象與辭也動而方卜筮時。易之所有者。變與占也。易之道一陰一陽。即天道也。如此觀玩。則所趨皆吉。所避皆凶。靜與天俱。動與天游。冥冥之中。若或助之矣。故自天祐之。吉无不利。變即上變也。言變則化在其中。此則教人學文王周公辭變象占。

右第二章　此章言聖人作易。君子學易之事。

彖者言乎象者也爻者言乎變者也吉凶者言乎其失得也悔吝者言乎其小疵也无咎者善補過也

彖謂卦辭文王所作者爻謂爻辭周公所作者象指全體而言乃一卦之所具者如元亨利貞則言一卦純陽之象變指一節而言乃一爻之所具者如潛龍勿用則言初陽在下之變凡言動之間盡善之謂得不盡善之謂失小不善之謂疵不明乎善而誤于不善之謂過覺其小不善非不欲改而彼時未改于是乎有悔覺其小不善猶及于改而不能改或不肯改于是乎有吝悔未至于吉而猶有小疵吝未至于凶而已有小疵善者嘉也嘉其

能補過也。卽上文言乎言字之例。本有過而能圖回改復謂之補。譬如衣有破處是過也。帛則用帛補之。布則用布補之。此之謂補過。吉凶失得之大。不如悔吝之小。悔吝疵病之小。又不如无咎之爲善。○彖言象。爻言變。則吉凶悔吝无咎之辭皆備矣。故吉凶者。言乎卦爻中之失得也。悔吝者。言乎卦爻中之小疵也。无咎者。善乎卦爻中之能補過也。此釋彖爻之名義。又釋吉凶悔吝无咎之名義也。

是故列貴賤者存乎位，齊大小者存乎卦，辯吉凶者存乎辭，憂悔吝者存乎介，震无咎者存乎悔。是故卦有小大，辭有險易。辭也者，各指其所之。

上文釋卦爻吉凶悔吝无咎之名義矣。此則教人體卦爻吉凶悔吝无咎之功夫也。五存應四言一善。列貴賤句應爻者言乎其變。齊大小句應彖者言乎其象。列者分列也。六爻上體爲貴，下體爲賤。齊者等也。等分大小也。陽大陰小。陽爲主者，復臨泰之類也。陰小爲主者，姤遯否之類也。小往大來大往小來皆其類也介者分也震者動也大小卽所齊之大小也險易者卽卦爻辭之險易也險者暗昧而艱深如文王卦辭履虎尾先甲後甲之類周公爻辭其人天且劓入于左腹之類是也易者明白而平易如文王卦辭謙君子有終漸女歸吉之類周公爻辭師左次同人于門之類是也之者往也各者吉凶悔吝无咎五者各不同也各指其所之者各指其所往之地也○言爻固言乎其變矣若列貴賤則存乎所變之位不可貴賤混淆

彖固言乎其象矣。若齊大小則存乎所象之卦。不可大小斎配。吉凶固言乎失得矣。若辯吉凶。則存乎其辭。辭吉則趨之。辭凶則避之。悔吝固言乎小疵矣。然不可以小疵而自恕。必當于此心方動善惡初分。幾微之時即憂之。則不至于悔吝矣。无咎固補過矣。然欲動補過之心者。必自悔中來也。是故卦與辭雖有大小險易之不同。然皆各指于所往之地。如吉凶則趨之避之。如悔吝則憂乎其介。如无咎存乎悔也。此則教人觀玩體卦爻吉凶悔吝无咎之功夫也。

右第三章　此章教人觀玩之事。故先釋卦爻並吉凶悔吝无咎五者之名義。而後教人體此卦爻。並五者功夫也。

易與天地準故能彌綸天地之道

準者均平也。言易之書與天地均平也。彌者彌縫包括周密。合萬爲一。而渾然無欠。即下文範圍之意。綸者絲綸。條理分明。析一爲萬。而燦然有倫。即下文曲成之意。彌綸天地者。如以乾卦言。爲天爲圓以至爲木果。即一卦而八卦可知矣。如以乾卦初爻潛龍言。在君得之則當傳位。在臣得之則當退休。在士得之則當靜修。在商賈得之則當待價。在女子得之則當愆期。在將帥得之則當左次。即一爻而三百八十四爻可知矣。豈不彌綸天地。

仰以觀於天文。俯以察於地理。是故知幽明之故。原始反終。故知死生之說。精氣爲物。遊魂爲變。是故知鬼神之情狀。

天垂象。有文章。地之山川原隰。各有條理。陽極而

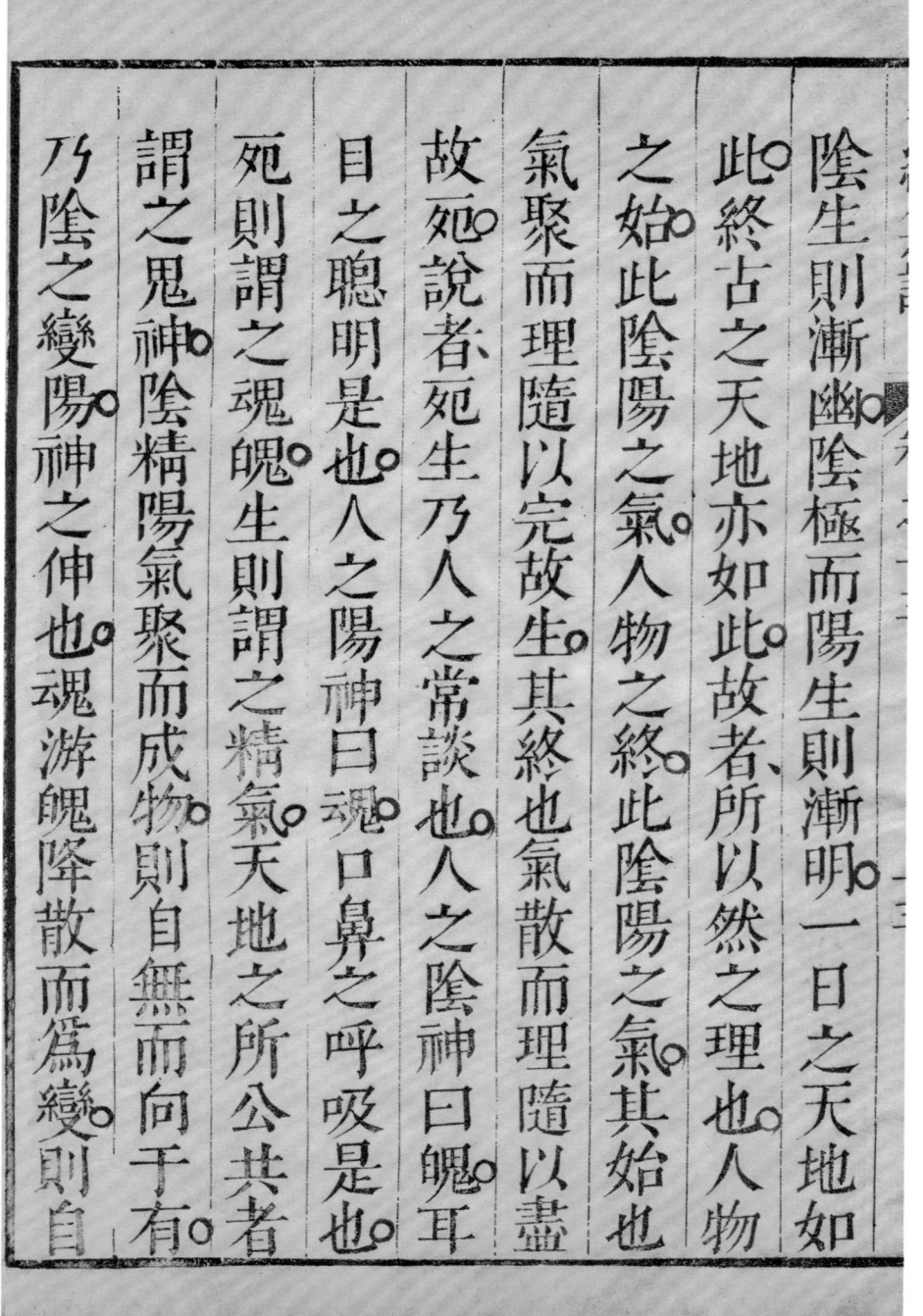

陰生則漸幽。陰極而陽生則漸明。一日之天地如
此。終古之天地亦如此此。故者、所以然之理也。人物
之始。此陰陽之氣。人物之終。此陰陽之氣。其始也
氣聚而理隨以完故生。其終也氣散而理隨以盡
故死死。說者、死生乃人之常談也。人之陰神曰魄。耳
目之聰明是也。人之陽神曰魂。口鼻之呼吸是也。
死則謂之魂魄。生則謂之精氣。天地之所公共者
謂之鬼神。陰精陽氣聚而成物。則自無而向于有。
乃陰之變陽。神之伸也。魂遊魄降散而爲變。則自

有而向于無乃陽之變陰鬼之歸也情狀猶言模樣○易與天地準者非聖人安排穿鑿強與之準也蓋易以道陰陽陰陽之道不過幽明死生鬼神之理而巳今作易聖人仰觀俯察知幽明之故原始反終知死生之說知鬼神之所以爲鬼神者乃精氣爲物游魂爲變也故能知其情狀夫天地之道不過一幽一明一死一生一鬼一神而巳而作易聖人皆有以知之此所以易與天地準也

與天地相似故不違知周乎萬物而道濟天下故不

過旁行而不流樂天知命故不憂安土敦乎仁故能愛知周音智相似卽不違。下文不過不憂能愛皆不違之事。知周乎萬物者。聰明睿知足以有臨。所以道濟天下也。不過雖指天地。若以聖人論。乃道濟天下。德澤無窮。舉天下不能過也。如言天下莫能載焉之意。與下文不過不同。旁行者行權也。不流者。不失乎常經也。天以理言。仁義忠信是也。命以氣言。吉凶禍福是也。樂天理則內重外輕。又知命則惟修身

以俟所以不憂如困于陳蔡夢奠兩楹援琴執杖
而歌是也隨寓而安乎土胸中無爾我町畦又隨
寓而敎篤乎仁所行者皆立人達人之事所以能
愛不過不憂能愛皆指天地言至大不能過者天
地之體不憂者天地之性能愛者天地之情天地
之道不過如此而已故以此三者言之萬物天下
恊不過二字樂字恊不憂二字仁字恊愛字○此
言聖人與天地準也言聖人于天地之道豈特如
上文知之哉聖人卽與天地相似也惟其與天地

相似。故聖人之道皆不違乎天地矣。何也、天地至
大無外。不能過者也。聖人則知周乎萬物。而道濟
天下。故與天地相似。同其不過。天地無心而成化。
鼓萬物而不與聖人同憂。不憂者也。聖人則旁行
不流。樂天知命。故與天地相似。同其不憂。天地以
生物爲心。能愛者也。聖人則安土敦仁。故與天地
相似。同其能愛。是三者皆與天地相似者也。惟其
相似。所以作易與天地準也。

範圍天地之化而不過。曲成萬物而不遺。通乎晝夜

之道而知故神无方而易无體

範如人範金使成形器圍如人墻圍使有界止化者天地之變化也天地陰而陽陽而陰本無遮闌本無窮盡聖人則範圍之範圍即裁成天地之道治曆明時體國經野之類是也不過者不使之過也曲成萬物如敎之養之大以成大小以成小之類是也通者達也通達乎晝夜之道而知之也晝夜即幽明死生鬼神也神指聖人即聖而不可知之謂神易指易書無方所無形體皆謂無形迹也

○聖人旣與天地相似。故易能彌天地之道。聖人則範圍天地而不過。亦能彌之。易能綸天地之道。聖人則曲成萬物而不遺。亦能綸之。易書所具不過幽明死生鬼神之理也。聖人則通乎晝夜之道而知。亦能知幽明死生鬼神。故聖則无方而易則无體。易與天地準者。因作易聖人亦與天地準也。

右第四章　此章言易與天地準者。因作易聖人亦與天地準也。

一陰一陽之謂道

理乘氣機以出入。一陰一陽。氣之散殊。即太極之理各足而富有者也。氣之迭運。即太極之理流行而日新者也。故謂之道。

繼之者善也成之者性也仁者見之謂之仁知者見之謂之知百姓日用而不知故君子之道鮮矣見音現知音智

繼是接續不息之意。書言帝降。中庸言天命。氣之方行。正所降所命之時。人物之所公共之者也。此指人物未生。造化流行上言之。蓋靜之終。動之始。靜極復動。則貞而又繼之以元。元乃善之長。此繼之者所以善也。以其天命之本體。不雜于形氣之私。故曰善。成是凝成有主之意。以成形。而理亦賦焉。乃人物所各足之者也。因物物各得其太極無妄之理。不相假借。故曰性。見發見也。仁者知者卽君子。○此一陰一陽之道。若以天人賦受之界言之。繼之者善也。成之者性也。此所以謂之道也。雖曰善曰性。然具于人身。渾然一理。無声無臭。不可以名狀。惟仁者發見于惻隱。則謂之仁。知者發見于是非。則謂之知。而後所謂善性者。方有名狀也。故百姓雖與君子同具此善性之理，但爲形氣所拘，物欲所蔽，而知君子仁知之道者鮮矣。

顯諸仁，藏諸用，鼓萬物而不與聖人同憂，盛德大業至矣哉。富有之謂大業，日新之謂盛德。

仁者，造化之心；用者，造化之功。仁本在内者也，如春夏之生長萬物，是顯諸仁；用本在外者也，如秋冬之收斂萬物，是藏諸用。春夏是顯秋冬所藏之仁，秋冬是藏春夏所顯之用。仁曰顯，用曰藏，互言之也。不憂者，乾以易知，坤以簡能，無心而成化，有何所憂。富有者。無物不有。而無一毫之虧欠。日新者。無時不然。而無一毫之間斷。天地以生物爲德以成物爲業。○此一陰一陽之道。若以天地言之。自其氣之噓也。則自內而外。顯諸其仁。自其氣之吸也。則自外而內。藏諸其用。然天地無心而成化雖鼓萬物出入之機。而不與聖人同憂。此所以盛德大業不可復加也。富有日新。乃德業之實。此一陰一陽之道在天地者也。

生生之謂易成象之謂乾效法之謂坤極數知來之

謂占通變之謂事陰陽不測之謂神

效法者承天時行惟效法之而已極數者方卜筮之時究極其陰陽七八九六之數觀其所值何卦所值何爻以斷天下之疑故曰占通變者既卜筮之後詳通其陰陽老少之變吉則趨之凶則避之以定天下之業故曰事以其理之當然而言曰道以其道之不測而言謂之神非道外有神也○此一陰一陽之道若以易論之陽生陰陰生陽消息盈虛始終代謝其變無窮此則一陰一陽之道在

易書易之所由名者此也。聖人作易之初。不過此陰陽二畫。然乾本陽而名爲乾者。以其健而成象。故謂之乾。坤本陰而名爲坤者。以其順而效法。故謂之坤。此則一陰一陽之道在卦者也。故究極此一陰一陽之數以知來。則謂之占。詳通其一陰一陽之變以行事。則謂之事。此則一陰一陽之道在卜筮者也。若其兩在不測則謂之神。蓋此一陰一陽之道。其見之于人則謂之仁知。見之于天地則謂之德業。見之于易則謂之乾坤。占事人皆得而測之。惟言陽矣。而陽之中未嘗無陰。言陰矣。而陰之中未嘗無陽。兩在不測。則非天下之至神。不能與于此矣。故又以神贊之。

右第五章　此章言一陰一陽之道不可名狀。其在人則謂之仁知。在天地則謂之德業。在易則謂之乾坤。占事而終贊其神也。通章十一箇謂字相同。一陰一陽貫到底。

夫易廣矣大矣。以言乎遠則不禦。以言乎邇則靜而正。以言乎天地之間則備矣。

廣言其中之所含。大言其外之所包。不禦者無遠不到而莫之止也。靜者無安排布置之擾也。正者六十四卦皆利于正也。備者無所不有也。下三句正形容廣大。○夫易廣矣大矣。何也。盖易道不外乎陰陽。而陰陽之理。則遍體乎事物。以遠言。其理則天高而莫禦。以邇言。其理則地靜而不偏。以天地之間而言。則萬事萬物之理無不備矣。此易所以廣大也。

夫乾其靜也專其動也直是以大生焉夫坤其靜也

翕其動也闢是以廣生焉

天地者乾坤之形體。乾坤者天地之情性。專者專一而不他。直者直遂而不撓。翕者舉萬物之生意而收斂于內也。闢者舉萬物之生意而發散于外也。乾之性健一而實。故以質言而曰大。大者天足以包乎地之形也。坤之性順二而虛。故以量言而曰廣。廣者地足以容乎天之氣也。動者乾坤之相交也。○易之所以廣大者。一本于乾坤而得之也。蓋乾畫奇。不變則其靜也專。變則其動也直。坤畫偶。不變則其靜也翕。變則其動也闢。是以大生廣生焉。易不過模寫乾坤之理。易道之廣大。其原蓋出于此。

廣大配天地變通配四時陰陽之義配日月易簡之善配至德

配者、相似也。非配合也。變通者、陰變而通于陽。陽變而通乎陰也。義者、名義也。卦爻中剛者稱陽。柔者稱陰。故曰義。易簡者、健順也。至德者、仁義禮知天所賦于人之理。而我得之者也。仁禮屬健。義知屬順。○易之廣大得于乾坤則易即乾坤矣。由此觀之。可見易之廣大。亦如天地之廣大。易之變通。亦如四時之變通。易所言陰陽之義。與日月之陰陽相似。易所言易簡之善。與聖人之至德相似。所謂遠不禦而近靜正。天地之間悉備者在是矣。此易所以廣大也。

右第六章　此章言易廣大配天地。

子曰易其至矣乎夫易聖人所以崇德而廣業也知崇禮卑崇效天卑法地天地設位而易行乎其中矣

成性存存道義之門

子曰二字後人所加、窮理則知崇如天而德崇。循理則禮卑如地而業廣。蓋知識貴乎高明。踐履貴乎著實。崇效天。則與乾知大始者同其知。所謂洋洋發育萬物峻極于天者。皆其知之崇也。禮卑法地。則與坤作成物者同其能。所謂優優大哉三千三百者。皆其禮之卑也。天清地濁。知陽禮陰。天地設位。而知陽禮陰之道卽行乎其中矣。易字卽知禮也。知禮在人則謂之性。而所發則道義也。門者言道義從此出也。此言聖人以易而崇德廣業。見易之所以爲至也。蓋六十四卦、三百八十四爻。皆理之所在也。聖人以是理窮之于心。則識見超邁。日進于高明。而其知也崇。循是理而行。則功夫敦篤。日就于平實。而其禮也卑。崇效乎天。則崇之至矣。故德崇。卑法乎地。則卑之至矣。故業廣。所以然者。非聖人勉強效法乎天地也。蓋天地設位。而知陽禮陰之道已行乎其中矣。其在人也。則謂之成性。渾然天成。乃人之良知良能。非有所造作而然也。聖人特能存之耳。今聖人知崇如天。則成性之良知已存矣。禮卑如地。則成性之良能又存矣。存之又存。是以道義之得于心爲德。見于事爲業者。自然日新月盛。不期崇而自崇。不期廣而自廣矣。聖人崇德廣業以此。此易所以爲至也。

右第七章　此章言聖人以易崇德廣業。見易之所以至也。

聖人有以見天下之賾。而擬諸其形容。象其物宜。是故謂之象。

頤者口旁也養也人之飲食在口者朝夕不可缺則人事之至多者莫多于口中日用之飲食也故曰聖人見天下之賾賾蓋事物至多之象也若以雜亂釋之又犯了下面亂字不如以口釋之則于厭惡字親切擬諸形容乾爲圜坤爲大輿之類象其物宜乾稱龍坤稱牝馬之類二其字皆指賾

聖人有以見天下之動而觀其會通以行其典禮繫辭焉以斷其吉凶是故謂之爻

觀其會通全在天下之動上言未著在易上去會

者事勢之奏合難通者也。即嘉會足以合禮。會字但嘉會乃嘉美之會。有善而無惡。此則有善惡于其間。典禮即合禮之禮。蓋通即典禮所存。以事勢而言則曰通。以聖人常法而言則曰典禮。典者常法也。禮即天理之節文也。如大禹揖遜與傳子。二者相奏合此會也。然天下謳歌等皆歸之子。此通也。若復揖遜不通矣。則傳子者。乃行其典禮也。湯武君與民二者相奏合。此會也。然生民塗炭。當救其民。順天應人。此通也。若順其君。不救其民。不通矣則誅君者乃行其典禮也所以周公三百八十四爻。皆是見天下之動。觀其會通以行其典禮。方繫辭以斷其吉凶。如剝卦五爻陰欲剝陽。陰陽二者相湊合而難通者也。然本卦有順而止之義。此通也。合于典禮者也。則繫貫魚以宮人寵之辭無不利而吉矣。離卦四爻兩火相接。下三爻炎上。上五爻又君位難犯。此二火湊合而難通者也。然本卦再無可通之處。此悖于典禮者也。則繫死如弃如之辭。無所容而凶矣。

言天下之至賾而不可惡也言天下之至動而不可亂也擬之而後言議之而後動擬議以成其變化（惡烏路反）

言、助語辭惡厭也。朝此飲食暮此飲食月此飲食、年此飲食得之則生不得則死何常厭惡既見天下之賾以立其象。是以不惟賾。雖言天下之至賾。而不可惡也。既見天下之動以立其爻。是以不惟動。雖言天下之至動而不可亂也。蓋事雖至賾而理則至一。事雖至動。而理則至靜。故賾雖可惡。而象之理犁然當于心。則不可惡也。動雖可亂。而爻之理井然有條貫則不可亂也是以學易者比擬其所立之象以出言則言之淺深詳畧自各當其理商議其所變之爻以制動則動之仕止久速自各當其時夫變化者易之道也既擬易後言詳易後動則語默動靜皆中于道易之變化不在其易而成于吾身矣故舉鶴鳴以下七爻皆擬議之事以爲三百八十四爻之凡例云

鳴鶴在陰其子和之我有好爵吾與爾靡之子曰君子居其室出其言善則千里之外應之况其邇者乎

居其室出其言不善則千里之外違之況其邇者乎言出乎身加乎民行發乎邇見乎遠言行君子之樞機樞機之發榮辱之主也言行君子之所以動天地也可不慎乎和胡卧反靡音縻行下孟反見賢遍反

釋中孚九二義以此擬議于言行亦如乾坤之文言也但多錯簡詳見後篇考定居室在陰之象出言鶴鳴之象千里之外應之子和之象言者心之聲出乎身加乎民行者心之迹發乎邇見乎遠此四句好爵爾靡之象戶以樞爲主樞動而戶之開

有明有暗。弩以機爲主。而弩之發或中或否。亦猶言之出。行之發。有榮有辱也。應雖在人。而感召之者則在我。是彼爲賓而我爲主也。故曰榮辱之主。動天地者。言不特榮在我也。言行感召之和氣。足以致天地之祥。不特辱在我也。言行感召之乖氣。足以致天地之異。如景公發言善而熒惑退舍。東海孝婦含寃而三年不雨是也。言行一發。有榮有辱。推而極之。動天地者亦此。安得不慎。所以擬議而後言動者以此。

同人先號咷而後笑子曰君子之道或出或處或默或語二人同心其利斷金同心之言其臭如蘭

釋同人九五爻義以擬議于異同爻辭本言始異終同孔子則釋以迹異心同也斷金者物不能間也言利刃斷物雖堅金亦可斷不能阻隔也如蘭者氣味之相投言之相入如蘭之馨香也○同人以同爲貴而乃言號咷而後笑者何也盖君子之出處語默其迹逈乎不同矣然自其心觀之皆各適于義成就一箇是而已迹雖不同而心則同故

物不能間而言之有味。宜乎相信而笑也。

初六藉用白茅无咎。子曰苟錯諸地而可矣藉之用茅何咎之有慎之至也夫茅之爲物薄而用可重也慎斯術也以往其无所失矣

釋大過初六爻義。以擬議于敬慎錯置也。置物者不過求其安。今置之于地亦可以爲安矣。而又承藉之以茅。則益有憑藉。安得有傾覆之咎。故无咎者。以其慎之至也。夫茅之爲物至薄之物也。今不以薄而忽之。以之而獲无咎之善。是其用則重矣。

當大過之時。以至薄之物。而有可用之重。此慎之之術也。慎得此術以往。百凡天下之事。又有何咎而失哉。孔子教人以慎術。即孟子教人以仁術。

勞謙君子有終吉子曰勞而不伐有功而不德厚之至也語以其功下人者也德言盛禮言恭謙也者致恭以存其位者也

釋謙九三爻義以擬議人之處功名。勞者、功之未成。功者、勞之已著。不德者、不以我有功而爲德也。厚者、渾厚不薄之意。厚之至。據其理而贊之。非言九三也語者言也以功下人者言厚之至不過以功下人也以功下人即勞而不伐有功而不德也德者及人之德即功勞也德欲及人常有餘禮欲覛己常不足言者言從來如此說也勞謙則兼此二者矣○人臣以寵利居成功所以鮮克有終九三勞謙君子有終吉者何也蓋人臣勞而不伐有功而不德此必器度識量有大過人者故爲厚之至夫厚之至者不過言其以功下人耳知此可以論九三矣何也蓋人之言德者必言盛人之言禮

者必言恭今九三勞則德盛矣謙則禮恭矣德盛禮恭本君子修身之事非有心爲保其祿位而强爲乎此也然致恭則人不與爭勞爭功豈不永保斯位所以勞謙有終吉者以此

亢龍有悔子曰貴而无位高而无民賢人在下位而无輔是以動而有悔也

重出

不出戸庭无咎子曰亂之所生也則言語以爲階君不密則失臣臣不密則失身幾事不密則害成是以

君子慎密而不出也

釋節初九爻義以擬議人之慎言語亂卽下文失臣失身害成也君不密如唐高宗告武后以上官儀殺我廢汝是也臣不密如陳蕃乞宣臣章以示宦者是也幾者事之始成者事之終如韓琦處任守忠之事歐陽脩曰韓公必自有說此密幾事也

○不出戶庭无咎何也蓋亂之所生皆言語以爲階如君之言語不密則害及其臣謀以弭禍而反以嫁禍于臣臣之言語不密則害及于身謀以除

害而反得反噬之害不特君臣爲然凡天下之事有關于成敗而不可告人者一或不密則害成言語者一身之戶庭君子愼密不出戶庭者以此

子曰作易者其知盜乎易曰負且乘致寇至負也者小人之事也乘也者君子之器也小人而乘君子之器盜斯奪之矣上慢下暴盜斯伐之矣慢藏誨盜冶容誨淫易曰負且乘致寇至盜之招也

釋解六三爻義以擬議小人竊高位聖人作易以盡情僞故言知盜思者雖未奪而思奪之也上慢者

慢其上不忠其君。下暴者暴其下不仁其民。四盜字皆言寇盜誨盜之盜。治字。偷也。冶者。妖冶也。粧餙妖冶其容也。此二句皆指坎也。坎爲盜爲淫。故象卦言見金夫不有躬。又言寇也。盜之招卽自我致口○作易者其知致盜之由乎。易曰。負且乘。致寇至。夫負本小人之事。而乘則君子之名器。小人而乘君子之名器。盜必思奪之矣。何也。蓋小人竊位。必不忠不仁。盜豈不思奪而伐之。然奪伐雖由于盜。而致其奪伐者。實由自暴慢有以誨之。亦猶

慢藏誨盜冶容誨淫也易之言正招盜而誨之之意也作易者不歸罪于盜而歸罪于招盜之人此所以知盜

右第八章　此章自中孚至此凡七乃孔子擬議之辭而爲三百八十四爻之凡例亦不外乎隨處以愼其言動而巳即七爻而三百八十四爻可類推矣

天一地二天三地四天五地六天七地八天九地十

伏羲龍馬負圖有一至十之數人知河圖之數而

不知天地之數。人知天地之數。而不知何者屬天。何者屬地。故孔子即是圖而分屬之。天陽其數奇。故一三五七九屬天。地陰其數偶。故二四六八十屬地。

天數五地數五五位相得而各有合天數二十有五地數三十凡天地之數五十有五此所以成變化而行鬼神也

天數五者、一三五七九、其位有五也。地數五者、二四六八十、其位有五也。五位者、即五數也。言此數在河圖上下左右中央天地各五處之位也。相得者、一對二、三對四、六對七、八對九、五與十對乎中央、如賓主對待相得也。有合者、一與六居北、二與七居南、三與八居東、四與九居西、五與十居中央、皆奇偶同居。如夫婦之陰陽配合也。二十有五者、一三五七九奇之所積也。三十者、二四六八十偶之所積也。變者化之漸。化者變之成。一二三四五居于圖之內者生數也。化之漸也。變也。六七八九十居于圖之外者。成數也。變之成也。化也。變化者數也卽下文知變化之道之變化也。鬼神指下文卜筮而言。卽下文神德行其知神之所爲之鬼神也。故曰卜筮者先王所以使民信時日。敬鬼神也。非屈伸往來也。言天地之數五十有五。成變化而鬼神行乎其閒。所以卜筮而知人吉凶也。故下文卽言大衍之數。乾坤之策四營成易也。何以爲生數成數。此一節盖孔子之圖說也。皆就河圖而言。河圖一六居北爲水。故水生于一而成于六。所以一爲生數。六爲成數。生者卽其成之端倪。成者卽其生之結果。二七居南爲火。三八居東爲木。四九居西爲金。五十居中央爲土。皆與一六同。

大衍之數五十其用四十有九分而爲二以象兩掛一以象三揲之以四以象四時歸奇於扐以象閏五歲再閏故再扐而後掛

衍與演同、演者廣也。衍者寬也。其義相同。言廣天地之數也。大衍之數五十者。蓍五十莖。故曰五十也。其用四十有九者。演數之法。必除其一。方筮之初。右手取其一策。反于櫝中。是也。分二者、中分其筮數之全。置左以半。置右以半。此則如兩儀之對待。故曰以象兩也。掛者。懸其一于左手小指之間也。三者。三才也。左爲天。右爲地。所掛之策象人。故曰象三。揲之以四者。間數之也。謂先置右手之策于一處。而以右手四四數左手之策。又置左手之策于一處。而以左手四四數右手之策。所以象春夏秋冬也。奇者。零也。所揲四數之餘也。扐者。勒也。四四之後。必有零數。或一或二或三或四。左手者歸之于第四第三指之間。右手者歸之于第三第二指之間而扐之也。象閏者以其所歸之餘策而象日之餘也。五歲再閏者。一年十二月。氣盈六日。朔虛六日。共餘十二日。三年則餘三十六日。分三十日爲一月。又以六日爲後閏之積。其第四第五年又各餘十二日。以此二十四日湊前六日又成一閏。此是五歲再閏也。掛一當一歲。揲左當二歲。扐左則三歲一閏矣。又揲右當四歲。扐右則五歲再閏矣。再扐而後掛者。再扐之後。復以所餘之蓍合而爲一。爲第二變。再分再掛再揲也。獨言掛者。

分二揲四皆在其中矣。此則象再閏也。

乾之策二百一十有六，坤之策百四十有四，凡三百有六十，當期之日。二篇之策萬有一千五百二十，當萬物之數也。期音基

策者，乾坤老陽老陰過揲之策數也。乾九坤六，以四營之。乾則四九三十六，坤則四六二十四。乾每一爻得三十六，則六爻得二百一十有六矣。坤每一爻得二十四，則六爻得百四十有四矣。當期之數者，當一年之數也。當者、適相當也。非以彼準此

也。若以乾坤之策三百八十四爻總論之。陽爻百九十二。每一爻三十六。得六千九百一十二策。陰爻百九十二。每一爻二十四。得四千六百八策。合之萬有一千五百二十。當萬物之數也。

是故四營而成易。十有八變而成卦。八卦而小成。引而伸之。觸類而長之。天下之能事畢矣。顯道神德行。是故可與酬酢。可與祐神矣。子曰。知變化之道者。其知神之所爲乎。

上文言數。此則總言卦筮引伸觸類之無窮也。營者求也四營者以四而求之也。如老陽數九。以四求之。則其策三十有六。老陰數六。以四求之。則其策二十有四。少陽數七。以四求之。則其策二十有八。少陰數八。以四求之。則其策三十有二。陰陽老少。六爻之本。故曰四營而成易。十有八變而成卦者。三變成一爻。十八變則成六爻矣。八卦者乾坎艮震之陽卦。巽離坤兌之陰卦也。言聖人作易止有此八卦。亦不過小成而已。不足以盡天下之能事也。惟引此八卦而伸之成六十四卦。如乾爲天天風姤。坤爲地地雷復之類。觸此八卦之類而長之。如乾爲天爲圜。坤爲地爲母之類。則吉凶趨避之理。悉備于中。天下之能事畢矣。能事者。下文顯道神德行。酬酢祐神所能之事也。道者。吉凶消長進退存亡之道。卽天下能事之理。德行者。趨避之見于躬行實踐。卽天下能事之迹。道隱于無。不能以自顯。惟有筮卦之辭。則其理昭然于人。不隱于茫昧矣。德滞于有。不能以自神。惟人取决于筮。則趨之避之。民咸用以出入。莫測其機緘矣。惟其顯道神德行則受命如嚮可以酬酢萬變如賓主之相應對故可與酬酢神不能自言吉凶與人惟有著卦之辭則代鬼神之言而祐助其不及故可與祐神不惟明有功于人而且幽有功于神天下之能事豈不畢變化者即上文著卦之變化也兩在不測人莫得而知之故曰神言此數出于天地天地不得而知也模寫于著卦聖人不得而知也故以神贊之子曰二字後人所加也

右第九章　此章言天地筮卦之數而贊其爲

神也。

易有聖人之道四焉以言者尚其辭以動者尚其變以制器者尚其象以卜筮者尚其占

易之爲道不過辭變象占四者而已。以者用也。尚者取也。辭者彖辭也。如乾元亨利貞是也。問焉而以言者尚之。則知其元亨。知其當利于貞矣。變者爻變也。動者動作營爲也。尚變者主于所變之爻也。制器者結繩網罟之類是也。尚象者網罟有離之象是也。占者占辭也。卜得初九潛龍。則尚其勿用之占是也。

是以君子將有爲也將有行也問焉而以言其受命也如嚮无有遠近幽深遂知來物非天下之至精其孰能與於此嚮去声

此尚辭之事。問卽命也。受命者、受其問也。以言二字、應以言者尚其辭。謂發言處事也。未有有爲有行而靜默不言者。嚮者、嚮者向也。卽嚮明而治之嚮也。言如彼此相向之近。而受命親切也。遠而天下後世。近而瞬夕戶階。幽則其事不明。深則其事不淺。

來物、未來之吉凶也。精者、潔淨精微也。○君子將
有爲有行問之　于易。易則受其問。如對面問荅
之親切。以决未來之吉凶。遠近幽深。無不周悉。非
其辭之至精孰能與此。故以言者尚其辭。
參伍以變錯綜其數通其變遂成天地之文極其數
遂定天下之象非天下之至變其孰能與於此
此尚變尚象之事。參伍錯綜皆古語。三人相雜曰
參。五人相雜曰伍。參伍以變者。此借字以言蓍之
變。乃分揲掛扐之形容也。蓋十八變之時。或多或

寡或前或後彼此相雜有參伍之形容故以參伍言之。錯者、陰陽相對。陽錯其陰。陰錯其陽也。如伏羲圓圖乾錯坤。坎錯離。八卦相錯是也。綜即今織布帛之綜。一上一下者也。如屯蒙之類、本是一卦在下則爲屯。在上則爲蒙。載之文王序卦者是也。天地二字即陰陽二字。成文者、成陰陽老少之文也。蓋奇偶之中有陰陽。純雜之中有老少。陽之老少即天之文。陰之老少即地之文。物相雜故曰文。即此文也。定天下之象者。如乾坤相錯則乾馬坤牛之類各有其象震艮相綜則震雷艮山之類各有其象是也變者象之未定象者變之已成故象與變二者不離著卦亦不相離故參伍言著錯綜言卦所以十一章言圓而神即言方以知也○參伍其著之變錯綜其卦之數通之極之而成文成象則奇偶老少不滯于一端內外貞悔不膠于一定而變化無窮矣非天下之至變其孰能與于此

故以動者尚其變以制器者尚其象

易无思也无爲也寂然不動感而遂通天下之故非

天下之至神其孰能與於此

此言尚占之事易者卜筮也蓍乃草無心情之物故曰無思龜雖有心情然無所作爲故曰無爲無心情無作爲則寂然而静至蠢不動之物矣故曰寂然不動感者人問卜筮也通天下之故者知吉凶禍福也此神字即是與神物之神上節就聖人辭上說故曰精就蓍卦形容上說故曰變此章蓍與龜上說乃物也故曰神○凡天下之物有思有爲其知識才能超出于萬物之表者方可以通天

下之故也。今蓍龜無思無為。不過一物而已。然方感矣而遂能通天下之故。未嘗遲回于其間。非天下之至神乎。所以以卜筮者尚其占。觀下文唯神也三字可見。

夫易聖人所以極深而研幾也唯深也故能通天下之志唯幾也故能成天下之務唯神也故不疾而速不行而至子曰易有聖人之道四焉者此之謂也

極深者究極其精深也。探賾索隱。鈎深致遠。通神明之德。類萬物之情。知幽明死生鬼神之情狀是也研幾者研審其幾微也履霜而知堅冰之至剝足而知蔑貞之凶之類是也唯精故極深未有極深而不至精者唯變故研幾未有知幾而不通變者通天下之志即發言處事受命如響也成天下之務即舉動制器成文成象也不疾不行即寂然不動而速而至即感而遂通天下之故也○總以辭變象占四者論之固至精至變至神矣然所謂精者以聖人極其深也惟深也故至精而能通天下之志所謂變者以聖人之研其幾也惟幾也故

至變而能成天下之務。蓍龜無思無爲。則非聖人之極深研幾矣。惟神而已。惟神也故寂然不動。感而遂通天下之故。不疾而速。不行而至也。夫至精至變至神。皆聖人之道。而易之辭變象占有之。故易謂有聖人之道四者。因此謂之四也。

右第十章　此章論易有聖人之道四。

子曰。夫易何爲者也。夫易開物成務。冒天下之道。如斯而已者也。是故聖人以通天下之志。以定天下之業。以斷天下之疑。

何爲者問辭也。如斯而已者、荅辭也。物乃遂知來物之物。吉凶之實理也。開物者、人所未知者開發之也。務者、趨避之事。爲人所欲爲者也。成者、成就也。冒天下之道者。天下之道悉覆冒包括于卦爻之中也。以者、以其易也。易開物。故物理未明。易則明之以通天下之志。易成務。故事業未定。易則定之以定天下之業。易冒天下之道。故志一通而心之疑決。業一定而事之疑決。以斷天下之疑。

是故蓍之德圓而神。卦之德方以知。六爻之義易以貢聖人以此洗心退藏於密吉凶與民同患神以知來知以藏往其孰能與於此哉古之聰明叡知神武而不殺者夫神已知來知字平声餘皆去声易音亦與音預夫音符

圓者、蓍數七七四十九。象陽之圓也。變化無方。開于未卦之先。可知來物。故圓而神。方者、卦數八八六十四。象陰之方也。爻位各居。定于有象之後。可藏往事。故方以知。易者一圓一方。交易變易。屢遷不常也。貢者、獻也。以吉凶陳獻于人也。洗心者、心之名也。聖人之心。無一毫人欲之私。如江漢以濯之又神又知又應變無窮具此三者之德所以謂之洗心猶書言人心道心詩言遐心以及赤心古心機心皆其類也非心有私而洗其心也退藏于密者此心未發也同患者同患其吉當趨凶當避也凡吉凶之幾兆端已發將至而未至者曰來吉凶之理見在于此一定而可知者曰往知來者先知也藏往者了然蘊畜于胸中也孰能與于此者問辭也古之聰明二句荅辭也人自畏服不殺之殺故曰神武○蓍之德圓而神筮以求之遂知來

物。所以能開物也。卦之德方以知。卒而揲之。具有

典常。所以能成務也。六爻之義易以貢。吉凶存亡

辭無不備。所以能冒天下之道也。聖人未畫卦之

前。已具此三者洗心之德。則聖人即蓍卦六爻矣。

是以方其無事而未有吉凶之患。則三德與之而

俱寂。退藏于密。鬼神莫窺。則蓍卦之無思無為寂

然不動也。及其吉凶之來與民同患之時。則聖人

洗心之神。自足以知來。洗心之智。自足以藏往。隨

感而應。即蓍卦之感而遂通天下之故也。此則用

神而不用蓍用智而不用卦。無卜筮而知吉凶。孰

能與于此哉。惟古之聖人聰明睿智。具蓍卦之理。

而不假于蓍卦之物。猶神武自足以服人。不假于

殺伐之威者。方足以當之也。此聖人之心易。乃作

易之本。

是以明于天之道而察于民之故是興神物以前民

用聖人以此齋戒以神明其德夫

天道者。陰陽剛柔。盈虛消長。自有吉凶。其道本如

是也。民故者。愛惡情僞。相攻相感。吉凶生焉。此其

故也。神物者、蓍龜也。興者、起而用之。即齋戒以神明其德也。前民用。即通志成務斷疑也。卜筮在前。民用在後。故曰前。齋戒者、敬也。蓍龜之德。無思無爲。寂然不動。感而遂通天下之故。乃天下之至神者。故曰神明。聖人不興起而敬之。百姓褻而弗用。安知其神明。聖人敬之。則蓍龜之德本神明。而聖人有以神明其德矣。○聖人惟其聰明睿智。是以明于天之道。而察于民之故。恐人不知天道民故之吉凶所當趨避也。于是興神物以前民用。使

其當趨則趨當避則避文恐其民之褻也聖人敬而信之以神明其德是以民皆敬信而神明之前民用而民用不窮矣

是故闔戶謂之坤闢戶謂之乾一闔一闢謂之變往來不窮謂之通見乃謂之象形乃謂之器制而用之謂之法利用出入民咸用之謂之神

二氣之機靜藏諸用動顯諸仁者易之乾與坤也二氣之運推遷不常相續不窮者易之變與通也此理之顯於其迹呈諸象數涉諸聲臭者易之象

與器也。此道修于其義。垂憲示人。百姓不知者。易之法與神也。乃者二氣之理也。○聖人明于天之道。而察于民之故。固與神物以前民用矣。百姓見易之神明。以爲易深遠而難知也。而豈終不易知哉。是故易有乾坤。有變通。有形象。有法神。卽今取此戶譬之。戶一也。闔之則謂之坤。闢之則謂之乾。又能闔又能闢。一動一靜。不膠固于一定。則謂之變。既闔矣而復闢。既闢矣而復闔。往來相續不窮。則謂之通。得見此戶則涉于有迹。非無聲無臭之可比矣。則謂之象。旣有形象。必有規矩方圓。則謂之器。古之聖人制上棟下宇之時。卽有此戶。則謂之法度。利此戶之用。一出一入。百姓日用而不知。則謂之神。卽一戶而易之理已在目前矣。易雖神明。豈深遠難知者哉。

是故易有太極是生兩儀兩儀生四象四象生八卦八卦定吉凶吉凶生大業

太極者、至極之理也。理寓于象數之中。難以名狀。故曰太極。生者、加一倍法也。兩儀者、畫一奇以象陽。畫一偶以象陰。爲陰陽之儀也。四象者、一陰之上加一陰爲太陰。加一陽爲少陽。一陽之上加一陽爲太陽。加一陰爲少陰。陰陽各自老少。有此四者之象也。八卦者、四象之上。又每一象之上各加一陰一陽爲八卦也。曰八卦即六十四卦也。下文昔者包犧氏之王天下也。始作八卦以通神明之德。以類萬物之情。曰神明萬物。則天地間無所不包括矣。如乾爲天爲圜。坤爲地爲母之類是也。故六十四卦。不過八卦變而成之。如乾爲天、天風姤。

坤爲地、地雷復之類是也。若邵子八分十六、十六分三十二、三十二分六十四、不成其說矣。定者、通天下之志。生者、成天下之務。蓋既有八卦。則剛柔迭用。九六相推。時有消息。位有當否。故定吉凶。吉凶既定。則吉者趨之。凶者避之。變通盡利。鼓舞盡神。故生大業。若無吉凶利害。則人謀盡廢。大業安得而生。

是故法象莫大乎天地變通莫大乎四時縣象著明莫大乎日月崇高莫大乎富貴備物致用立成器以

爲天下利莫大乎聖人探賾索隱鉤深致遠以定天下之吉凶成天下之亹亹者莫大乎蓍龜縣音玄天成象地效法之故曰法象萬物之生有顯有微皆法象也而莫大乎天地萬化之運終則有始皆變通也而莫大乎四時天文煥發皆懸象著明者而莫大乎日月崇高以位言貴爲天子富有四海是也物天地之所生者備以致用如服牛乘馬之類是也器乃人之所成者立成器以爲天下利舟楫網罟之類是也凡天地間器物智者創之巧者

述之如蔡倫之紙。家恬之筆。非不有用有利也。但一節耳。故莫大乎聖人。事爲之太多者曰賾。事幾之幽僻者曰隱。理之不可測度者曰深。事之不可驟至者曰遠。探者討而理之。索者尋而得之。鈎者曲而取之。致者推而極之。四字雖不同。然以蓍龜探之索之鈎之致之。無非欲定吉凶昭然也。亹亹者勉勉不已也。吉凶既定。示天下以從違之路。人自勉勉不已矣。此六者之功用皆大也。聖人欲借彼之大。以形容蓍龜之大。故以蓍龜終焉。與毛詩比體相同。○上文闔戶一節。以易之理比諸天地間一物之小者。然豈特小者為然哉。至于天地間至大之功用。亦有相同者。何也。蓋易有太極。是生兩儀。兩儀生四象。四象生八卦。八卦定吉凶。吉凶生大業。是大業也。所以成天下之亹亹者也。試以天地之大者言之。是故法象莫大乎天地。變通莫大乎四時。縣象著明莫大乎日月。崇高莫大乎富貴。備物致用立成器以為天下利莫大乎聖人。此五者皆天地間至大莫能過者也。若夫探賾索隱。

鉤深致遠。以定天下之吉凶。成天下之亹亹。以生其大業者。則莫大乎蓍龜。夫以小而同諸一物之小。大而同諸天地功用之大。此易所以冒天下之道也。

是故天生神物聖人則之天地變化聖人效之天垂象見吉凶聖人象之河出圖洛出書聖人則之易有四象所以示也繫辭焉所以告也定之以吉凶所以斷也

神物者、蓍龜也。天變化者、日月寒暑往來相推之類地變化者。山峙川流萬物生長凋枯之類。吉凶者。日月星辰纏次循度晦明薄蝕也。四象者。天生神物之象。天地變化之象。垂象吉凶之象。河圖洛書之象也。○易之爲道。小而一戶。大而天地四時日月富貴聖人無有不合。易誠冐天下之道矣。易道如此。豈聖人勉强自作哉。蓋易之爲書。不過辭變象占四者而已。故易有占。非聖人自立其占也。天生神物。有自然之占。聖人則之以立其占。易有變。非聖人自立其變也。天地變化。有自然之變。聖人效之以立其變。易有象。非聖人自立其象也。天垂象。見吉凶。有自然之象。聖人象之以立其象。易有辭。非聖人自立其辭也。河出圖。洛出書。有自然之文章。聖人則之以立其辭。因天地生此四象。皆自然而然。所以示聖人者至矣。聖人雖繫之以辭。不過因此四象繫之以告乎人而已。雖定之以吉凶。不過因此四象定之以决斷其疑而已。皆非聖人勉强自作也。學易者能居則觀象玩辭。動則觀變玩占。易雖冐天下之道。道不在易而在我矣。

右第十一章　此章言易開物成務冒天下之
道。然皆出于天地自然而然。非聖人勉強自
作也。

易曰自天祐之吉无不利子曰祐者助也天之所助
者順也人之所助者信也履信思乎順又以尚賢也
是以自天祐之吉无不利也

釋大有上九爻義。天人一理。故言天而即言人。天
之所助者順也。順則不悖于理。是以天祐之。人之
所助者信也。信則不欺乎人。是以人助之。六五以

順信也居屯上九位居六五之上是履信也身雖在上比于君而心未常不在君是思乎順也上賢與大畜剛上而尚賢同言聖人在上也上九履信思順而六五又尚賢此所以自天祐之吉无不利也上九居天位天之象應爻居人位人之象離中虛信之象中坤土順之象變震動思之象震為足上九乘乎五履之象

子曰書不盡言言不盡意然則聖人之意其不可見乎子曰聖人立象以盡意設卦以盡情偽繫辭焉以

盡其言變而通之以盡利鼓之舞之以盡神

書本所以載言然書有限不足以盡無窮之言言本所以盡意然言有限不足以盡無窮之意立象者伏羲畫一奇以象陽畫一偶以象陰也立象則大而天地小而萬物精及無形粗及有象悉包括于其中矣本于性而善者情也拂乎性而不善者僞也僞則不情情則不僞人之情僞萬端非言可盡即卦中之陰陽淑慝也既立其象又設八卦因而重之為六十四以觀愛惡之相攻遠近之相取

以盡其情僞文王周公又慮其不能觀象以得意也故又隨其卦之大小象之失得憂虞繫之辭以盡其言使夫人之觀象玩占者又可因言以得意而前聖之精蘊益以闡矣盡意盡情僞盡言皆可以爲天下利又恐其利有所未盡於是敎人于卜筮中觀其卦爻所變卽動則觀其變而玩其占也由是卽其所占之事而行之通達卽通變之謂事也下文化裁推行是也則其用不窮而足以盡利矣因變得占以定吉凶則民皆無疑而行事不倦

如以鼓聲作舞容。鼓聲疾。舞容亦疾。鼓聲不已。而舞容亦不已。自然而然。不知其孰使之者。所謂盡神也。盡利者、聖人立象設卦之功。盡神者、聖人繫辭之功。子曰宜衍其一 ○書不盡言。言不盡意。然則聖人之意終不可見乎。蓋聖人仰觀俯察。見天地之陰陽。不外乎奇偶之象也。于是立象以盡意。然獨立其象。則意中之所包猶未盡也。于是設卦以盡意中情僞之所包。立象設卦。不繫之以辭。則意中之所發。猶未昭然明白也。于是繫辭以盡其意中之所發立象設卦繫辭易之體已立矣于是教人卜筮觀其變而通之則有以成天下之務而其用不窮足以盡意中之利矣由是斯民鼓之舞之以成天下之亹亹而其妙莫測足以盡意中之神矣至此意斯無餘蘊而聖人憂世覺民之心方于此乎遂也

乾坤其易之緼耶乾坤成列而易立乎其中矣乾坤毀則无以見易易不可見則乾坤或幾乎息矣

易者易書也緼者衣中所著之絮也乾坤其易之

緼者謂乾坤緼于易六十四卦之中。非謂易緼于乾坤兩卦之中也。成列者、一陰一陽對待也。既有對待。自有變化。毀謂卦畫不立。息謂變化不行。蓋易中所緼者皆九六也。爻中之九皆乾。爻中之六皆坤。九六散布于二篇。而爲三百八十四爻。則乾坤成列。而易之本立乎其中矣。易之所以爲易者乾九坤六之變易也。故九六毀不成列。九獨是九。六獨是六。則無以見其爲易。易不可見。則獨陽獨陰。不變不化。乾坤之用息矣。乾坤未嘗毀。未嘗息。

特以爻畫言之耳。乾坤即九六。若不下箇縕字。就說在有形天地上去了。

是故形而上者謂之道形而下者謂之器化而裁之謂之變推而行之謂之通舉而措之天下之民謂之事業

道器不相離。如有天地就有太極之理在裏面。如有人身此軀體。就有五性之理藏于此軀體之中。所以孔子分形上形下。不離形字也。裂布曰裁。田鼠化爲鴽。周宣王時馬化爲狐。化意自見矣。化而

裁之者。如一歲裁爲四時。一時裁爲三月。一月裁
爲三十日。一日裁爲十二時是也。推行者將已裁
定者推行之也。如堯典分命羲和等事。是化而裁
之。至敬授人時。則推行矣。通者達也。如乾卦當潛
而行潛之事。則潛爲通。如行見之事則不通矣。當
見而行見之事則見爲通。如行潛之事則不通矣。
事者業之方行。業者事之已著。此五謂言天地間
之正理。聖人之教化禮樂刑賞皆不過此理。至于
下文六存。方說卦爻。不然下文化而裁之二句說

不去矣。蓋謂者名也。存者在也。上文言化而裁之名之曰變。下文言化而裁之在乎其變。字意各不同。說道理由精而及于粗。故曰形而上者謂之道。說卦爻由顯而至于微。故曰默而成之存乎德行。

○陰陽之象皆形也。形而上者超乎形器之上。無聲無臭。則理也。故謂之道。形而下者則囿于形器之下。有色有象。止于形而已。故謂之器。以是形而上下。化而裁之則謂之變。推而行之則謂之通。及舉此變通措之天下之民。則所以變所以通者。皆

成其事業矣。故謂之事業。此畫前之易也。與卦爻
不相干。
是故夫象聖人有以見天下之賾而擬諸其形容象
其物宜是故謂之象聖人有以見天下之動而觀其
會通以行其典禮繫辭焉以斷其吉凶是故謂之爻
重出以起下文
極天下之賾者存乎卦鼓天下之動者存乎辭化而
裁之存乎變推而行之存乎通神而明之存乎其人
默而成之不言而信存乎德行

極究也。賾多也。天地萬物之形象千態萬狀至多而難見也。卦之象莫不窮究而形容之。故曰極天下之賾者存乎卦。鼓起也。動酬酢往來也。天地萬物之事理。酬酢往來。千變萬化。至動而難以占决也。爻之辭莫不發揚其故以决斷之。故曰鼓天下之動者存乎辭。卦即象也。辭即爻也。化裁者、教人卜筮觀其卦爻所變。如乾初爻一變。則就此變化而以理裁度之。為潛龍勿用。乾卦本元亨利貞。今曰勿用。因有此變也。故曰存乎變。通者、行之通達不阻滯也。裁度已定。當推行矣。今當勿用之時。遂即勿用。不泥于本卦之元亨利貞。則行之通達不阻滯矣。故曰存乎通。神者。運用之莫測。明者。發揮之極精。下文默而成之。不言而信是也。無所作爲謂之默。曰默則不假諸極天下之賾之卦矣。見諸辭說之謂言。曰不言則不託諸鼓天下之動之辭矣。成者。我自成其變通之事也。信者。人自信之。如蓍龜也。與奏假無言時靡有爭同意。○極天下之賾者存乎卦之象。鼓天下之動者存乎爻之辭。此卦此辭化而裁之存乎其變推而行之存乎其通此本諸卦辭善于用易者也若夫不本諸卦辭神而明之則又存乎其人耳蓋有所爲而後成有所言而後信皆非神明惟默而我自成之不言而人自信之此則生知安行聖人之能事也故曰存乎德行故有造化之易有易書之易有在人之易德行者在人之易也有德行以神明之則易不在造化不在四聖而在我矣

右第十二章　此章論易書不盡言言不盡意

而歸重于德行也

梁山來知德先生易經集註卷之十四

平山後學崔華重訂　男縉岱[illegible]齊同校

繫辭下傳

八卦成列象在其中矣因而重之爻在其中矣剛柔相推變在其中矣繫辭焉而命之動在其中矣吉凶悔吝者生乎動者也剛柔者立本者也變通者趣時者也（重直龍反）

八卦以卦之橫圖言成列者乾一兌二離三震四陽在下者列於左巽五坎六艮七坤八陰在下者

易經集註　卷之十四

列于右。象者、八卦形體之象。不特天地雷風水火山澤之象。凡天地所有之象。無不具在其中也。因而重之者、三畫上復加三畫。重乾重坤之類也。陽極于六。陰極于六。因重成六畫。故有六爻。八卦成列二句。言三畫八卦。因而重之二句。言六畫八卦。至剛柔相推。言六十四卦。如乾爲天。乾下變一陰之巽。二陰之艮。三陰之坤。是剛柔相推也。繫辭者、繫六十四卦三百八十四爻之辭也。命者、命其吉凶悔吝也。動者、人之動作營爲。即趨吉避凶也。易六十四卦三百八十四爻不過一剛一柔九六而已易有九六是爲之本無九六則以何者爲本故曰立本易窮則變變則通通不變則不通有一卦之時有一爻之時時之所在理之所當然勢不得不然趨者向也○伏羲八卦成列雖不言象然既成八卦而文王之象已在卦之中矣伏羲八卦雖無爻然既重其六而周公六爻已在重之中矣六十四卦剛柔相推雖非占卜卦爻之變而卦爻之變已在其中矣各繫以辭雖非其動然占者值此爻

之辭。則即玩此爻以動之。而動即在其中矣。繫辭以命而動在其中者何也。蓋吉凶悔吝皆辭之所命也。占者由所命之辭而動。當趨則趨。當避則避。則動罔不吉。不然則凶悔吝隨之矣。吉凶悔吝生乎其動。動以辭顯。故繫辭以命。而動在其中矣。剛柔相推而變在其中者何也。蓋剛柔者。立本者也。變通者。趨時者也。有剛柔以立其本。而後可變通以趨其時。使無剛柔。安能變通。變通由于剛柔。故剛柔相推而變在其中矣。

吉凶者貞勝者也天地之道貞觀者也日月之道貞明者也天下之動貞夫一者也觀去声夫音扶貞者正也聖人一部易經皆利于正蓋以道義配禍福也故爲聖人之書術家獨言禍福不配以道義如此而詭遇獲禽則曰吉得正而斃焉則曰凶京房郭璞是也勝者勝負之勝言惟正則勝不論吉凶也如富與貴可謂吉矣如不以其道得之不審乎富貴吉而凶者也貧與賤可謂凶矣如不以其道得之能安乎貧賤凶而吉者也負乘者致其

寇。舍車者賁其趾。季氏陽貨之富貴。顏回原憲之貧賤。凡殺身成仁。舍生取義。過涉滅頂。皆貞勝之意也。觀者、垂象以示人也。道者、天地日月之正理。即太極也。一者、無欲也。無欲則正矣。孔子祖述堯舜者。祖述其精一也。故曰吾道一以貫之。又曰所以行之者一也。又曰天下之動貞夫一者也。三一字皆同。孔子没。後儒皆不知一字之義。獨周濂溪一人知之。故其不得已。又作入聖功夫字義。〇吉凶者、以貞而勝。不論其吉凶也。何也、天地有此正理而觀。故無私覆。無私載。日月有此正理而明。故無私照。天地日月且如此。而况于人乎。故天下之動。雖千端萬緒。惟貞夫一。能無欲則貞矣。有欲必不能貞。惟貞則吉固吉。凶亦吉。正大光明與天地之貞觀。日月之貞明。皆萬古不磨者也。豈論其吉凶哉。

夫乾確然示人易矣。夫坤隤然示人簡矣。爻也者效此者也。象也者像此者也。爻象動乎內。吉凶見乎外。功業見乎變。聖人之情見乎辭。見賢遍反確然、健貌。隤然、順貌。天惟有此貞一。故確然示人以易。地惟有此貞一。故隤然示人以簡。聖人作易、爻也者、不過效此貞一而作。象也者、不過像此貞一而立。使不效像乎此。則聖人之易與天地不相似矣。此爻此象方動于卦之中。則或吉或凶。卽呈于卦之外。而功業卽因變而見矣。功業者、成務定業也。因變而見。卽變而通之以盡利也。若聖人之辭。不過于爻象之中。因此貞一而繫之以辭也。蓋教人不論吉凶。以貞勝而歸于一者。此則聖人繫辭覺民之心情也故曰情。

天地之大德曰生聖人之大寶曰位何以守位曰仁何以聚人曰財理財正辭禁民爲非曰義

大德者易簡貞一之大德也。生者、天主生物之始。地主生物之成也。大寶者、聖人必居天位。方可行天道。是位者、乃所以成參贊之功者也。故曰大寶。聚人者、內而百官。外而黎庶也。理財者、富之也。九賦九式之類是也。正辭者、教之也。教之以正也。三物十二教之類是也。禁非者、既道之以德。又齊之以刑五刑五罰之類是也。仁義者貞一之理也。○天地有此貞一之大德。惟以生物爲心。故無私覆無私載。聖人居大寶之位。而與天地參。是以守其位而正位凝命也。則以仁。曰仁即天地貞一之大德也。居其位而理財正辭禁非也。則曰義。曰義即天地貞一之大德也。仁以育之。義以正之。有此貞一無私之大德。所以與天地參也。易之爲書。辭變象占。專敎人以貞勝而歸于一者。以此上繫首章舉天地易簡知能之德。而繼之以聖人之成位。見

聖人有以克配乎天地此作易之原易之體也下繫首章舉天地易簡貞一之德而繼之以聖人之仁義見聖人有以參贊乎天地此行易之事易之用也

右第一章　此章論易而歸之于貞一

古者包犧氏之王天下也仰則觀象于天俯則觀法于地觀鳥獸之文與地之宜近取諸身遠取諸物於是始作八卦以通神明之德以類萬物之情

法法象也天之象日月星辰也地之法山陵川澤

也。鳥獸之文。有息者根於天。飛走之類也。地之宜無息者根于地。草木之類也。如書言兗之漆。青之檿。徐之桐是也。非高黍下稻也。伏羲時尚鮮食安得有此。近取諸身。氣之呼吸。形之頭足之類也。遠取諸物。鱗介羽毛雌雄牝牡之類也。通者、理之相會合也。類者、象之相肖似也。神明之德。不外健順動止八者之德。萬物之情。不外天地雷風八者之情。德者陰陽之理。情者陰陽之迹。德精而難見。故曰通。情粗而易見。故曰類。○包犧氏之王天下也。

仰觀俯察與鳥獸之文與地之宜。近取諸身。遠取諸物。見得天地間一對一待。成列於兩間者。不過此陰陽也。一往一來。流行于兩間者。不過此陰陽也。于是畫一奇以象陽。畫一偶以象陰。因而重之以爲八卦。以通神明之德。以類萬物之情。

作結繩而爲網罟。以佃以漁。蓋取諸離。罟音古 佃音田

離卦中爻爲巽。繩之象也。網以佃。罟以漁。離爲目。網罟之兩目相承者似之。離德爲麗。網罟之物麗于中者似之。蓋取諸離者。言繩爲網罟有離之象。

非覩離而始有此也。教民肉食自包犧始。自此至
結繩而治。有取諸卦象者。有取諸卦義者。
包犧氏沒神農氏作斲木爲耜揉木爲耒耒耨之利
以教天下蓋取諸益 斲陟角反耜音似耒力對反耨奴豆反
耒耜者、今之犁也。耜者、耒之首。斲木使銳而爲之。
今人加以鐵鏵謂之犁頭。耒者、耜之柄。揉木使曲
而爲之。二體皆木。上入下動。中爻坤土。木入土而
動。耒耜之象。教民粒食。自神農始。
日中爲市致天下之民聚天下之貨交易而退各得

其所蓋取諸噬嗑

離日在上。日中之象。中爻艮爲徑路。震爲大塗。又爲足致民之象。中爻坎水艮山。羣珍所出。聚貨之象。又震錯巽。巽爲市利三倍。爲市聚貨之象。震動交易之象。巽爲進退退之象。艮止各得其所之象。此噬嗑之象也。且天下之人。其業不同。天下之貨其用不同。今不同者皆于市而合之。以其所有易其所無。各得其所。亦猶物之有間者。齧而合之。此噬嗑之義也。

神農氏沒黄帝堯舜氏作通其變使民不倦神而化之使民宜之易窮則變變則通通則久是以自天祐之吉無不利黄帝堯舜垂衣裳而天下治蓋取諸乾坤

陽極則必變于陰。陰極則必變于陽。此變也。陽變于陰則不至于亢。陰變于陽則不至于伏。此通也。陽而陰。陰而陽。循環無端。所以能久。是以聖人之治天下。民之所未厭者。聖人不強而去之。民之所未安者。聖人不強而行之。如此變通。所以使民不倦。不然民以爲紛更，安得不倦。由之而莫知其所以然者，神也。以漸而相忘于不言之中者，化也。神而化之，所以使民宜之。不然民以爲不便，何宜之有。○犧農之時，民朴俗野。至黃帝堯舜時，風氣漸開，時已變矣。三聖知時當變也，而通其變，使天下之人皆歡忻鼓舞，趨之而不倦。所以然者，非聖人有以强之也，亦神而化之而已。惟其神而化之，故天下之民安之以爲宜。惟其宜之，故趨之而不倦也。蓋天地之理，數窮則變，變則通，通則久。犧農之時。人害雖消。而人文未著。衣食雖足。而禮義未興。故黃帝堯舜惟垂上衣下裳之制。以明尊卑貴賤之分。而天下自治者。以窮則變。是以神而化之。與民宜之也。蓋取諸乾坤者。乾坤之理亦變化無爲。此乾坤之義也。乾坤之體。亦上衣下裳之尊卑。此乾坤之象也。

刳木爲舟。剡木爲楫。舟楫之利。以濟不通句致遠句以利天下。蓋取諸渙。刳口姑反剡以冉反

以濟不通句絕、致遠句絕、刳者、剖而使空也。刳木

中虛可以載物。刳者斬削也。剡木末銳可以進舟。濟不通者。橫渡水也。與濟人溱洧濟字同。溪澗江河或東西阻絕。或南北阻絕。皆不通也。致遠者。長江天遠。不能逆水而上。不能放流而下。皆不能致遠也。今有舟楫則近而可以濟不通。遠而可以致遠。均之爲天下則矣。濟不通即下文引重之致。致遠即下文致遠之致。蓋取諸渙者。下坎水上巽木。中爻震動。木動于水上。舟楫之象也。且天下若無舟楫。不惟民不能彼此往來。雖君臣上下亦阻絕

而不能往來○天下皆渙散矣○乘木有功○以濟其渙○
此渙之義也○

服牛乘馬引重致遠以利天下蓋取諸隨

上古牛未穿○此則因其性之順○穿其鼻馴而服之○
上古馬未絡○此則因其性之健○絡其首駕而乘之○
中爻巽爲繩○艮爲鼻○又爲手○震爲足○服之乘之之
象也○震本坤所變○坤爲牛○一奇畫在後者○陽實而
大○引重之象也○兌本乾所變○乾爲馬○一偶畫在前
者○大道開張○致遠之象也○牛非不可以致遠○曰引

重者爲其力也。馬非不可以引重。曰致遠者爲其敏也。蓋取諸隨者。人欲服牛。牛則隨之而服。人欲乘馬。馬則隨之而乘。人欲引重。則隨之而引重。人欲致遠。則隨之而致遠。動靜行止。皆隨人意。此隨之義也。

重門擊柝以待暴客蓋取諸豫

中爻下艮爲門。上震綜艮又爲門。是兩門矣。重門之象也。震動善鳴。有聲之木。柝之象也。艮爲守門閽人。中爻坎爲夜。艮又爲手。擊柝之象也。坎爲盜。

暴客之象也○上古外戶不閉○至此建都立邑○其中必有官職府庫○故設重門以禦之○擊柝以警之○以待暴客○豫者逸也○又備也○謙輕而豫怠○逸之意也○恐逸豫○故豫備○

斷木爲杵掘地爲臼臼杵之利萬民以濟蓋取諸小過

中爻兌爲毀折○斷與掘之象也○上震木下艮土○木與地之象也○大象坎陷○臼舂之象也○萬民以濟者○前此雖知粒食○而不知脫粟○萬民得此杵臼治米

極其精此乃小有所過而民用以濟者也

弦木爲弧剡木爲矢弧矢之利以威天下蓋取諸睽

弧弓也弦木使曲剡木使銳中爻坎木堅離木槁兌爲毀折弦木剡木之象也坎爲弓矢離爲戈兵又水火相息皆有征伐之意所以既濟未濟皆伐鬼方弧矢威天下之象也所以威天下者以其睽乖不服也故取諸睽

上古穴居而野處後世聖人易之以宮室上棟下宇以待風雨蓋取諸大壯

棟屋脊木也。宇、椽也。棟直承而上。故曰上棟。宇兩垂而下。故曰下宇。二陰在上。雷以動之。又中爻兌爲澤雨之象也。兌綜巽。巽風之象也。四陽相比。壯而且健。棟宇之象。大過四陽相比。故亦言棟。大壯者、壯固之義也。

古之葬者厚衣之以薪。葬之中野。不封不樹。喪期无數。後世聖人易之以棺椁。蓋取諸大過

衣之以薪。蓋覆之以薪也。葬之中野。葬之郊野之土中也。不封者無土堆。而人不識也。本卦象坎爲

隱伏葬之象也。中爻乾爲衣，厚衣之象也。巽爲木，

薪之象也。棺之象也。乾爲郊，郊外中野之象也。巽

爲入，兌錯艮爲手，又爲口，木上有口，以手入之，入

棺之象也。大過者，過于厚也。小過養生，大過送死，

惟送死可以當大事，故取大過。

上古結繩而治，後世聖人易之以書契，百官以治，萬

民以察，蓋取諸夬。

結繩者，以繩結兩頭，中割斷之，各持其一，以爲他

日之對驗也。結繩而治，非君結繩而治也。言當此

百姓結繩之時。為君者于此時而治也。書、文字也。言有不能記者書識之。契、合約也。事有不能信者。契驗之。百官以此書契而治。百官不敢欺。萬民以此書契而察。萬民不敢欺。取夬者、有書契則考核精詳。稽驗明白。亦猶君子之決小人。小人不得以欺矣。兊綜巽為繩。繩之象也。乾為言。錯坤。為文。言之有文。書契之象也。

右第二章　通章言制器尚象之事。網罟耒耜所以足民食。交易舟車所以通民財。弦弧門柝所以防民患杵臼以利其用衣裳以華其身宮室以安其居棺槨以送其死所以爲民利用安身養生送死無遺憾矣然百官以治萬民以察卒歸之夬之書契者蓋器利用便則巧僞生聖人憂之故終之以夬之書契焉上古雖未有易之書然造化人事本有易之理故所作事暗合易書正所謂畫前之易也

是故易者象也象也者像也彖者材也爻也者效天下之動者也是故吉凶生而悔吝著也

是故二字承上章取象而言。木挺曰材。材、幹也。一卦之材。即卦德也。天下之動紛紜轇轕。或出或處。或默或語。大而建侯行師開國承家。小而家人婦子嘻嘻嗃嗃。其變態不可盡舉。效者效力也。獻也。與川嶽效靈效字同。發露之意。言有一爻之動。即有一爻之變。周公于此一爻之下。即繫之以辭而效之。所謂六爻之義易以貢也。生者從此而生出也。著者自微而著見也。吉凶在事本顯。故曰生。悔吝在心尚微。故曰著。悔有改過之意。至于吉則悔之著也吝有文過之意至于凶則吝之著也原其始而言吉凶生于悔吝要其終而言則悔吝著而爲吉凶也○易卦者寫萬物之形象之謂也舍象不可以言易矣象也者像也假象以寓理乃事理彷彿近似而可以想像者也非造化之貞體也彖者象之材也乃卦之德也爻者效天下之動者也象之變也乃卦之趣時也是故伏羲之易惟像其理而近似之耳至于文王有彖以言其材周公有爻以效其動則吉凶由此而生悔吝由此而著矣

而要之皆據其象而已。故舍象不可以言易也。若學易者不觀其象。乃曰得意在忘象。得象在忘言。正告子所謂不得于言。勿求於心者也。若舍此象。止言其理。豈聖人作易前民用以教天下之心哉。

右第三章

陽卦多陰。陰卦多陽。其故何也。陽卦奇。陰卦偶。其德行何也。陽一君而二民。君子之道也。陰二君而一民。小人之道也

震坎艮爲陽卦。皆一陽二陰。巽離兌爲陰卦。皆一陰二陽。陽卦奇。陰卦偶者。言陽卦以奇爲主。震坎

艮皆一奇。皆出于乾之奇。震以一索得之。坎以再索得之。艮以三索得之。三卦皆出于乾之奇。所以雖陰多亦謂之陽卦。陰卦以偶爲主。巽離兑皆一偶。皆出于坤之偶。巽以一索得之。離以再索得之。兑以三索得之。三卦皆出于坤之偶。所以雖陽多亦謂之陰卦。陰雖二畫。止當陽之一畫。若依舊註陽卦皆五畫。陰卦皆四畫。其意以陽卦陽一畫。陰四畫也。陰卦陽二畫。陰二畫也。若如此則下文陽一君二民。非一民乃四民矣。陰二君一民。非一民乃二民矣。蓋陰雖二畫止對陽之一畫。故陽謂奇陰謂偶。所以說一陰一陽之謂道。德行兼善惡與上文故字相對。何也與上文何也相對。陽爲君。陰爲民。一君二民。乃天地之常經古今之大義。如唐虞三代。海宇蒼生。罔不率俾是也。故爲君子之道。二君一民。則政出多門。車書無統。如七國爭雄是也。故爲小人之道。○陽卦宜多陽而反多陰。陰卦宜多陰而反多陽。其故何也。蓋以卦之奇偶論之。陽以奇爲主。震坎艮三卦之奇皆出于乾。三男之卦故爲陽卦。陰以偶爲主。巽離兌三卦之偶。皆出于坤三女之卦。故爲陰卦。若以德行論之。陽一君而二民。君子之道也。震坎艮皆一君而二民。正合君子之道。故陽卦多陰。陰二君而一民。小人之道也。巽離兌皆二君而一民。正合小人之道。所以陰卦多陽。

右第四章

易曰憧憧往來朋從爾思子曰天下何思何慮天下同歸而殊塗一致而百慮天下何思何慮

此釋咸九四爻。亦如上傳擬議之事。下數節倣此。慮不出于心之思。但慮則思之深。爾同歸而殊塗者。同歸于理。而其塗則殊。一致而百慮者。一致于數。而其慮則百。因殊故言同。因百故言一。致者。極也。送詣也。使之至也。言人有百般思慮。皆送至于數。有數存焉。非人思慮所能爲也。正所謂莫之致而至者命也。以塗言之。如父子也。君臣也。夫婦也。朋友也。長幼也。如此之塗。接乎其身者甚殊也。然父子有親之理。君臣有義之理。夫婦有別之理。朋友有信之理。長幼有序之理。使父子數者之相感。吾惟盡其理而已。有何思慮。以慮言之。如富貴也。貧賤也。□□也。患難也。如此之慮。慼乎其心者有百也。然素富貴行乎富貴。素貧賤行乎貧賤。素□□行乎□□。素患難行乎患難。如使富貴數者之相感。吾惟安乎其數而已。有何思慮。下文則言造化理物有一定自然之數。吾身有一定自然之理。而吾能盡其理。安其數。則窮神知化而德盛矣。日往則月來。月往則日來。日月相推而明生焉。寒往

則暑來暑往則寒來寒暑相推而歲成焉往者屈也來者信也屈信相感而利生焉尺蠖之屈以求信也龍蛇之蟄以存身也信音申

以造化言之一晝一夜相推而明生一寒一暑相推而歲成成功者退謂之屈方來者進謂之信一往一來一屈一信循環不已謂之相感利者功也日月有照臨之功歲序有生成之功也應時而往自然而往應時而來自然而來此則造化往來相感一定之數惟在乎氣之自運而已非可以思慮

而往也非可以思慮而來也以物理言之。屈者乃所以爲信之地。不屈則不能信矣。故曰求。必蟄而後存其身以奮發。不蟄則不能存身矣。應時而屈自然而屈。應時而信。自然而信。此則物理相感一定之數。惟委乎形之自然而已。非可以思慮而屈也。非可以思慮而信也。正所謂一致而百慮也。造化物理往來屈信。既有一定之數。則吾惟安其一致之數而已。又何必百慮而憧憧往來哉。

精義入神以致用也利用安身以崇德也

精者明也。擇也。專精也。即惟精惟一之精。言無一毫人欲之私也。義者、吾性之理。即五倫仁義禮知信之理也。入神者、精義之熟。手舞足蹈。皆其義從心所欲不踰矩。莫知其所以然而然也。致用者、詣于其用。出乎身發乎邇也。利用者、利于其用。加乎民見乎遠也。安身者、身安也。心廣體胖。四體不言而喻也。惟利于其用。無所處而不當。則此身之安自無入而不自得矣。既利用安身。則吾身之德自不覺其積小高大矣。〇以吾身言之。精研其義。至于入神。非所以求致用也。而自足以爲出而致用之本。利其施用。無適不安。非所以求崇德也。而自足以爲入而崇德之資。致者自然而致。崇者自然而崇。此則吾身內外相感一定之理也。正所謂同歸而殊塗也。故天下之塗雖有千萬之殊。吾惟盡同歸之理。精義入神以致用。利用安身以崇德而已。又何必論其殊塗而憧憧往來哉。

過此以往未之或知也窮神知化德之盛也

過此者過此安一致之數。盡同歸之理也。以往者前去也。未之或知者、言不知也。言相感之道。惟當安數盡理。如此功夫。過此則無他術。無他道也。故同歸之理。窮此者謂之窮神。一致之數。知此者謂之知化。能窮之知之。則不求其德之盛。而德之盛也無以加矣。又何必憧憧往來也哉。天下何思何慮者正以此。蓋盡同歸之理。是樂天功夫。神以理言。故言窮。安一致之數。是知命功夫。化以氣言。故言知。理即仁義禮知之理。氣即吉凶禍福之氣。內而精義入神。巳有德矣。外而利用安身。又崇其德。

內外皆德之盛故總言德之盛崇字即盛字。非崇外別有盛也。一部易經說數即說理。

易曰困於石據於蒺藜入於其宮不見其妻凶子曰非所困而困焉名必辱非所據而據焉身必危既辱且危死期將至妻其可得見邪

釋困六三爻義。非所困者在我非所困也。非所據者在人非所據也。欲前進以榮其身。不得其榮。是求榮而反辱也。故名必辱。欲後退以安其身。不得其安。是求安而反危也。故身必危。辱與危死道也。

故不見妻。

易曰公用射隼于高墉之上獲之无不利子曰隼者禽也弓矢者器也射之者人也君子藏器于身待時而動何不利之有動而不括是以出而有獲語成器而動者也

釋解上六爻義。此孔子別發一意。與解悖不同。括字乃孔子就本章弓矢上取來用。蓋矢頭曰鏃。矢末曰括。括與筈同。乃箭筈也。管弦處也。故書曰若虞機張往省括于度則釋。括有四義。結也。至也。檢也包也。詩曰之夕矣牛羊下括。至之義也。楊子或問士曰其中也弘深。其外也肅括。檢之義也。過秦論包括四海包之義也。此則如坤之括囊。取閉結之義。動而不閉結。言動則不遲疑滯礙。左之左之。右之右之。無不宜之。有之。資深逢原之意也。○隼者禽也。弓矢者器也。射之者人也。君子負濟世之具于身。而又必待其時。時既至矣。可動則動。何不利之有。蓋濟世之具在我。則動而不括。此所以出而有獲。无所不利也。易曰、公用射隼于高墉之上。

獲之无不利者。正言器已成矣。而後因時而動也。

子曰小人不耻不仁不畏不義不見利不勸不威不懲小懲而大誡此小人之福也易曰屨校滅趾无咎此之謂也

釋噬嗑初九爻義。可耻者莫如不仁。小人則甘心不仁。可畏者莫如不義。小人則甘心不義。利以動之而後爲善。曰勸者。即勸其爲仁爲義也。威以制之而後去惡。曰懲者。即懲其不仁不義也。故小有懲于前。大有誡于後。此則小人之福也。不然不仁不義不勸不懲積之既久。罪大而不可解矣。何福之有。易曰屨校滅趾无咎者。正此止惡于未形。小懲大誡。爲小人之福之意也。

善不積不足以成名惡不積不足以滅身小人以小善爲无益而弗爲也以小惡爲无傷而弗去也故惡積而不可掩罪大而不可解易曰何校滅耳凶

釋噬嗑上九爻義。惟惡積而不可掩。故罪大而不可解。何校滅耳凶者。積惡之所致也。

子曰危者安其位者也亡者保其存者也亂者有其

治者也是故君子安而不忘危存而不忘亡治而不忘亂是以身安而國家可保也易曰其亡其亡繫于苞桑

釋否九五爻義。安危以身言。存亡以家言。治亂以國言。所以下文曰身安而國家可保也。危者自以爲位可恒安者也。亡者自以爲存可恒保者也。亂者自以爲治可恒有者也。惟安其位。保其存。有其治。則志得意滿。所以危亡而亂矣。唐之玄宗、隋之煬帝是也、易敎人易者使傾正此意。

子曰德薄而位尊知小而謀大力小而任重鮮不及矣易曰鼎折足覆公餗其形渥凶言不勝其任也知音智勝音升

釋鼎九四爻義德所以詔爵智所以謀事力所以當任鮮不及者鮮不及其禍也

子曰知幾其神乎君子上交不諂下交不瀆其知幾乎幾者動之微吉之先見者也君子見幾而作不俟終日易曰介于石不終日貞吉介如石焉寧用終日斷可識矣君子知微知彰知柔知剛萬夫之望

釋豫六二爻義。諂者諂諛附氷山吠村莊者也。瀆者瀆慢也。不知其幾。如劉柳交叔文竟陷其黨是也。斷可識者、斷可識其不俟終日也。豫卦獨九四大有得。蓋爻之得時者。初與四應。交乎四者也。三與四比。亦交乎四者也。皆諂于其四矣。獨二隔三不與四交。上交不諂者也。初六鳴豫凶。不正者也。二與之比。二中正不瀆慢下交不瀆者也。動之微卽先見。知微知彰也。本卦止一剛。初柔四剛。知柔知剛也。聖人之言皆有所據。知幾其神。與知微知彰三句皆是贊辭○幾者人之所難知能知人之所不能知故曰神君子之交人上下之間不諂不瀆者以其有先見之明懼其禍之及已也故知幾惟君子何也蓋幾者方動之始動之至微良心初發吉之先見者也若溺于物欲非初動之良心延遲不決則不能見幾禍已及已見其凶而不見其吉矣惟君子見此幾即作而去不俟終日然見此幾之君子豈易能哉必其操守耿介修身反已無一毫人欲之私者方可能之易曰介于石不終日

貞吉。夫以耿介如石之不可移易。則知之之明。去之之決。斷可以識其不俟終日矣。蓋天下之事。有微有彰。人之處事。有柔有剛。人知乎此。方能見幾也。今君子既知其微。又知其彰。既知其所以柔。又知其所以剛。四者既知。則無所不知矣。所以爲萬夫之望。而能見幾也。故贊其知幾其神。

子曰顏氏之子其殆庶幾乎有不善未嘗不知知之未嘗復行也易曰不遠復无祇悔元吉

釋復初九爻義。殆者、將也。庶、近也。幾者、動之微。吉之先見者也。即下文有不善未嘗不知也。言顏氏之子其將近于知幾乎。知之未嘗復行。故不貳過。

天地絪緼萬物化醇男女搆精萬物化生易曰三人行則損一人一人行則得其友言致一也

釋損六三爻義。絪麻線也。緼綿絮也。借字以言天地之氣。纏綿交密之意。醇者、凝厚也。本醇酒。亦借字也。天地之氣本虛。而萬物之質則實。其實者乃虛氣之化而凝。得氣成形。漸漸凝實。故曰化醇。男女乃萬物之男女。雌雄牝牡。不獨人之男女也。男女乃父母萬物皆男女之所生也以卦象言地在中爻上下皆无有天將地纒綿之象故曰天地絪緼以二卦言少男在上少女在下男止女悅有男女搆精之象故以天地男女並言之致與喪致乎哀致字同專一也陰陽兩相與則專一本卦六爻應與皆陰陽相配故曰致一○天地絪緼氣交也專一而不二故曰醇男女搆精形交也專一而不二故化生夫天地男女兩也絪緼搆精以一合一亦兩也所以成化醇化生之功易曰三人行則損

一人。一人行則得其友者正以損一人者兩也得其友者兩也兩相與則專一。若三則雜亂矣。豈能成功。所以爻辭言損一得友者以此。

子曰君子安其身而後動易其心而後語定其交而後求君子修此三者故全也危以動則民不與也懼以語則民不應也无交而求則民不與也莫之與則傷之者至矣易曰莫益之或擊之立心勿恒凶易其之易以鼓反

釋益上九爻義。安其身者身無愧怍也。危則行險矣。易其心者坦蕩蕩也。懼則長戚戚矣。以道義交則淡以成故定。以勢利交。則苟以壞。故無交。修者、安也。易也。定也。修此三者、則我體益之道全矣。故不求益而自益。若缺其一。則立心不恒。不能益矣。全對缺言。民者、人也。上與字黨與之與。下與字取與之與。莫之與。卽上文民不與不應不與也。傷之者、卽擊之也。安也易也定也。皆立心之恒。故曰立心勿恒凶。

右第五章

子曰乾坤其易之門邪乾陽物也坤陰物也陰陽合

德而剛柔有體以體天地之撰以通神明之德

門者、物之所從出者也。陰陽二卦。六十四卦、三百八十四爻。皆其所從出。故爲易之門。有形質曰物。一奇象陽。一偶象陰。則有形質矣。以二物之德言。則陰與陽合。陽與陰合。而其情相得。以二物之體言。則剛自剛。柔自柔。而其質不同。以者、用也。撰者、述也。天地之撰。天地雷風之類也。可得見者也。德者、理也。神明之德。健順動止之類也。不可測者也。可得見者易。則以此二物體之。不可測者易。則以此二物通之。形容曰體。發越曰通。

其稱名也雜而不越於稽其類其衰世之意邪

一卦有一卦之稱名。一爻有一爻之稱名。或言物象。或言事變。可謂至雜矣。然不過體天地之撰。通神明之德而已。二者之外。未嘗有踰越也。但稽考其體之通之之類。如言龍戰于野。入于左腹。獲明夷之心。如此之類。似非上古民淳俗朴。不識不知之語也。意者衰世民僞日滋。所以聖人說此許多名物事類出者。亦不得已也。

夫易彰往而察來而微顯闡幽開而當名辯物正言斷辭則備矣

彰往者、明天道之已然也。陰陽消息。卦爻之變。象有以彰之。察來者、察人事之未然也。吉凶悔吝。卦爻之占辭。有以察之。日用所爲者顯也。易則推其根于理數之幽。以微之。使人敬慎而不敢慢。百姓不知者幽也。易則就其事爲之顯。以闡之。使人洞曉而無所疑。開而當名辯物者。各開六十四卦所當之名。以辯其物。如乾馬坤牛乾首坤足之類。不使之至于混淆也。正言斷辭者。所斷之辭。吉則正言其吉。凶則正言其凶。無委曲無廻避也。如是則精及無形。粗及有象。無不備矣。曰備者。皆二物有以體其撰。通其德也。此其所以備也。

其稱名也小。其取類也大。其旨遠。其辭文。其言曲而中。其事肆而隱。因貳以濟民行。以明失得之報

牝馬遺音之類。卦之稱名者小也。負乘喪茀之類。爻之稱名小者也。肆。陳也。貳者。副也。有正有副。猶兩也。言既小又大。既遠又文。既曲又中。既肆又隱。

不滯于一邊故名爲貳失得者吉凶也報者應也○易辭纖細無遺其稱名小矣然無非陰陽之理黙寓乎中而取類又大天地陰陽道德性命散見于諸卦爻之中其旨遠矣然其辭昭然有文明白顯然以示人而未常遠也卦爻之言委曲婉轉謂之曲曲則若昧正理矣然曲而中乎典禮正直而不私焉敘事大小本末極其詳備謂之肆肆則若無所隱矣然理貫于大小本末之中顯而未必不隱焉因此貳則兩在莫測無方無體矣宜乎濟斯

民日用之所行。以明其吉凶之應也。曰濟者皆二物有以體其撰通其德。此其所以濟也。夫易皆二物體其撰通其德。則乾坤不其易之門耶。

右第六章　此章言乾坤爲易之門。

易之興也其于中古乎作易者其有憂患乎

易之興指周易所繫之辭。易乃伏羲所作。然無其辭。文王巳前。不過爲占卜之書而巳。至文王始有彖辭。敎人以反身修德之道。則易書之著明而興起者。自文王始也。因受羑里之難。身經乎患難。故所作之易。無非處憂患之道。下文九卦。則人所用以免憂患之道也。

是故履德之基也謙德之柄也復德之本也恒德之固也損德之修也益德之裕也困德之辯也井德之地也巽德之制也

德者、行道而有得于身也。履者、禮也。吾性之所固有。德爲虛位。而禮有實體。修德以禮。則躬行實踐之間。有所依據。亦猶室之有基址矣。故爲德之基。柄者、人之所執持者也。人之盈滿者必喪厥德。惟卑已尊人。小心畏義。則其德日積。亦猶物之有柄。而爲人所執持矣。故爲德之柄。人性本善。其不善者。蔽于物欲也。今知自反不善而復于善。則善端萌蘖之生。自火燃泉達。萬善從此充廣。亦猶木之有根本。而枝葉自暢茂矣。故爲德之本。然有德在我。使不常久。則雖得之必失之。故所守恒久。則長久而堅固。故恒者德之固也。君子修德必去其所以害德者。如或忿慾方動。則當懲窒。損而又損。以至于無。此乃修身之事。故曰損者德之修也。君子之進德必取其有益于德者若見善而覺已之有過則遷善改過以自益故曰益者德之裕也裕者充裕也人處平常不足以見德惟處困窮出處語默之間辭受取與之際最可觀德困而亨則君子窮斯濫則小人故爲德之辨井靜深有本而後澤及于物人涵養所畜之德必如井而後可施及于人也故爲德之地巽既順于理又其巽入細微事至則隨宜斷制故爲德之制此九卦無功夫無次第○此言九卦爲修德之具也聖人作易固有憂

患矣。然聖人之憂患。惟修其德而已。聖人修德。雖不因憂患而修。然卦中自有修德之具。如履謙復恒損益困井巽。乃德之基之柄之本之固之修之裕之辯之地之制。蓋不必六十四卦。而九卦即為修德之具矣。

履和而至謙尊而光復小而辯於物恒雜而不厭損先難而後易益長裕而不設困窮而通井居其所而遷巽稱而隱易以鼓反長知丈反稱去声

禮順人情故和。和無森嚴之分則不至矣。然節文儀則皆天理精微之極至也。和而至。此履之才德所以極其善也。謙以自卑。則不尊矣。謙以自晦則不光矣。今謙自卑而人尊。自晦而愈光。尊而光。此謙之才德所以極其善也。暗昧而小者。則必不能辯物矣。今復一陽居于羣陰暗昧之下。雖陰盛陽微。以一陽之小。而能知辯其五陰皆爲物欲。所以反其不善以復其善。小而辯物。此復之才德所以極其善也。事至而雜來者。則必至于厭矣。恒則雖處轇轕之地。而常德如一。日雜而不厭。此恒之才德所以極其善也。凡事之難者則必不易矣。損則懲忿窒慾。慾雖克巳之最難。然習熟之久。私意漸消。其後則易。先難後易。此損之才德所以極其善也。凡事之長裕者。則必至于設施造作矣。益則日知其所亡。月無忘其所能。可謂長裕矣。然非助長也。長裕而不設。此益之才德所以極其善也。身之窮者則必不通矣。困則身窮而道通。窮而又通。此困之才德所以極其善也。人屈其所者。則必不能遷矣。井雖屈其所而不動。然泉脉流通。日遷徙而常新居其所而遷此井之才德所以極其善也。輕重適均之謂稱。稱則高下之勢人皆得而見之。則必不能隱矣。巽則能順其理。因時以稱其宜。然其性入而伏。則又形迹之不露。稱而隱此巽之才德所以極其善也。此正言九卦才德之善。以見其能爲修德之具也。言履和而至。所以爲德之基。若和而不至。不可以爲德之基矣。下八卦倣此。此一節而字與書經九德而字同。

履以和行謙以制禮復以自知恒以一德損以遠害

益以興利困以寡怨井以辯義巽以行權（和行之行下孟反 遠袁萬反）
以者、用也。行者、日用所行之行迹也。人有禮則安。
無禮則危。禮以和之。使之揆之理而順。即之心而
安。無乖戾也。制者、制服之意。禮太嚴截然不可犯。
謙以制之。則和而至矣。履即禮。非有別禮也。但上
天下澤。乃生定之禮。生定之禮。本有自然之和。人
之行禮。若依其太嚴之體。不免失之亢。故用謙以
制之則和矣。自知者、善端之復。獨知之地也。德不
常則二三。常則始終惟一。時乃日新矣。興利者、遷

善改過則日益高明。馴至美大聖神矣。何利如之。井以辯義者。井泉流通。日新不已。遷徙于義。非能辯義。安能遷徙。所以用井以辯之。巽以行權者。如湯武之放伐。乃行權也。然順乎天。即巽順乎理也。又應乎人。皆同心同德。東征西怨。南征北怨。是即巽之能相入也。若離心離德。安得謂之相入。所以巽順乎理。又能相入。方能行權。○上一節言九卦爲修德之具。以之字發明之。中一節言九卦之才德。以而字發明之。此一節言聖人用九卦以修德。

以以字發明之是故行者吾德所行之行迹也恐其失于乖則用履以和之禮者吾德之品節也恐其失于嚴則用謙以制之擇善者吾身修德之始事也則用復以自知而擇之固執者吾身修德之終事也則用恒以一德而守之人欲者吾德之害也則用損以遠之天理者吾德之利也則用益以興之不知其命之當安未免怨天非所以修德也則用困以寡之不知性之當盡不能徙義非所以修德也則用井以辯之然此皆言修德之常經也

若有權變不可通常經者。則用巽以行之。能和行。能制禮。能自知。能一德。能遠害。能興利。能寡怨。能辯義。能行權。則知行並進。動靜交修。經事知宜。變事知權。此九卦所以爲德之基之柄之本之固之修之裕之辯之地之制也。以此修德。天下有何憂患不可處哉。

右第七章　此章論聖人以九卦修德。

易之爲書也不可遠爲道也屢遷變動不居周流六虛上下无常剛柔相易不可爲典要惟變所適

書者卦爻之辭也不可遠不可離也以之崇德廣
業以之居安樂玩皆不可離之意爲道者易之爲
道也一陰一陽之謂道故曰道變動者卦爻之變
動也不居者不居于一定也六虛者六位也虛對
實言卦雖六位然剛柔往來如寄非實有也故曰
六虛外三爻爲上內三爻爲下典猶冊之有典要
猶體之有要典要拘于迹者也下文既有典常則
以辭言之耳○易之爲書不可遠以其爲道也屢
遷所以不可遠也何也易不過九六是九六也變

動不居。周流于六虛之間。或自下而上。或自上而下。或剛易乎柔。或柔易乎剛。皆不可以爲一定之典要。惟其變之所趨而已。道之屢遷如此。則廣大悉備。無所不該。此所以不可遠也。

其出入以度。外內使知懼。又明於憂患與故。无有師保。如臨父母。

出入以卦言。即下文外內也。出者、自內而之外。往也。入者、自外而之內。來也。度者、法度也。言所繫之辭。其出入外內。當吉則吉。當凶則凶。當悔則悔。當吝則吝各有一定之法度。不可毫釐移易。明于憂患者于出入以度之中又能明之也。故者、所以然之故也。明其可憂。又明其可憂之故。明其可患。又明其可患之故。如勿用取女。明其憂患也。見金夫不有躬。明其故也。○易不可以爲典要。若無一定之法度。而人不知懼矣。殊不知上下雖無常。剛柔雖相易。然其所繫之辭。或出或入。皆有一定之法度。立于內外爻辭之間。使人皆知如朝廷之法度。懼之而不敢犯也。然豈特使民知懼哉。又明于憂

患與故雖無師保之教訓而常若在家庭父母之側愛之而不忍遠也既懼之而不敢犯又愛之而不忍遠易道有益于人如此人豈可遠乎

初率其辭而揆其方既有典常苟非其人道不虛行

初對既言初者始也既者終也率由也揆度也方道也或出或入或憂或患之方道也○易之爲書上下無常剛柔相易不可爲典要若不可揆其方矣然幸而有聖人之辭在也故始而由其辭以揆出入以度使民懼之方由其辭以揆憂患與故使

民愛之。方始見易之爲書有典可循。有常可蹈。而向之不可爲典要者。于此有典要矣。故神而明之。惟存乎其人。率辭揆方何如耶。苟非默而成之。不言而信之。人則不能率辭揆方。屢變之道不可虚行矣。豈能知易哉。易之爲書不可遠如此。

右第八章　此章言易不可遠。率辭揆方存乎其人。

易之爲書也原始要終以爲質也六爻相雜惟其時物也

質謂卦體初者卦之始原其始則二三在其中矣○上者卦之終○要其終則四五在其中矣○卦必原始要終以爲體○故文王之彖辭○亦必原始要終以爲辭○如屯曰元亨利貞○蒙曰童蒙求我○皆合其始終二體言之也○若六爻之剛柔相雜○則惟取其時物而已○故周公之爻辭○亦惟取諸時物以爲辭○如乾之龍物也○而有潛見躍飛之不同者時也○漸之鴻物也○而有于磐陸木之不同者時也○　○易之爲書也○不過卦與爻而已○一卦分而爲六爻○六爻合而

爲一卦。卦則舉其始終以爲體。爻之剛柔雖相雜而不一。然占者之决吉凶。惟觀其所值之時。所值之物而已。雖相雜而實不雜也。易之爲書蓋如此。

其初難知其上易知本末也初辭擬之卒成之終

此言初上二爻。初爻難知者。以初爻爲爻之本。方有初爻而一卦之形體未成。是其質未明。所以難知。易知者。上爻爲卦之末。卦至上爻。則其質已著。其義畢露。所以易知。惟難知。故聖人繫初爻之辭則必擬而議之。當擬何象何占。不敢輕率。惟易知。

故聖人繫上爻之辭不過因下文以成其終如乾初九曰潛龍上爻即曰亢龍是也

若夫雜物撰德辯是與非則非其中爻不備物者爻之陰陽雜者兩相雜而互之也德者卦之德撰者述也內外二卦固各有其德如風山漸外卦有入之德內卦有止之德又自其中爻二五三四之陰陽雜而互之則二四有坎陷之德三五有離麗之德又撰成兩卦之德矣辯是與非者辯其物與德之是非也是者當于理也非者悖于理也

蓋爻有中有不中。有正有不正。有應與無應與。則必有是非矣。故辯是與非。非中爻不備。○初與上固知之有難易矣。然卦理無窮。內外有正卦之體。中爻又有合卦之體。然後其義方無遺缺。若夫錯陳陰陽。撰述其德。以辯別其是非。使徒以正卦觀之。而遺其合卦所互之體。則其義必有不備者矣。

噫亦要句存亡吉凶則居可知矣句知者觀其彖辭則思過半矣要平声 知音智

噫者、嘆中爻之妙也。亦要作句、易經有一字作句者如萃卦六二引吉无咎。則一字作句也。要者中也。即中爻也。說文身中曰要。猶身中肉曰要。勒令作腰。言此亦不過六爻之要耳。非六爻之全。即知存亡吉凶也。存亡者、天道之消息。吉凶者、人事之得失。居者、本卦之不動也。居則觀其象之辭。不待六爻之動而知也。彖辭、文王卦下所繫之辭也。○言此不過六爻中之要耳。而存亡吉凶。不待動爻而可知。故學易者宜觀玩也。若觀玩所思之精專。不必觀周公分而爲六之爻辭。但觀文王一卦

易經集注　卷之十四　四十五

未分之彖辭。則此心之所思者。亦可以得存亡吉凶于過半。況中爻之合兩卦者乎。中爻成兩卦。宜乎知存亡吉凶也。

二與四同功而異位其善不同二多譽四多懼近也柔之爲道不利遠者其要无咎其用柔中也三與五同功而異位三多凶五多功貴賤之等也其柔危其剛勝耶

勝音升、同功者、二與四互成一卦。三與五互成一卦。皆知存亡吉凶。其功同也。善不同者、二中而四不中。故不同也。不利遠者。既柔不能自立。又遠于君。則孤臣矣。所以不利。要者約也。用者發之于事也。柔中者。柔而得中也。三多凶者。六十四卦惟謙卦勞謙一爻許之以吉。所以三多凶。五爲君。君則貴有獨運之權。故多功。三爲臣。賤不能專成。故多凶。耶者。疑辭也。言柔居陽位。則不當位而凶。陽當陽位。則當位而吉。此六十四卦之自定也。今三多凶者。豈以柔居而凶。五多功者。豈以剛居之則能勝其位而不凶耶。六十四卦中。亦有柔居陽位而吉。剛居陽位而凶者。○二與四同功而異位。二多譽。四多懼。四之多懼者。以其近于君有僭逼之嫌。故懼也。二之多譽者。以柔之爲道。本不利遠于君。但易不論遠近。大約欲其无咎而已。今柔居中位。發之于外。莫非柔中之事。則无咎矣。此所以多譽也。三與五同功而異位。三多凶。五多功。所以然者。以君貴臣賤。故凶功不同也。豈三乃陰居陽位則凶。五乃陽居陽位則勝耶。非也。乃貴賤之等使然耳。夫以中之四爻同功矣。而有譽有懼。有凶有功。

可見六爻相雜。惟其時物。正體與互體皆然也。聖人設卦立象。繫辭不遺中爻者以此。

右第九章　此章專論中爻。

易之爲書也廣大悉備有天道焉有人道焉有地道焉兼三才而兩之故六六者非他也三才之道也

廣大者。體統渾淪也。悉備者。條理詳密也。兼三才者。三才本各一。因重爲六。故兩其天。兩其人。兩其地也。天不兩則獨陽無陰矣。地不兩則獨陰無陽矣。人不兩則不生不成矣。此其所以兩也。才者能也。天能覆。地能載。人能參天地。故曰才。三才之道者。立天之道曰陰與陽。五爲陽上爲陰也。立人之道。曰仁與義。三爲仁。四爲義也。立地之道。曰柔曰剛。初爲剛。二爲柔也。○易之爲書廣大悉備何也。以易三畫之卦言之。上畫有天道焉。中畫有人道焉。下畫有地道焉。此之謂三才也。然此三才使一而不兩。則獨而無對。非三才也。于是兼三才而兩之。故六。六者豈有他哉。三才之道。本如是其兩也。天道兩則陰陽成象矣。人道兩則仁義成德矣。地道兩則剛柔成質矣。道本如是。故兼而兩之。非聖人之安排也。易之爲書。此其所以廣大悉備也。

道有變動。故曰爻。爻有等。故曰物。物相雜。故曰文。文不當。故吉凶生焉。當，都喪反

變動者、潛見躍飛之類也。等者、剛柔大小遠近貴賤之類也。物者、陽物陰物也。爻不可以言物。有等則謂之物矣。相雜者、相間也。一不獨立。兩則成文。陰陽兩物交相錯雜。猶青黃之相兼。故曰文。不當者、非專指陽居陰位陰居陽位也。卦情若淑。或以

不當爲吉。剥之上九。豫之九四是也。卦情若慝。反以當位爲凶。大壯初九。同人六二是也。要在隨時變易得其當而已。一變動之間。卽有物有文。有吉凶。非有先後也。卦必舉始終而成體。故上章以質言曰兼三才。猶上章之所謂質也。爻必雜剛柔而爲用。故此章以文言曰變動者。猶上章之所謂時物也。○三才之道。變動不屈。故曰爻。爻也者。言乎其變效天下之動者也。爻有等。故曰物。物相雜。故曰文。文不當位。故吉凶生焉。夫一道也。爲爻爲物

爲文爲吉凶而皆出于易此其書所以廣大悉備也

右第十章　此章言易廣大悉備

易之興也其當殷之末世周之盛德耶當文王與紂之事耶是故其辭危危者使平易者使傾其道甚大百物不廢懼以終始其要无咎此之謂易之道也易者之易以鼓反

危者使平易者使傾此聖人傳心之言如以小而一身論一飲一食易而不謹必至終身之疾一言

一語易而不謹必至終身之玷此一身易者之傾也以大而國家論越王臥薪嘗胆冬持氷夏持火卒擒吳王此危者之平也玄宗天寶已前海內富庶遂深居禁中以聲色自娛悉以政事委之李林甫京師遂爲安祿山所陷此易者之傾也其道甚大百物不廢于此可見危使平易使傾即書言殖有禮覆昏暴之意物者事也廢字即傾字也若依小註萬物之理無所不具則全非本章危平易傾之易矣懼以終始者危懼自始至終惟恐其始危

而終易也。〇易之興也，其當殷之末世，周之盛德耶。當文王與紂之事耶。惟當文王與紂之事，是故玩其辭。往往有危懼警戒之意。蓋危懼則得平安。慢易必至傾覆。易之道也。此道甚大。雖近而一身，遠而天下國家。凡平者皆生于危。凡傾者皆生于易。若常以危懼爲心。則凡天下之事物，雖百有不齊。然生全成于憂患。未有傾覆而廢者矣。故聖人繫易之辭。懼以終始。不敢始危而終易者。大約欲人恐懼修省至于无咎而已。此則易之道也。

右第十一章

夫乾天下之至健也德行恒易以知險夫坤天下之至順也德行恒簡以知阻行去声易以鼓反阻莊呂反

健順者。乾坤之性。德者。乾坤蘊畜之德。得諸心者也。即日新盛德之德也。行者、乾坤生成之迹。見諸事者也。即富有大業之事也。易簡者。乾坤無私之理也。險阻者。乾坤至賾至動之事。險者、險難也。易直之反。阻者、壅塞也。簡靜之反。惟易直無私者。可以照天下巇險之情。惟簡靜無私者。可以察天下煩壅之故六十四卦利貞者無非易簡無私之理而已此節止論其理言知險知阻乃健順德行易簡之能事也未說道聖人與易至下文說心研慮方說聖人八卦象告方說到易

能說諸心能研諸侯之慮定天下之吉凶成天下之亹亹者是故變化云爲吉事有祥象事知器占事知來說音悅侯之二字衍吉作言

能者人皆不能而聖人獨能之也能字在前者字在後者言能悅心研慮定天下吉凶成天下亹亹

者惟聖人也○險阻之吉○如大過過涉滅頂蠱之利涉大川是也○云爲卽言行二字○變化卽欲動者尚其變變字○吉字劉績讀作言○今從之○○聖人事未至○則能以易簡無私之理悅諸心○事旣至○則能以易簡無私之理研諸慮○是卽乾坤之易簡矣○是以險阻之吉者○知其爲吉○險阻之凶者○知其爲凶而定天下之吉凶○險阻之吉者○則教人趨之○險阻之凶者○則教人避之○而成天下之亹亹○是故易必以動者○尚其變也○聖人則卽其易簡之理○不必尚其

變而凡有所云爲。自變化而莫測。易必以言者尚其辭也。聖人則卽其易簡之理。不必尚其辭。而凡事必有兆。自前知而知神。事之有形迹而爲器者。易必以制器者尚其象也。聖人則知以藏往。卽其易簡之理。而知其一定之器。事之無形迹而爲來者。易必以卜筮者尚其占也。聖人則神以知來。卽其易簡之理而知其未然之來。此則聖人未卜筮而知險知阻也。

天地設位聖人成能人謀鬼謀百姓與能八卦以象

告爻彖以情言剛柔雜居而吉凶可見矣

凡人有事。人謀在先。及事之吉凶未決。方決于卜筮。所以說人謀鬼謀百姓與能也。故書曰謀及乃心。謀及卿士。謀及庶人。謀及卜筮。先心而後人。先人而後鬼。輕重可知矣。象者、像也。八卦成列。象在其中矣。凡卦中之畫。及天地雷風乾馬坤牛之類也。爻者、效天下之動者也。彖者、材也。皆有辭也。情卽象之情。陽有陽之情。陰有陰之情。乾馬有健之情。坤牛有順之情。剛柔卽九六也。相雜則吉凶之理自判然可見。告者告此險阻也。言者言此險阻也。見者見此險阻也。○天地設位。有易簡之理。而知險知阻。此天地之能也。聖人則以易簡之理。悅心研慮。未卜筮而知險知阻矣。然百姓不皆聖人也。于是聖人作易以成天地之能。所以天下之事。雖至險至阻。其來無窮。然明而既謀于人。幽而又謀于鬼。不惟賢者可與其能。雖百姓亦可以與能矣。然百姓亦可以與能者。豈百姓于易簡之理亦能悅心研慮哉。蓋八卦以象告險阻。爻彖以情言險阻。剛柔相雜以吉凶見險阻。是以百姓雖至愚。然因聖人作易之書。其所告所言所見。自能知險知阻矣。所以聖人能成天地之能。而百姓亦與能也。

變動以利言吉凶以情遷是故愛惡相攻而吉凶生遠近相取而悔吝生情僞相感而利害生凡易之情近而不相得則凶或害之悔且吝

卦以變爲主。故以利言。其言吉者。利人也。其言凶者。人則避之亦利也。愛相攻。家人九五是也。惡相攻。同人九三是也。遠相取。恒之初六是也。近相取。豫之六三是也。情相感。中孚九二是也。情者情實也。對僞而言。僞相感。漸之九三是也。曰相攻曰相取、曰相感、即情也。感者情之始、動。利害之開端也。取則情已露而悔吝著矣。攻則情至極而吉凶分矣。卦爻中其居皆有遠近。其行皆有情僞。其情皆其愛惡也。凡易之情者。聖人作易之情也。近者近乎相攻相取相感之情也。與上文遠近之近不同。不相得者。不相得其易簡之理。而與之違背也。情兼八卦剛柔。故此節言卦爻之情。下節言人之情。

○易之爲書。以象告。以情言。見吉凶。百姓固可以與能矣。而人之占卜者。卦中之變動。本教占者趨吉避凶。無不利者也。然變動中有吉有凶。其故何也。以其卦爻之情。而遷移也。是故情之險阻不同。有愛惡相攻險阻之情。則吉凶生矣。有遠近相取險阻之情。則悔吝生矣。有情僞相感險阻之情。則利害生矣。凡易之情。以貞爲主。貞卽易簡之理也。情雖險阻不同。若合乎易簡之理。則吉矣。利矣。無悔吝矣若近乎相攻相取相感之情而違背乎易簡之理。則凶矣害矣。悔且吝矣。小而悔吝。中而利害。大而吉凶。皆由此險阻之情而出。此易所以以象告。以情言。見吉凶。使人知所趨避者此也。

將叛者其辭慙中心疑者其辭枝吉人之辭寡躁人之辭多誣善之人其辭游失其守者其辭屈

叛者背理。慙者羞愧。疑者可否未決。枝者兩岐不一。躁者急迫無涵養。誣善之人。或援正入邪。或推邪入正。故游蕩無實。失守者無操持。屈者抑而不伸。○相攻相取相感。卦爻險阻之情固不同矣。至于人之情則未易見也。然人心之動。因言以宣。試以人險阻之情發于言辭者觀之。盖人情之險阻不同。而所發之辭亦異。是故將叛者其辭必慙。中心疑者其辭必枝。吉人之辭必寡。躁人之辭必多。誣善之人其辭必游。失其守者其辭必屈。夫吉者得易簡之理者也。叛疑躁誣失守者。失易簡之理者也。人情險阻不同。而其辭既異。如此又何獨于聖人卦爻之辭而疑之。可見易知險簡知阻本聖人成天地之能。而使百姓與能者。亦不過以易簡之理。知其險阻而已。

右第十二章　此章反復論易知險。簡知阻。蓋天尊地卑。首章言聖人以易簡之德。成位乎天地。見聖人作易之原。此章言聖人以易簡之德。知險知阻。作易而使百姓與能。見聖人作易之實事也。

周易集註卷之十四終

十六

梁山來知德先生易經集註卷之十五

平山後學崔華重訂　男紹山 代山 藹齊同校

說卦傳

昔者聖人之作易也幽贊於神明而生蓍參天兩地而倚數觀變於陰陽而立卦發揮於剛柔而生爻和順於道德而理於義窮理盡性以至於命

言蓍草乃神明幽助方生。周公之爻。定陽九陰六者。非老變而少不變之說也。乃參天兩地而倚數也。參兩之說。非陽之象圓。圓者徑一而圍三。陰之象方。方者徑一而圍四之説也。蓋河圖天一地二天三地四天五地六天七地八天九地十。一二三四五者。五行之生數也。六七八九十者。五行之成數也。生數居河圖之內。乃五行之發端。故可以起數。成數居河圖之外。則五行之結果。故不可以起數。參之者、三之也。天一天三天五之三位也。兩之者、二之也。地二地四之二位也。倚者、依也。天一依天三。天三依天五而爲九。地二依地四而爲六也。若以畫數論之。均之爲三。參之則三箇三。兩之則兩箇三矣。聖人用蓍以起數。九變皆三畫之陽。則三其三而爲九。此九之母也。則過揲之策四九三十六。此九之子也。參之是三箇十二矣。九變皆二畫之陰。則二其三而爲六。此六之母也。則過揲之策四六二十四。此六之子也。兩之是兩箇十二矣。均之爲十二。參之則三箇。兩之則兩箇也。以至乾六爻之策二百一十有六。乃三箇七十二合之也。均之爲七十二。參之則三箇。兩之則兩箇矣。總之乾策六千九百十二。乃三箇二千三百四合之也坤策四千六百八。乃兩箇二千三百四合之也。均之二千三百四。參之則三箇。兩之則兩箇矣。此皆河圖生數自然之妙。非聖人之安排也。若夫七八亦乾坤之策。但二五為七。三四為七。是一地一天不得謂參。兩。一三四為八。一二五為八。是一地二天。亦不得謂之參兩。以至過揲之策。六爻之策。萬物之數。皆此參兩。故周公三百八十四爻。皆用九六者。以生數可以起數。成數不可以起數也。觀變者六十四卦。皆八卦之變。陽變陰。陰變陽也。如乾初爻變則爲姤。二爻變則爲遯。坤初爻變則爲復。二爻變則爲臨是也。詳見雜說。八卦變六十四卦圖。發揮于剛柔者。布散剛柔于六十四卦。而生三百八十四爻也。易中所言之理。一而已矣。自其共由而言謂之道。自其蘊畜而言謂之德。自其散布而不可移易謂之理。自其各得其所賦之理謂之性。道德理性四者。自其在人而言謂之義。自其在天而言謂之命。和順于道德者。謂易中形上之道。神明之德。皆有以貫徹之。不相悖戾拂逆也。理于義者。六十四卦皆利于貞。其要無咎者義也。今與道德不相違背。則能理料其義。凡吉凶悔吝無咎皆合乎心之制。事之宜矣。窮理者、謂易中幽明之理。以至萬事萬物之變。皆有以研窮之也。盡性者、謂易中健順之性。以至大而綱常。小而細微。皆有以處分之也。至于命者、凡人之進退存亡得喪皆命也。今既窮理盡性。則知進知退。知存知亡。知得知喪。與天合矣。故至于命也。惟聖人和順于道德。窮理盡性。是以文王發明六十四卦之彖辭。周公發明三百八十四爻之爻辭。有吉有凶。有悔有吝有無咎者。皆理于義。至于命也。使非理義。立命安能彌綸天地。觀象玩辭。觀變玩占。自天祐之。吉無不利也哉。幽贊二句。言蓍數也。蓍與河圖。皆天所生。故先言此二句。立卦者。伏羲也。生爻者。周公也。理義至命者。文王周公之辭也。上理字。理料之理。下理字。義理之理。自聖人之作易也。下六句。皆一意。幽贊于神明。參天兩地。觀變于陰陽。發揮于剛柔。和順于道德。窮理盡性。一意也。生也、倚也、立也、生也、理也、至也、一意也。○聖人作易不過此六者而已。○言蓍數卦爻而必曰義命者。○道器無二致，理數不相離。○聖人作易，惟教人安于義命而已。○故兼天人而言之。○此方謂之易，非舊註極功之謂也。○故下文言順性命之理。○以陰陽剛柔仁義並言之。○言易有蓍。○乃聖人幽贊於神明而生之。○易有數。○乃聖人參天兩地而倚之。○易有卦。○乃聖人觀變于陰陽而立之。○易有爻。○乃聖人發揮于剛柔而生之。○易彖辭爻辭中有義。○乃聖人和順于道德而理之。○易彖

辭爻辭中有命。乃聖人窮理盡性而至之。右第一章

昔者聖人之作易也將以順性命之理是以立天之道曰陰與陽立地之道曰柔與剛立人之道曰仁與義兼三才而兩之故易六畫而成卦分陰分陽迭用柔剛故易六位而成章

性、人之理。命、天地之理也。陰陽以氣言。寒、暑往來之類是也。剛柔以質言。山峙川流之類是也。仁義以德言。事親從兄之類是也。三者雖若不同。然仁者陽剛之理。義者陰柔之理。其實一而已矣。蓋天

地間不外形氣神三字。如以人論。骨肉者剛柔之體也。呼吸者陰陽之氣也。與形氣不相離者五性之神也。理也。特因分三才。故如此分爾。天無陰陽則氣機息。地無剛柔則地維墜。人無仁義則禽獸矣。故曰立天立地立人。兼三才而兩之者。總分三才爲上中下三段。而各得其兩。初剛而二柔。三仁而四義。五陽而上陰也。分陰分陽以爻位言。分初三五爲陽位。二四上爲陰位也。既分陰分陽。乃迭用剛柔之爻以居之。或以柔居陰。以剛居陽。爲當位以柔居陽。以剛居陰。爲不當位。亦有以剛柔之爻互居陰陽之位。爲剛柔得中者。故六位雜而成文章也。○昔者聖人之作易也。將以順性命之理而已。非有所勉强安排也。以性命之理言之。立天之道。曰陰與陽。立地之道。曰柔與剛。立人之道。曰仁與義。而性命之理。則根于天地。具于人心者也。故聖人作易。將此三才兼而兩之。六畫而成卦。又將此三才分陰分陽。迭用而成章者。無非順此性命之理而已。

右第二章

天地定位。山澤通氣。雷風相薄。水火不相射。八卦相錯。數往者順。知來者逆。是故易逆數也。射音石。數色主反。

相薄者。薄激而助其雲雨也。不相射者。不相射害也。相錯者。陽與陰相對待。一陰對一陽。二陰對二陽。三陰對三陽也。故一與八錯。二與七錯。三與六錯。四與五錯。八卦不相錯。則陰陽不相對待。非易矣。宋儒不知錯綜二字。故以爲相交而成六十四卦。殊不知此專說八卦逆數。方得相錯。非言六十四卦也。乾一兌二離三震四。前四卦爲往。巽五坎六艮七坤八。後四卦爲來。數往者順。數圖前四卦乾一至震四。往者之順也。知來者逆。知圖後四卦巽五至坤八。來者之逆也。是故易逆數者。言因錯卦之故。所以易逆數巽五。不次于震四。而次于乾一也。○惟八卦既相錯。故聖人立圓圖之卦。數往者之既順。知來者之當逆。使不逆數。而巽五即次于震四之後。則八卦不相錯矣。是故四卦逆數。巽五復回次于乾一者以此。

右第三章　此章言伏羲八卦逆數方得相錯。

雷以動之風以散之雨以潤之日以晅之艮以止之兌以説之乾以君之坤以藏之　晅况晚反　說音悅

天地定位。上章言八卦之對待。故首之以乾坤。此章言八卦對待生物之功。故終之以乾坤。乾坤始交而爲震巽。震巽相錯。動則物萌。散則物解。此言生物之功也。中交而爲坎離。坎離相錯。潤則物滋。晅則物舒。此言長物之功也。晅者明也。終交而爲艮兌。艮兌相錯。止則物成。說則物遂。此言成物之功也。若乾則爲造物之主，而于物無所不統，坤則爲養物之府，而于物無所不容，六子不過各分一職以聽命耳。

右第四章　此章言伏羲八卦相錯生物成物之功。

帝出乎震，齊乎巽，相見乎離，致役乎坤，說言乎兌，戰乎乾，勞乎坎，成言乎艮。說音悅，勞去聲。

此文王圓圖。帝者，陽也，陽爲君，故稱帝。乾以君之，乃其證也。且言帝則有主宰之意，故不言陽而言帝。孔子下文不言帝。止言萬物者。亦恐人疑之也。出也。齊也。相見也。致役也。說也。戰也。勞也。成也。皆帝也。二言字助語辭。震方三陽開泰。故曰出。致者、委也。坤乃順承天。故爲陽所委役。至戌亥之方。陽剥矣。故與陰戰。曰戰乎乾者。非與乾戰也。陽與陰戰于乾之方也。伏羲圓圖之乾。以天地之乾言。文王圓圖之乾。以五行乾金之乾言。至坎則以肅殺相戰之後。適值乎慰勞休息之期。陽生于子。故曰勞。至艮方陽已生矣。所以既成其終。又成其始。

萬物出乎震震東方也齊乎巽巽東南也齊也者言萬物之絜齊也離也者明也萬物皆相見南方之卦也聖人南面而聽天下嚮明而治蓋取諸此也坤也者地也萬物皆致養焉故曰致役乎坤兌正秋也萬物之所說也故曰說言乎兌戰乎乾乾西北之卦也言陰陽相薄也坎者水也正北方之卦也勞卦也萬物之所歸也故曰勞乎坎艮東北之卦也萬物之所成終而所成始也故曰成言乎艮

絜齊即姑洗之意。春三月物尚有不出土者。或有未開花葉者。彼此不得相見。至五月物皆暢茂。彼此皆相見。故曰萬物皆相見。夏秋之交。萬物養之于土。皆得向實。然皆陽以委役之。故曰致役乎坤。至正秋陽所生之物皆成實矣。故說。至戌亥之月陽剝矣。故與陰相戰于乾之方。至子月萬物已歸矣。休息慰勞于子之中。故勞。至冬春之交。萬物已終矣。然一陽復生。故又成其始。此因文王圓圖帝出乎震八句。孔子解之。雖八卦震巽離坤兌乾坎艮之序。實春夏秋冬五行循環流行之序也。蓋震巽屬木。木生火，故離次之。離火生土，故坤次之。坤土生金，故兌乾次之。金生水，故坎次之。水非土亦不能生木，故艮次之。水土又生木火，此自然之序也。若以四正四隅論，離火居南，坎水居北。震動也，物生之初，故居東。兌說也，物成之後，故居西。此各居正位者也。震陽木，巽陰木，故巽居東南巳方。兌陰金，乾陽金，故乾居西北亥方。坤陰土，故居西南，艮陽土，故居東北。此各居四隅者也。

右第五章　此章言文王圓圖帝出乎震一節。

言八卦之流行。後一節言八卦流行生成物之功。

神也者妙萬物而爲言者也動萬物者莫疾乎雷撓萬物者莫疾乎風燥萬物者莫熯乎火說萬物者莫說乎澤潤萬物者莫潤乎水終萬物始萬物者莫盛乎艮故水火相逮雷風不相悖山澤通氣然後能變化既成萬物也

神即雷風之類。妙即動撓之類。以其不可測故謂之神。亦如以其主宰而言謂之帝也。動鼓也。撓散也。燥乾也。澤地土中之水氣皆是也。水者冬之水天降雨露之屬皆是也。逮及也。謂相濟也。旣盡也。成生成也。前節言伏羲之對待。曰雷動風散者。雷風相對也。曰雨潤日晅者。水火相對也。曰艮止兌說者。山澤相對也。此節言文王之流行。曰動萬物者春也。曰撓萬物者春夏之交也。曰燥萬物者夏也。曰說萬物者秋也。曰潤萬物者冬也。曰終始萬物者冬春之交也。所以火不與水對。山不與澤對。先儒不知對待流行。而倡爲先天後天之說。所以本義于此二節皆云未詳。殊不知二圖分不得先後。譬如天之與地對待也。二氣交感。生成萬物者流行也。天地有先後哉。男之與女對待也。二氣交感。生成男女者。流行也。男女有先後哉。所以伏羲文王之圖不可廢一。孔子所以發二聖千載之秘者此也。此節乃總括上四節二圖不可廢一之意。所以先儒未詳其義。○神也者妙萬物而爲言者也。以文王流行之卦圖言之。雷之動。風之撓。火之燥。澤之説。水之潤。艮之終始。其流行萬物固極其盛矣。然必有伏羲之對待。水火相濟。雷風不相悖。山澤通氣。然後陽變陰化。有以運其神妙。萬物而生成之也。若止于言流行而無對待。則男女不相配。剛柔不相摩。獨陰不生。獨陽不成。安能行鬼神。成變化。而動之撓之燥之說之潤之。以終始萬物哉。

右第六章　第三章天地定位。第四章雷以動之。言伏羲圓圖之對待。第五章帝出乎震。二節。言文王圓圖之流行。此則總二聖之圖而言文王之流行。必有伏羲之對待。而後可流行也。

乾健也坤順也震動也巽入也坎陷也離麗也艮止也兌說也

此言八卦之情性。乾純陽故健。坤純陰故順。震坎艮陽卦也。故皆從健。巽離兌陰卦也。故皆從順。健則能動。順則能入。此震巽所以爲動爲入也。健遇上下皆順。則必溺而陷。順遇上下皆健。則必附而麗。此坎離所以爲陷爲麗也。健極于上。前無所往必止。順見于外。情有所發必悅。

右第七章

乾爲馬坤爲牛震爲龍巽爲雞坎爲豕離爲雉艮爲狗兌爲羊

馬性健。其蹄圓。乾象。牛性順。其蹄拆。坤象。龍蟄物。遇陽則奮。震之一陽動于二陰之下者也。鷄羽物。遇陰則入。巽之一陰伏于二陽之下者也。豕性剛躁。陽剛在內也。雉羽文明。陽明在外也。狗止人之物。羊悅群之物。此遠取諸物如此。

右第八章

乾爲首坤爲腹震爲足巽爲股坎爲耳離爲目艮爲手兌爲口

首尊而在上。故爲乾。腹納而有容。故爲坤。陽動陰靜。動而在下者足也。陽連陰拆。拆而在下者股也。坎陽在內。猶耳之聰在內也。離陽在外。猶目之明于外也。動而在上者手也。拆而在上者口也。此近取諸身如此。

右第九章

乾天也故稱乎父坤地也故稱乎母震一索而得男故謂之長男巽一索而得女故謂之長女坎再索而得男故謂之中男離再索而得女故謂之中女艮三索而得男故謂之少男兌三索而得女故謂之少女

六子皆自乾坤而生。故稱父母。索者、陰陽之相求也。陽先求陰。則陽入陰中而爲男。陰先求陽。則陰入陽中而爲女。震坎艮皆坤體。乾之陽來交于坤之初而得震。則謂之長男。交于坤之中而得坎。則謂之中男。交于坤之末而得艮。則謂之少男。巽、離兌皆乾體。坤之陰來交于乾之初而得巽。則謂之長女。交于乾之中而得離。則謂之中女。交于乾之末而得兌。則謂之少女。三男本坤體。各得乾之一陽而成男。陽根于陰也。三女本乾體。各得坤之一陰而成女。陰根于陽也。此文王有父母六子之說。故孔子發明之。亦猶帝出于震。孔子解之也。

右第十章

乾爲天爲圜爲君爲父爲玉爲金爲寒爲冰爲大赤爲良馬爲老馬爲瘠馬爲駁馬爲木果

純陽而至健爲天。故爲天。天體圜運動不息。故爲圜。乾之主乎萬物。猶君之主萬民也。故爲君。乾知大始。有父道焉。故爲父。純粹爲玉。純剛爲金。爲寒爲冰者。冰則寒之凝也。乾居亥位。陽生于子也。大赤、盛陽之色也。寒冰在子。以陽之始言之。大赤在午。以陽之終言之。良馬、馬之健而純。健之不變者也。老馬、健之時變者也。瘠馬、健之身變者也。駁馬健之色變者也。乾道變化。故又以變言之。木果圓之在上者也。漢荀爽集九名家易傳有爲龍。爲直、

為衣為言、

坤為地為母為布為釜為吝嗇為均為子母牛為大輿為文為衆為柄其於地也為黑

純陰為地。資生為母。為布者、陰柔也。且地南北經而東西緯。亦布象也。為釜者、陰虛也。且六十四升為釜。亦如坤包六十四卦也。其靜也翕。凝聚不施故為吝嗇。其動也闢。不擇善惡之物皆生。故為均。性順而生物。生生相繼。故為子母牛。能載物為輿。曰大輿者。乃順承天之大也。三畫成章故為文。偶

畫成群故爲衆。柄者持成物之權。黑者爲極陰之色。荀九家有爲牝、爲迷、爲方、爲囊、爲裳、爲黃、爲帛、

震爲雷爲龍爲玄黃爲旉爲大塗爲長子爲決躁爲蒼筤竹爲萑葦其於馬也爲善鳴爲馵足爲作足爲的顙其於稼也爲反生其究爲健爲蕃鮮 旉作車筤音郎萑音丸馵之樹反

震者動也。雷者氣之動于下也爲龍者物之動于下也。乾坤始交而成震。兼天地之色。故爲玄黃。旉當作車字、震動也。車動物也。此震之性。當作車

也。上空虛。一陽橫于下。有舟車之象。故剝卦君子得輿。小人剝廬。陽剝于上。有剝廬之象。陽生于下。則爲震矣。有得輿之象。此震之象當作車也。且從大塗從作足馬、則車誤作輿也明矣。一奇動于內。而二偶開張。四通八達。故爲大塗。乾一索而得男。故爲長子。一陽動于下。其進也鋭。故爲決躁。蒼者東方之色。故爲蒼筤竹。萑葦荻與蘆也。與竹皆下本實而上幹虛。陽下陰上之象也。凡聲陽也。上偶開口。故爲善鳴。爾雅馬左足白曰馵。震居左。故曰馵作者，兩足皆動也。一陽動于下。故爲作足。顙者額也。的顙者，白額之馬也。震錯巽。巽爲白。故爲頭足皆白之馬。剛反在下。故稼爲反生。反生者，根在上也。究者，究其前之所進也。陽剛震動，勢必前進。故究其極而言之。究其健者，震進則爲臨，爲泰，爲三畫之純陽矣。故爲健。究蕃者，究其陽所生之物也。帝出乎震，則齊乎巽，相見乎離，品物咸亨，而蕃盛矣。故爲蕃。究鮮者，鮮謂魚。震錯巽，故爲魚也。書奏庶鮮食，謂魚肉之類。老子治大國如烹小鮮，則

專言魚也究健究蕃者究一陽之前進也究鮮者究一陽之對待也荀九家有爲玉爲鵠爲鼓

巽爲木爲風爲長女爲繩直爲工爲白爲長爲高爲進退爲不果爲臭其於人也爲寡髮爲廣顙爲多白眼爲近利市三倍其究爲躁卦

巽入也物之善入者莫如木故無土不穿氣之善入者莫如風故無物不被坤一索乾而得巽故爲長女木曰曲直繩直者從繩以取直而工則引繩之直以制木之曲者也巽德之制故能制器爲工

伏羲圓圖震錯巽。震居東北爲青。巽居西南爲白。蓋木方青而金方白也。陽長陰短。陽高陰卑。二陽一陰。又陽居其上。陰居其下。故爲長。爲高。風行無常。故進退。風或東或西。故不果。臭以風而傳。陰伏于重陽之下。鬱積不散。故爲臭。姤卦包魚不利賓者。以臭故也。爲寡髮者。髮屬血。陰血不上行也。廣顙者。濶額也。陽氣獨上盛也。眼之白者爲陽。黑者爲陰。所以離爲目。巽二白在上。一黑沉于下。故爲白眼。巽本乾體。爲金爲玉。利莫利于乾也。坤一索

而爲巽巽性入則乾之所有皆入于巽矣故近市
利三倍曰近者亦如市之交易有三倍之利也震
爲決躁巽錯震故其究爲躁卦亦如震之其究爲
健也震巽以究言者剛柔之始也荀九家有爲楊
爲鸛
坎爲水爲溝瀆爲隱伏爲矯輮爲弓輪其於人也爲
加憂爲心病爲耳痛爲血卦爲赤其於馬也爲美脊
爲亟心爲下首爲薄蹄爲曳其於輿也爲多眚爲通
爲月爲盜其於木也爲堅多心

水內明。坎之陽在內。故爲水。陽畫爲水。二陰夾之。故爲溝瀆。陽匿陰中。爲柔所掩。故爲隱伏。矯者直而使曲。輮者、曲而使直。水流有曲直。故爲矯輮。因爲矯輮。弓與輪皆矯輮所成。故爲弓輪。陽陷陰中。心危慮深。故爲加憂。心耳皆以虛爲體。坎中實。故爲病爲痛。蓋有孚則心亨。加憂則心病矣。水在天地爲水。在人身爲血。爲赤者。得乾之一畫。與乾色同。但不大耳。乾爲馬。坎得乾之中爻而剛在中。故爲馬之美脊。剛在內而躁。故爲亟心。柔在上。故首

垂而不昂。柔在下。故蹄薄而不厚。因下柔。故又爲
曳。蓋陷則失健。足行無力也。多眚者。險陷而多阻。
因柔在下。不能任重也。上下皆虛。水流而不滯。故
通。月者。水之精。從其類也。盜能伏而害人。剛強伏
匿于陰中。故爲盜。中實。故木多心堅。荀九家有爲
宮、爲律、爲可、爲棟、爲叢棘、爲狐、爲蒺藜、爲桎梏、
離爲火爲日爲電爲中女爲甲冑爲戈兵其於人也
爲大腹爲乾卦爲鱉爲蟹爲蠃爲蚌爲龜其於木也
爲科上槁蠃者騾力木反

而外乱
木之科

離者麗也。火麗木而生。故爲火。日者、火之精。電者火之光。故爲日爲電。甲冑外堅。象離之畫。戈兵上銳。象離之性。中虛故爲大腹。乾音干、水流濕。故稱血。火就燥。故稱乾。外剛內柔。故爲介物。中虛故爲木之科。科者、科巢之象也。炎上故木上槁。荀九家有爲牝牛、

艮爲山。爲徑路。爲小石。爲門闕。爲果蓏。爲閽寺。爲指爲狗。爲鼠。爲黔喙之屬。其於木也。爲堅多節。蓏音裸 喙况廢反

山止于地。故爲山。一陽塞于外。不通大塗。與震相

反。故爲徑路。剛在坤土之上。故爲小石。上畫相連。下畫雙峙而虛。故爲門闕。木實植生曰果。草實蔓生生曰蓏。實皆在上。故爲果蓏。閽人掌王宮中門之禁。止物之不應入者。寺人掌王之內人及宮女之戒令。止物之不得出者。艮剛止內柔。故爲閽寺。人能止于物者在指。物能止于物者在狗鼠之爲物其剛在齒。鳥之爲物其剛在喙。黔者黑色。鳥喙多黑。曰屬者、不可枚舉也。狗鼠黔喙皆謂前剛也。坎陽在內。故木堅在心。艮陽在上。故木堅多節。木枝

在上方有節荀九家有爲鼻爲虎爲狐

兌爲澤爲少女爲巫爲口舌爲毀折爲附决其於地也爲剛鹵爲妾爲羊

澤乃潴水之地。物之潤而見乎外者亦爲澤。兌之陰見乎外。故爲澤。坤三索於乾而得女。故爲少女。女巫擊鼓婆娑。乃歌舞悅神者也。通乎幽者。以言悅乎神爲巫。通乎顯者。以言悅乎人爲口舌。正秋萬物條枯實落。故爲毀折。此以其時言也。柔附于剛。剛乃决柔。故爲附决。震陽動。故决躁。兌陰悅。故附決。兌非能自決。乃附于剛而決也。此以其勢言也。兌金乃堅剛之物。故爲剛。說文云、鹵西方鹹地。兌正西。故爲鹵。少女從姊爲娣。故爲妾。内狠外說。故爲羊。荀九家有爲常、爲輔頰、

右第十一章　此章廣八卦之象。

序卦傳

序卦者孔子因文王之序卦就此一端之理以序之也一端之理在所畧孔子分明恐後儒雜亂文王之序卦故借此一端之理以序之其實本意專恐爲雜亂其卦也如大過以下使非孔子序卦可証則後儒又聚訟矣蔡氏改正丘氏猶以爲不當僭改經文豈不聚訟所以序卦有功于易宋儒不知象就說序卦非聖人之書又說非聖人之藴非聖人之精殊不知序卦非爲

理設乃為象設也如井蹇解無妄等卦辭使非序卦雜卦則不知文王之言何自而來也自孔子沒歷秦漢至今日叛經者皆因不知序卦雜卦也以此觀之謂序卦為聖人之至精可也

有天地然後萬物生焉盈天地之間者唯萬物故受之以屯屯者盈也屯者物之始生也物生必蒙故受之以蒙蒙者蒙也物之穉也物穉不可不養也故受之以需需者飲食之道也飲食必有訟故受之以訟

盈者言乾坤之氣盈充塞于兩間也如有欠缺豈

能生物屯不訓盈言萬物初生之時如此鬱結未通必如此盈也物之始生精神未發若蒙昧然故屯後繼蒙蒙者蒙也上蒙字卦名下蒙字物之象也稺者小也小者必養而後長大水在天以潤萬物乃萬物之所需者需不訓飲食謂人所需于飲食者在養之以中正乃飲食之道也飲食人之所大欲也所需不如所欲則必爭乾餱以愆豕酒生禍故訟

訟必有衆起故受之以師師者衆也衆必有所比故

受之以比比者比也比必有所畜故受之以小畜物畜然後有禮故受之以履履而泰然後安故受之以泰泰者通也物不可終通故受之以否

争起而黨類必衆。故繼之以師。比者比也。上比卦名。下比相親附之謂也。衆必有所親附依歸則聽其約束。故受之以比。人來相比。必有以畜養之者。無以養之。何以成比。故受之以小畜。禮義生于富足。物畜然後有禮。故受之以履。禮蓋人之所履。非以禮訓履也。人有禮則安。無禮則危。故受之以泰。

治亂相仍如環無端無久通泰之理故受之以否物不可以終否故受之以同人與人同者物必歸焉故受之以大有有大者不可以盈故受之以謙有大而能謙必豫故受之以豫豫必有隨故受之以隨以喜隨人者必有事故受之以蠱

上下不交所以成否今同人于野利涉大川疇昔儉德辟難之君子皆相與出而濟否矣故繼之以同人能一視同人則近悅遠來而所有者大矣故大者皆爲吾所有所有既大不可以有自滿也故

受之以謙。有大不盈而能謙。則永保其所有之大。而中心和樂矣。故受之以豫。和樂而不拒絕乎人。則人皆欣然願隨之矣。故受之以隨。以喜隨人者非無故也。必有其事。如臣之隨君。必以官守言責爲事。弟子之隨師。必以傳道解惑爲事。故受之以蠱。

蠱者事也有事而後可大故受之以臨臨者大也物大然後可觀故受之以觀可觀而後有所合故受之以噬嗑嗑者合也物不可以苟合而已故受之以賁

賁者飾也致飾然後亨則盡矣故受之以剝

蠱者壞也物壞則萬事生矣事因壞而起也故以蠱爲事可大之業每因事以生故受以臨臨者二陽進而逼四陰駸駸乎向于大矣臨不訓大臨者以上臨下以大臨小凡稱臨者皆大者之事也故以大釋之凡物之小者不足以動人之觀大方可觀德之大則光輝之著自足以起人之瞻仰業之大則勳績之偉自足以耀人之耳目故臨次以觀既大而可觀則信從者衆自有來合之者故受以噬

嗑。物不可以苟合。又在乎賁以飾之。不執贄則不
足以成賓主之合。不受幣則不可以成男女之合。
賁所以次合也。賁者文飾也。致者專事文飾之謂
也。文飾太過。則爲亨之極。亨極則儀文盛而實行
衰。故曰致飾亨則盡矣。故繼之以剥。
剥者剥也。物不可以終盡剥窮上反下。故受之以復。
復則不妄矣。故受之以无妄。有无妄然後可畜。故受
之以大畜。物畜然後可養。故受之以頤。頤者養也。不
養則不可動。故受之以大過。物不可以終過。故受之

以坎坎者陷也陷必有所麗故受之以離離者麗也所謂剥者以其剥落而盡也然物不可以終盡既剥盡于上則必復生于下故繼之以復復者反本而復于善也善端既復則妄念不生妄動不萌而不妄矣无妄則誠矣誠則好善如好好色惡惡如惡惡臭然後可以畜德而至于大故受之以大畜物必畜然後可養況我之德乎德既畜于己則可以優游涵泳而充養之以至于化矣是可養也故受之以頤頤者養之義也有大涵養而後有大施

○設養則可動。不養則不可動矣。動者、施設而見于用也。故受之以大過。大過者、以大過人之才。爲大過人之事。非有養者不能也。然天下之事。中焉止矣。理無大過而不已。過極則陷溺于過矣。故受之以坎。坎者、一陽陷于二陰之間。陷之義也。陷于險難之中。則必有所附麗。庶資其才力而難可免矣。故受之以離。離者、一陰麗于二陽之間。附麗之義也。物不可以終通終否終盡終過。以理之自然言也。造化乃如此也。有大者不可以盈。不養則不可動以理之當然言也。人事乃如此也。

右上篇

有天地然後有萬物有萬物然後有男女有男女然後有夫婦有夫婦然後有父子有父子然後有君臣有君臣然後有上下有上下然後禮義有所錯

有夫婦則生育之功成而有父子。有父子則尊卑之分起而後有君臣。有君臣則貴賤之等立而後有上下。上下既立。則有拜趨坐立之節。有宮室車馬之等。小而繁纓之微。大而衣裳之垂。其制之必有文故謂之禮。其處之必得宜。故謂之義。錯者、交錯也。卽八卦之相錯也。禮義尚往來。故謂之錯。

夫婦之道不可以不久也。故受之以恒。恒者久也。物不可以久居其所。故受之以遯。遯者退也。物不可以終遯。故受之以大壯。物不可以終壯。故受之以晉。晉者進也。進必有所傷。故受之以明夷

物不可以久居其所。泛論物理也。如人臣居寵位之久者是也。豈有夫婦不久居其所之理。序卦止有一端之理者正在于此。遯者、退也。物不可以終

退。故受之以大壯。既壯盛則必進。故受之以晉。進而不已。則知進不知退。必有所傷矣。亦物不可久居其所之意。易之消息盈虛。不過如此。時止時行。則存乎其人也。

夷者傷也。傷於外者必反其家。故受之以家人。家道窮必乖。故受之以睽。睽者乖也。乖必有難。故受之以蹇。蹇者難也。物不可以終難。故受之以解。解者緩也。緩必有所失。故受之以損。

傷于外者。其禍必及于家。故受之以家人。禍及于

家。則家道窮困矣。家道窮困。則父子兄弟。豈不相
怨。故受之以睽。一家乖睽。則內難作矣。故受之以
蹇。凡人患難必有解散之時。故受之以解。緩則怠
惰偷安。廢時失事。故受之以損。

損而不已必益故受之以益益而不已必決故受之
以夬夬者決也決必有所遇故受之以姤姤者遇也
物相遇而後聚故受之以萃萃者聚也聚而上者謂
之升故受之以升升而不已必困故受之以困
損而不已必益。益而不已必決。決去即損去之意。

盛衰損益。如循環然。損不已必益。益不已必損。造化如此。在易亦如此。故曰、損益盛衰之始也。損者盛之始。益者衰之始。所以決字即損字也。夬與姤相綜。夬柔在上。剛決柔也。姤柔在下。柔遇剛也。故決去小人。即遇君子。所以夬受之以姤。君子相遇。則合志同方。故受之以萃。同志既萃。則乘時遘會。以類而進。故受之以升。升自下而上。不能不用其力。升而不已。則力竭而困憊矣。故受之以困。困乎上者必反下。故受之以井。井道不可不革。故受之以革革物者莫若鼎故受之以鼎主器者莫若長子故受之以震震者動也物不可以終動止之故受之以艮艮者止也物不可以終止故受之以漸漸者。進也進必有所歸故受之以歸妹得其所歸者必大故受之以豐豐者大也窮大者必失其居故受之以旅

不能進而困于上。則必反于下。至下。者莫若井也。井養而不窮。可以舒困矣。故受之以井。井久則穢濁不可食。必當革去其故。故受之以革。革物之器

去故而取新者莫若鼎故受之以鼎鼎重器也廟祭用之而震爲長子則繼父而主祭者也故受之以震震者動也物不可以終動動則止之以靜故受之以艮艮者止也物不可以終止靜極而復動也故受之以漸漸者進也進以漸而不驟者惟女子之歸六禮以漸而行故受之以歸妹得其所歸者必大細流歸于江海則江海大萬民歸于帝王則帝王大至善歸于聖賢則聖賢大故受之以豐窮大而驕奢無度則必亡國敗家而失其所居之

位矣。唐明皇宋徽宗是也。故受之以旅。

旅而無所容故受之以巽巽者入也入而後說之故受之以兌兌者說也說而後散之故受之以渙渙者離也物不可以終離故受之以節節而信之故受之以中孚有其信者必行之故受之以小過有過物者必濟故受之以既濟物不可窮也故受之以未濟終焉

旅者、親寡之時。非巽順何所容。苟能巽順。雖旅困之中。何往而不能入。故受之以巽。巽者、入也。人情相拒則怒相入則悅入而後悅之故繼之以兌兌者悅也人之氣憂則鬱結悅則舒散悅而後散之故受之以渙渙者離也離披解散之意物不可以終離離則散漫遠去而不止矣故受之以節節所以止離也節者制之于外孚者信之于中節得其道而上能信守之則下亦以信從之矣所謂節而信之也故受之以中孚有者自恃其信而居其有也必者不加詳審而必于其行也事當隨時制宜若自有其信而必行之則小有過矣故受之以小

過。有過人之才者。必有過人之事。而事無不濟矣。故受之以既濟。物至于既濟。物之窮矣。然物無終窮之理。故受之以未濟終焉。物不可窮。乃一部易經之本旨。故曰物不可以終通。以至終離。言物不可者十一。皆此意也。

雜卦傳

雜卦者、雜亂文王之序卦也。孔子將序卦一連者。特借其一端之理以序之。其實恐後學顛倒文王所序之卦也。一端之理。在所緩也。又恐後學以序卦爲定理。不知其中有錯有綜。有此二體。故雜亂其卦。前者居于後。後者居于前。止將二體兩卦有錯有綜者。下釋其意。如乾剛坤柔。比樂師憂是也。使非有此雜卦。象必失其傳矣。

乾剛坤柔

此以錯言。言乾坤之情性也。文王序卦六十四卦。止乾坤坎離大過頤小過中孚八卦相錯。蓋伏羲圓圖乾坤坎離四正之卦本相錯。四隅之卦兑錯艮。震錯巽。故大過頤小過中孚所以相錯也。

比樂師憂

此以綜言。因二卦同體。文王相綜爲一卦。後言綜者倣此。順在内故樂。險在内故憂。凡綜卦有四正綜。四正者、比樂師憂大有衆同人親之類也。四隅之卦。艮與震綜。皆一陽二陰之卦。艮可以言震。震可以言艮。兌與巽綜。皆二陽一陰之卦。兌可以言巽。巽可以言兌。如隨蠱咸恒之類是也。有以正綜隅。隅綜正者。臨觀屯蒙之類是也。前儒不知乎此。所以言象失其傳。而不知象即藏于錯綜之中。因不細玩雜卦故也。

臨觀之義或與或求

此以綜言。君子之臨小人也。有發政施仁之意。故與下民之觀君上也。有仰止觀光之心。故求。曰或者。二卦皆可言與求也。蓋求則必與。與則必求。

屯見而不失其居蒙雜而著

此以綜言。見者。居九五之位也。居者。以陽居陽也。八卦正位坎在五。言九五雜于二陰之間。然居九五之位。剛健中正。故見而不失其居。蒙九二亦雜于二陰之間。然爲發蒙之主。故雜而著見。皆以坎之上下言。言蒙之坎上而爲屯矣。見而不失其居。屯之坎下而爲蒙矣。雜而又著。

震起也艮止也

此以綜言。震陽起于下。艮陽止于上。

損益盛衰之始也

此以綜言。損上卦之艮。下而爲益下卦之震。帝出乎震。故爲盛之始。益上卦之巽。下而爲損下卦之兌。說言乎兌。故爲衰之始。震東兌西。春生秋殺。故爲盛衰之始。

大畜時也无妄災也

此以綜言。大畜上卦之艮。下而爲無妄下卦之震。故孔子曰、剛自外來而爲主于内。無妄下卦之震。上而爲大畜之艮。故孔子曰、剛上而尚賢。止其不能止者。非理之常。乃適然之時。得其不當得者。非理之常。乃偶然之禍。

萃聚而升不來也

此以綜言。升上卦之三陰。下而爲萃之下卦。三陰同聚。故曰萃。萃下卦之三陰。上而爲升之上卦。三陰齊升。故曰升。惟升故不降下而來。

謙輕而豫怠也

此以綜言。謙之上六。即豫之初六。故二爻皆言鳴。謙心虛。故自輕。豫志滿。故自肆。

噬嗑食也賁无色也

此以綜言。賁下卦之離。上而爲噬嗑之上卦。故孔子曰、柔得中而上行。噬嗑上卦之離。下而爲賁之下卦。故孔子曰、柔來而文剛。頤中有物。食其所有。

白賁無色文其所無。

兊見而巽伏也

此以綜言。與震艮同。震艮以陽起止于上下。此則以陰見伏于上下。

隨无故也蠱則飭也

此以綜言。隨則以蠱上卦艮之剛。下而爲震。故孔子曰、剛來而下柔。蠱則以隨上卦兊之柔。下而爲巽。故孔子曰、剛上而柔下。隨無大故。故能相隨。蠱有大故。故當整飭。

剝爛也復反也

此以綜言。剝則生意漸盡而歸于無。復則生意復萌而反于有。

晉晝也明夷誅也

此以綜言。明夷下卦之離。進而爲晉之上卦。故孔子曰。柔進而上行。明在上而明著。明在下而明傷。

井通而困相遇也

困上卦之兌。下而爲井。下卦之巽。井下卦之巽。上而爲困上卦之兌。養而不窮。通也。即不困。剛過其掩遇也即不通。

咸速也恒久也

此以綜言。故孔子曰、柔上而剛下。剛上而柔下。有感則速。速則婚姻及時。有恒則久。久則夫婦偕老。

渙離也節止也

此以綜言。節上卦坎之剛。來居渙之下卦。渙上卦巽之柔。來居節之下卦。風散水故渙。渙則離而不止。澤防水故節。節則止而不離。

解緩也蹇難也

此以綜言。蹇下卦之艮。往而爲解上卦之震。出險之外。安舒寬緩之時。居險之下。大難切身之際。

睽外也家人內也

此以綜言。睽下卦之兌。即家人上卦之巽。睽于外而不相親。親于內而不相睽。

否泰反其類也

此以綜言。大往小來。小往大來。故反其類。

大壯則止遯則退也止當作上

此以綜言。止字乃上字之誤。二卦相綜。遯之三爻。

即大壯之四爻。上字指大壯之四爻而言。退字指遯之三爻而言。皆相比于陰之爻也。孔子因周公三爻四爻之辭。故發此上退二字。言大壯則壯于大輿之輹。上往而進。遯則退而畜止臣妾。使制于陽。不使之浸而長也。故大壯則上。遯則退。

大有衆也同人親也

此以綜言。同人下卦之離。進居大有之上卦。大有上卦之離。來居同人之下卦。勢統于一。所愛者衆。情通于同。所與者親。

革去故也鼎取新也

此以綜言。鼎下卦之巽。進而為革上卦之兌。水火相息。有去故之義。水火相烹。有從新之理。

小過過也中孚信也

此以錯言。過者踰其常。信者存其誠。

豐多故親寡旅也

此以綜言。旅下卦之艮。即豐上卦之震。人處豐盛。故多故舊。人在窮途。故寡親識。

離上而坎下也

此以錯言兌上潤下。

小畜寡也履不處也

此以綜言。二卦皆以柔爲主。小畜柔得位。但寡不能勝衆。陽所以不能畜。故曰寡也。履柔不得位。惟以悅體履虎尾。故曰不處也。不處者。非所居也。故六三小象曰位不當。

需不進也訟不親也

此以綜言。天水相上下。安分待時。故不進。越理求勝。故不親。

大過顛也頤養正也　依蔡氏改正

此以錯言。弱其本末故顛。擇其大小故正。序卦曰頤者養也。不養則不可動。故受之以大過。有此作證。蔡氏方改正。所以序卦有功于易。

既濟定也未濟男之窮也　依蔡氏改正

此以綜言。水火相爲上下。六位皆當故定。三陽失位故窮。

歸妹女之終也漸女歸待男行也　依蔡氏改正

此以綜言。歸妹下卦之兑。進而爲漸上卦之巽。漸

下卦之艮進而爲歸妹上卦之震歸妹者女事之終待男者女嫁之禮

姤遇也柔遇剛也夬決也剛決柔也君子道長小人道消也 依蔡氏改正

此以綜言君子小人迭爲盛衰猶陰陽迭相消長一柔在五陽之下曰柔遇剛者小人之遭遇君子之所憂也一柔在五陽之上曰剛決柔者君子之道長小人之所憂也易之爲書吉凶消長進退存亡不過此理此數而已故以是終之

梁山來知德先生易經集註卷之十六

平山後學崔華重訂　男纘代齊同校

繫辭上傳

天尊地卑乾坤定矣卑高以陳貴賤位矣動靜有常剛柔斷矣方以類聚物以群分吉凶生矣在天成象在地成形變化見矣是故剛柔相摩八卦相盪鼓之以雷霆潤之以風雨日月運行一寒一暑乾道成男坤道成女乾知大始坤作成物乾以易知坤以簡能易則易知簡則易從易知則有親易從則有功有親

則可久有功則可大可久則賢人之德可大則賢人
之業易簡而天下之理得矣天下之理得而成位乎
其中矣

右第一章

聖人設卦觀象繫辭焉而明吉凶剛柔相推而生變
化是故吉凶者失得之象也悔吝者憂虞之象也變
化者進退之象也剛柔者晝夜之象也六爻之動三
極之道也是故君子所居而安者易之序也所樂而
玩者爻之辭也是故君子居則觀其象而玩其辭動

則觀其變而玩其占是以自天祐之吉無不利

右第二章

彖者言乎象者也爻者言乎變者也吉凶者言乎其失得也悔吝者言乎其小疵也無咎者善補過也是故列貴賤者存乎位齊小大者存乎卦辯吉凶者存乎辭憂悔吝者存乎介震無咎者存乎悔是故卦有小大辭有險易辭也者各指其所之

右第三章

易與天地準故能彌綸天地之道仰以觀於天文俯

以察於地理是故知幽明之故原始反終故知死生之說精氣爲物游魂爲變是故知鬼神之情狀與天地相似故不違知周乎萬物而道濟天下故不過旁行而不流樂天知命故不憂安土敦乎仁故能愛範圍天地之化而不過曲成萬物而不遺通乎晝夜之道而知故神無方而易無體

右第四章

一陰一陽之謂道繼之者善也成之者性也仁者見之謂之仁知者見之謂之知百姓日用而不知故君

子之道鮮矣顯諸仁藏諸用鼓萬物而不與聖人同
憂盛德大業至矣哉富有之謂大業日新之謂盛德
生生之謂易成象之謂乾效法之謂坤極數知來之
謂占通變之謂事陰陽不測之謂神

右第五章

夫易廣矣大矣以言乎遠則不禦以言乎邇則靜而
正以言乎天地之間則備矣夫乾其靜也專其動也
直是以大生焉夫坤其靜也翕其動也闢是以廣生
焉廣大配天地變通配四時陰陽之義配日月易簡

之善配至德

右第六章

子曰易其至矣乎夫易聖人所以崇德而廣業也知崇禮卑崇效天卑法地天地設位而易行乎其中矣成性存存道義之門

右第七章

聖人有以見天下之賾而擬諸其形容象其物宜是故謂之象聖人有以見天下之動而觀其會通以行其典禮繫辭焉以斷其吉凶是故謂之爻言天下之

至賾而不可惡也言天下之至動而不可亂也擬之而後言議之而後動擬議以成其變化

子曰危者安其位者也亡者保其存者也亂者有其治者也是故君子安而不忘危存而不忘亡治而不忘亂是以身安而國家可保也易曰其亡其亡繫于苞桑

同人先號咷而後笑子曰君子之道或出或處或默或語二人同心其利斷金同心之言其臭如蘭

易曰自天祐之吉無不利子曰祐者助也天之所助

者順也人之所助者信也履信思乎順又以尚賢也是以自天祐之吉無不利也

勞謙君子有終吉子曰勞而不伐有功而不德厚之至也語以其功下人者也德言盛禮言恭謙也者致恭以存其位者也

子曰知幾其神乎君子上交不諂下交不瀆其知幾乎幾者動之微吉之先見者也君子見幾而作不俟終日易曰介于石不終日貞吉介如石焉寧用終日斷可識矣君子知微知彰知柔知剛萬夫之望

子曰小人不恥不仁不畏不義不見利不勸不威不懲小懲而大誡此小人之福也易曰屨校滅趾無咎此之謂也

善不積不足以成名惡不積不足以滅身小人以小善爲無益而弗爲也以小惡爲無傷而弗去也故惡積而不可掩罪大而不可解易曰何校滅耳凶

子曰顏氏之子其殆庶幾乎有不善未嘗不知知之未嘗復行也易曰不遠復無祇悔元吉

初六藉用白茅無咎子曰苟錯諸地而可矣藉之用

茅何咎之有慎之至也夫茅之爲物薄而用可重也慎斯術也以往其無所失矣

右第八章　依序卦上經九爻與下經同

天一地二天三地四天五地六天七地八天九地十天數五地數五五位相得而各有合天數二十有五地數三十凡天地之數五十有五此所以成變化而行鬼神也大衍之數五十其用四十有九分而爲二以象兩掛一以象三揲之以四以象四時歸奇於扐以象閏五歲再閏故再扐而後掛乾之策二百一十

有六坤之策百四十有四凡三百有六十當期之日

二篇之策萬有一千五百二十當萬物之數也是故

四營而成易十有八變而成卦八卦而小成引而伸

之觸類而長之天下之能事畢矣顯道神德行是故可

與酬酢可與祐神矣子曰知變化之道者其知神之

所爲乎

右第九章

易有聖人之道四焉以言者尚其辭以動者尚其變

以制器者尚其象以卜筮者尚其占是以君子將有

爲也將有行也問焉而以言其受命也如嚮無有遠近幽深遂知來物非天下之至精其孰能與於此參伍以變錯綜其數通其變遂成天地之文極其數遂定天下之象非天下之至變其孰能與於此易無思也無爲也寂然不動感而遂通天下之故非天下之至神其孰能與於此夫易聖人所以極深而研幾也唯深也故能通天下之志唯幾也故能成天下之務唯神也故不疾而速不行而至子曰易有聖人之道四焉者此之謂也

右第十章

子曰夫易何爲者也夫易開物成務冒天下之道如斯而已者也是故聖人以通天下之志以定天下之業以斷天下之疑是故蓍之德圓而神卦之德方以知六爻之義易以貢聖人以此洗心退藏於密吉凶與民同患神以知來知以藏往其孰能與於此哉古之聦明叡知神武而不殺者夫是以明於天之道而察于民之故是興神物以前民用聖人以此齋戒以神明其德夫是故闔戸謂之坤闢戸謂之乾一闔一

闔謂之變往來不窮謂之通見乃謂之象形乃謂之
器制而用之謂之法利用出入民咸用之謂之神是
故易有太極是生兩儀兩儀生四象四象生八卦八
卦定吉凶吉凶生大業是故法象莫大乎天地變通
莫大乎四時縣象著明莫大乎日月崇高莫大乎富
貴備物致用立成器以爲天下利莫大乎聖人探賾
索隱鉤深致遠以定天下之吉凶成天下之亹亹者
莫大乎蓍龜是故天生神物聖人則之天地變化聖
人效之天垂象見吉凶聖人象之河出圖洛出書聖

人則之易有四象所以示也繫辭焉所以告也定之以吉凶所以斷也

右第十一章

子曰書不盡言言不盡意然則聖人之意其不可見乎子曰聖人立象以盡意設卦以盡情僞繫辭焉以盡其言變而通之以盡利鼓之舞之以盡神乾坤其易之緼耶乾坤成列而易立乎其中矣乾坤毁則無以見易易不可見則乾坤或幾乎息矣是故形而上者謂之道形而下者謂之器化而裁之謂之變推而

行之謂之通舉而措之天下之民謂之事業極天下之賾者存乎卦鼓天下之動者存乎辭化而裁之存乎變推而行之存乎通神而明之存乎其人默而成之不言而信存乎德行

右第十二章　與下繫傳同十二章

繫辭下傳

八卦成列象在其中矣因而重之爻在其中矣剛柔相推變在其中矣繫辭焉而命之動在其中矣吉凶悔吝者生乎動者也剛柔者立本者也變通者趣時

者也吉凶者貞勝者也天地之道貞觀者也日月之道貞明者也天下之動貞夫一者也夫乾確然示人易矣夫坤隤然示人簡矣爻也者效此者也象也者像此者也爻象動乎內吉凶見乎外功業見乎變聖人之情見乎辭天地之大德曰生聖人之大寶曰位何以守位曰仁何以聚人曰財理財正辭禁民爲非曰義

右第一章

古者包犧氏之王天下也仰則觀象于天俯則觀法

於地觀鳥獸之文與地之宜近取諸身遠取諸物於是始作八卦以通神明之德以類萬物之情作結繩而爲網罟以佃以漁蓋取諸離包犧氏沒神農氏作斲木爲耜揉木爲耒耒耨之利以教天下蓋取諸益日中爲市致天下之民聚天下之貨交易而退各得其所蓋取諸噬嗑神農氏沒黃帝堯舜氏作通其變使民不倦神而化之使民宜之易窮則變變則通通則久是以自天祐之吉無不利黃帝堯舜垂衣裳而天下治蓋取諸乾坤刳木爲舟剡木爲楫舟楫之利以

濟不通致遠以利天下蓋取諸渙服牛乘馬引重致遠以利天下蓋取諸隨重門擊柝以待暴客蓋取諸豫斷木爲杵掘地爲臼臼杵之利萬民以濟蓋取諸小過弦木爲弧剡木爲矢弧矢之利以威天下蓋取諸睽上古穴居而野處後世聖人易之以宮室上棟下宇以待風雨蓋取諸大壯古之葬者厚衣之以薪葬之中野不封不樹喪期無數後世聖人易之以棺槨蓋取諸大過上古結繩而治後世聖人易之以書契百官以治萬民以察蓋取諸夬

右第二章

是故易者象也象也者像也彖者材也爻也者效天下之動者也是故吉凶生而悔吝著也

右第三章

陽卦多陰陰卦多陽其故何也陽卦奇陰卦偶其德行何也陽一君而二民君子之道也陰二君而一民小人之道也

右第四章

易曰憧憧往來朋從爾思子曰天下何思何慮天下

同歸而殊途一致而百慮天下何思何慮日往則月
來月往則日來日月相推而明生焉寒往則暑來暑
往則寒來寒暑相推而歲成焉往者屈也來者信也
屈信相感而利生焉尺蠖之屈以求信也龍蛇之蟄
以存身也精義入神以致用也利用安身以崇德也
過此以往未之或知也窮神知化德之盛也
子曰作易者其知盜乎易曰負且乘致寇至負也者
小人之事也乘也者君子之器也小人而乘君子之
器盜思奪之矣上慢下暴盜思伐之矣慢藏誨盜冶

容誨淫易曰負且乘致寇至盜之招也

易曰公用射隼于高墉之上獲之無不利子曰隼者禽也弓矢者器也射之者人也君子藏器于身待時而動何不利之有動而不括是以出而有獲語成器而動者也

天地絪縕萬物化醇男女構精萬物化生易曰三人行則損一人一人行則得其友言致一也

子曰君子安其身而後動易其心而後語定其交而後求君子修此三者故全也危以動則民不與也懼

以語則民不應也無交而求則民不與也莫之與則傷之者至矣易曰莫益之或擊之立心勿恒凶

易曰困于石據于蒺藜入于其宮不見其妻凶子曰非所困而困焉名必辱非所據而據焉身必危旣辱且危死期將至妻其可得見邪

子曰德薄而位尊知小而謀大力小而任重鮮不及矣易曰鼎折足覆公餗其形渥凶言不勝其任也

不出戶庭無咎子曰亂之所生也則言語以爲階君不密則失臣臣不密則失身幾事不密則害成是以

君子密愼而不出也

鳴鶴在陰其子和之我有好爵吾與爾靡之子曰君子居其室出其言善則千里之外應之况其邇者乎居其室出其言不善則千里之外違之况其邇者乎言出乎身加乎民行發乎邇見乎遠言行君子之樞機樞機之發榮辱之主也言行君子之所以動天地也可不愼乎

右第五章　依序卦下經九爻與上經同

子曰乾坤其易之門邪乾陽物也坤陰物也陰陽合

德而剛柔有體以體天地之撰以通神明之德其稱名也雜而不越於稽其類其衰世之意邪夫易彰往而察來而微顯闡幽開而當名辨物正言斷辭則備矣其稱名也小其取類也大其旨遠其辭文其言曲而中其事肆而隱因貳以濟民行以明失得之報

右第六章

易之興也其於中古乎作易者其有憂患乎是故履德之基也謙德之柄也復德之本也恒德之固也損德之修也益德之裕也困德之辨也井德之地也巽

德之制也履和而至謙尊而光復小而辨於物恒雜而不厭損先難而後易益長裕而不設困窮而通井居其所而遷巽稱而隱履以和行謙以制禮復以自知恒以一德損以遠害益以興利困以寡怨井以辨義巽以行權

右第七章

易之爲書也不可遠爲道也屢遷變動不居周流六虛上下無常剛柔相易不可爲典要唯變所適其出入以度外內使知懼又明於憂患與故无有師保如

臨父母初率其辭而揆其方旣有典常苟非其人道
不虛行

右第八章

易之爲書也原始要終以爲質也六爻相雜唯其時
物也其初難知其上易知本末也初辭擬之卒成之
終若夫雜物撰德辨是與非則非其中爻不備噫亦
要存亡吉凶則居可知矣知者觀其彖辭則思過半
矣二與四同功而異位其善不同二多譽四多懼近
也柔之爲道不利遠者其要無咎其用柔中也三與

五同功而異位三多凶五多功貴賤之等也其柔危其剛勝耶

右第九章

易之爲書也廣大悉備有天道焉有人道焉有地道焉兼三才而兩之故六六者非他也三才之道也道有變動故曰爻爻有等故曰物物相雜故曰文文不當故吉凶生焉

右第十章

易之興也其當殷之末世周之盛德邪當文王與紂

之事邪是故其辭危危者使平易者使傾其道甚大百物不廢懼以終始其要無咎此之謂易之道也

右第十一章

夫乾天下之至健也德行恒易以知險夫坤天下之至順也德行恒簡以知阻能說諸心能研諸慮定天下之吉凶成天下之亹亹者是故變化云爲吉事有祥象事知器占事知來天地設位聖人成能人謀鬼謀百姓與能八卦以象告爻彖以情言剛柔雜居而吉凶可見矣變動以利言吉凶以情遷是故愛惡相

攻而吉凶生遠近相取而悔吝生情僞相感而利害生凡易之道近而不相得則凶或害之悔且吝將叛者其辭慙中心疑者其辭枝吉人之辭寡躁人之辭多誣善之人其辭游失其守者其辭屈

右第十二章　與上繫傳同十二章

補定周易說卦傳

梁山來知德補定

說卦傳

昔者聖人之作易也幽贊於神明而生蓍參天兩地而倚數觀變於陰陽而立卦發揮於剛柔而生爻和順於道德而理於義窮理盡性以至於命

右第一章

昔者聖人之作易也將以順性命之理是以立天之道曰陰與陽立地之道曰柔與剛立人之道曰仁與

義兼三才而兩之故易六畫而成卦分陰分陽迭用柔剛故易六位而成章

右第二章

天地定位山澤通氣雷風相薄水火不相射八卦相錯數往者順知來者逆是故易逆數也

右第三章

雷以動之風以散之雨以潤之日以晅之艮以止之兌以說之乾以君之坤以藏之

右第四章

帝出乎震齊乎巽相見乎離致役乎坤說言乎兌戰乎乾勞乎坎成言乎艮萬物出乎震震東方也齊乎巽巽東南也齊也者言萬物之潔齊也離也者明也萬物皆相見南方之卦也聖人南面而聽天下嚮明而治蓋取諸此也坤也者地也萬物皆致養焉故曰致役乎坤兌正秋也萬物之所說也故曰說言乎兌戰乎乾乾西北之卦也言陰陽相薄也坎者水也正北方之卦也勞卦也萬物之所歸也故曰勞乎坎艮東北之卦也萬物之所成終而所成始也故曰成言

乎艮

右第五章

神也者妙萬物而爲言者也動萬物者莫疾乎雷撓萬物者莫疾乎風燥萬物者莫熯乎火說萬物者莫說乎澤潤萬物者莫潤乎水終萬物始萬物者莫盛乎艮故水火相逮雷風不相悖山澤通氣然後能變化既成萬物也

右第六章

乾健也坤順也震動也巽入也坎陷也離麗也艮止

也兌說也

右第七章

乾爲馬坤爲牛震爲龍巽爲鷄坎爲豕離爲雉艮爲狗兌爲羊

右第八章

乾爲首坤爲腹震爲足巽爲股坎爲耳離爲目艮爲手兌爲口

右第九章

乾天也故稱乎父坤地也故稱乎母震一索而得男

故謂之長男巽一索而得女故謂之長女坎再索而得男故謂之中男離再索而得女故謂之中女艮三索而得男故謂之少男兌三索而得女故謂之少女

右第十章

乾爲天爲圜爲君爲父爲玉爲金爲寒爲冰爲大赤爲良馬爲老馬爲瘠馬爲駁馬爲木果荀九家有爲龍爲直爲衣爲言○來知德有爲郊爲帶爲旋爲知爲富爲大爲頂爲戎爲武

坤爲地爲母爲布爲釜爲吝嗇爲均爲子母牛爲大

輿爲文爲衆爲柄其於地也爲黑　荀九家有爲牝
爲迷爲方爲囊爲裳爲黃爲帛爲漿　來知德有爲
末爲能爲小爲朋爲戸爲敦
震爲雷爲龍爲玄黃爲車爲大塗爲長子爲決躁爲
蒼筤竹爲萑葦其於馬也爲善鳴爲馵足爲作足爲
的顙其於稼也爲反生其究爲健爲蕃鮮　荀九家
有爲玉爲鵠爲鼓　來知德有爲青爲升躋爲奮爲
官爲園爲春耕爲東爲老爲筐
巽爲木爲風爲長女爲繩直爲工爲白爲長爲高爲

進退爲不果爲臭其於人也爲寡髪爲廣顙爲多白眼爲近利市三倍其究爲躁卦　荀九家有爲楊爲鸛　來知德有爲浚爲魚爲草茅爲宮人爲老婦

坎爲水爲溝瀆爲隱伏爲矯輮爲弓輪其於人也爲加憂爲心病爲耳痛爲血卦爲赤其於馬也爲美脊爲亟心爲下首爲薄蹄爲曳其於輿也爲多眚爲通爲月爲盜其於木也爲堅多心　荀九家有爲宮爲律爲可爲棟爲叢棘爲狐爲蒺藜爲桎梏　來知德有爲沫爲泥塗爲孕爲酒爲臀爲淫爲北爲幽爲孚

爲河

離爲火爲日爲電爲中女爲甲胄爲戈兵其於人也爲大腹爲乾卦爲鼈爲蟹爲蠃爲蚌爲龜其於木也爲科上槁　荀九家有爲牝牛　來知德有爲苦爲朱爲三爲焚爲泣爲歌爲號爲墉爲城爲南爲不育爲害

艮爲山爲徑路爲小石爲門闕爲果蓏爲閽寺爲指爲狗爲鼠爲黔喙之屬其於木也爲堅多節　荀九家有爲鼻爲虎爲狐　來知德有爲牀爲握爲終爲

宅爲廬爲丘爲篤爲童爲尾

兌爲澤爲少女爲巫爲口舌爲毀折爲附決其於地

也爲剛鹵爲妾爲羊　荀九家有爲常爲輔頰　來

知德有爲笑爲五爲食爲跛爲眇爲西

右第十一章

周易集註卷之十六終

跋

梁山來矣鮮先生易注一編於易象獨得其解學士大夫多艷稱之家大人慕而訪求之者數年於茲矣戊辰秋幸於吳門書肆舊集中獲有藏本歸而授余且命之曰士人讀書稽古所重在於經

術竊訝近日專家之士各守一經大率理會章句摹倣帖括以爲襲取科名之地如是焉止矣詢以經傳理解源流及聖人書不盡言言不盡意之旨茫如也况易理廣大精微尤非他經可同日語者來先生易注獨能窮源探本剖晰易

象中疑義較若列眉發歷代諸儒所未
發貞四聖人後一人也汝空潛心索玩
勿第以尋常傳註目之余拜而受命因
思明道先生入蜀時遇醬翁篾叟談損
益二卦別有解會心竊嘆異以爲易學
在蜀今來先生是編設令程夫子見之

當益信易學之果在蜀矣先生發蒙啟
晦誠義文周孔之功臣也哉惟是世遠
言湮遺文殘缺購之數年而僅得此帙
倘日久失傳不幾終於滅沒而辜先生
探索之苦心歟爰請命家大人重加較
訂急付剞劂以公諸世刻成余因得附

語簡末誌其端委且以告世之專治一經者毋苐以帖括兩字錮此一生精力則經傳中書不盡言之意自能旁通觸類有所發明庶家大人重刊是注之婆心可以無負尤所望於學易諸君子讀是編而有同志者

平山後學崔岱齋青峙敬識

馬圖

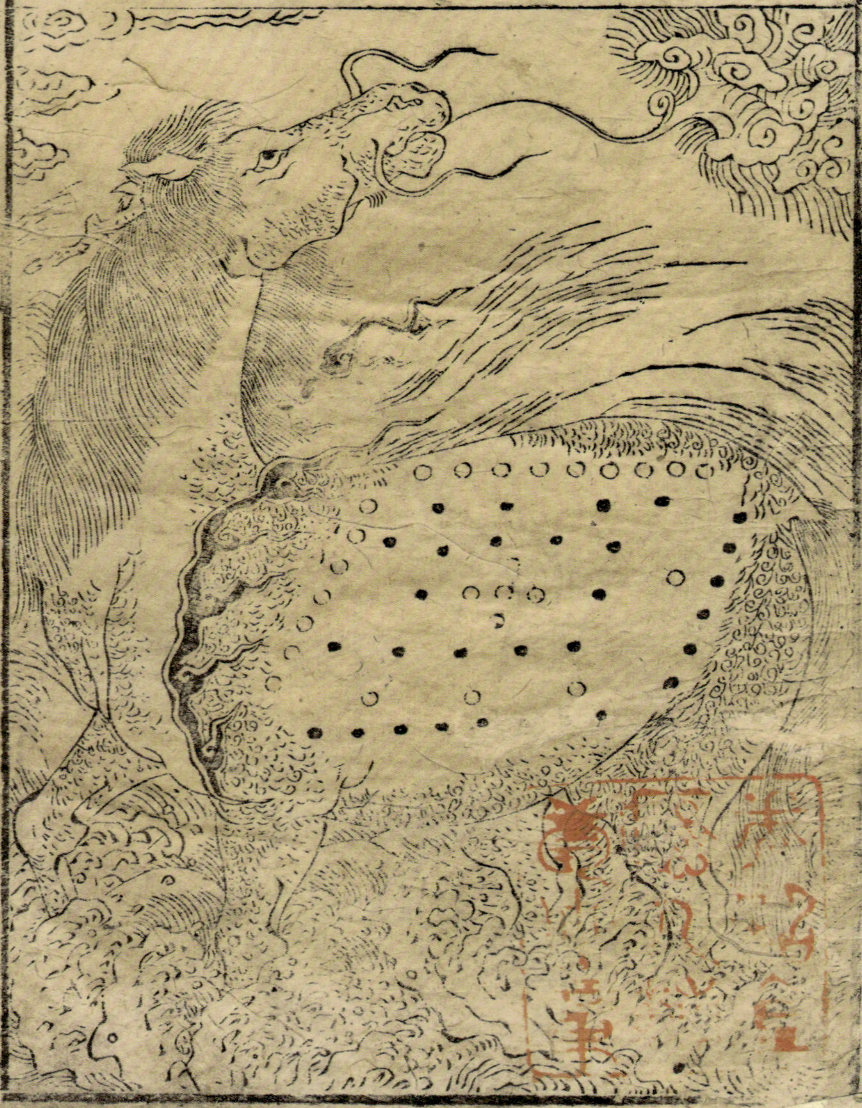

洛書圖
采圖

太極河圖

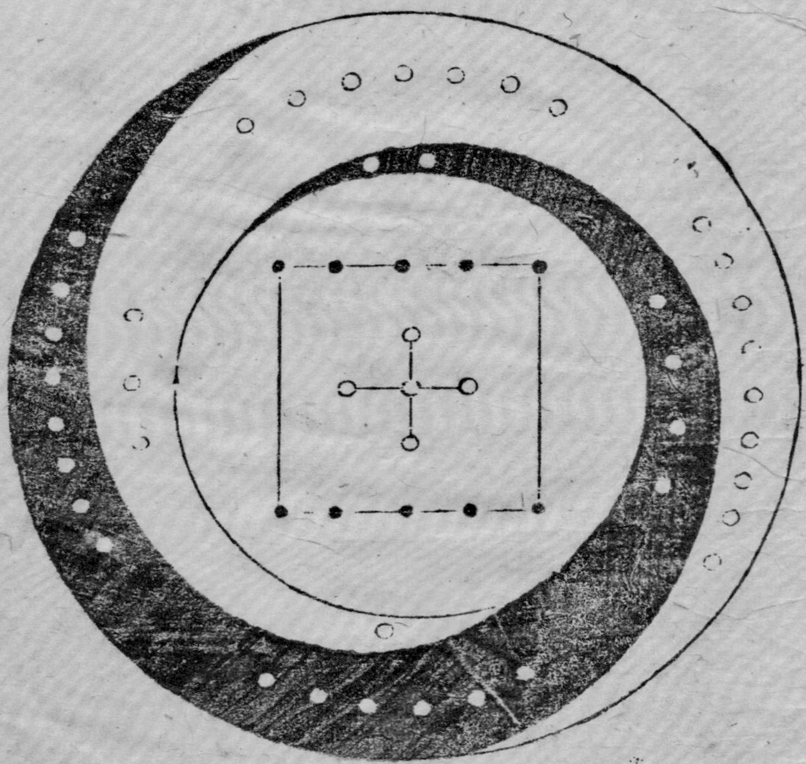

周易

朝爽堂

雖曰一六在下二七在上其實皆陽上而陰下雖曰三八在左四九在右其實皆陰左而陽右雖曰以五生數統五成數其實皆生數在內而成數在外雖曰陰陽皆自內達外其實陽奇一三七九陰耦二四六八皆自微而漸盛彼欲分裂某幾點置之某處而更亂之盍即此太極河圖觀之哉但陰陽左右雖旋轉無定在也而拘拘執河圖虛中五十無位之說是又不知陰陽合於中心而土本天地之中氣也太極河圖說

太極六十四卦圖

周易

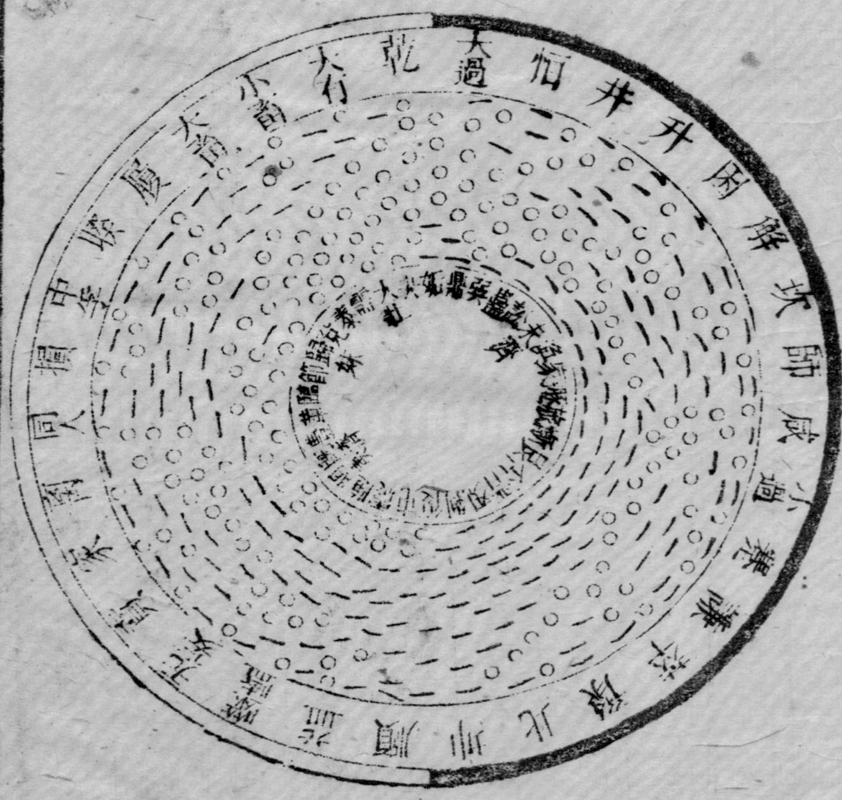

此圖即先天圓圖次序六十四卦三百八十四爻秩然於一圖之中陽在左而上下皆陽包乎陰陰在右而上下皆陰包乎陽雖卦位稍參差不齊實於卦爻未嘗與之以已意

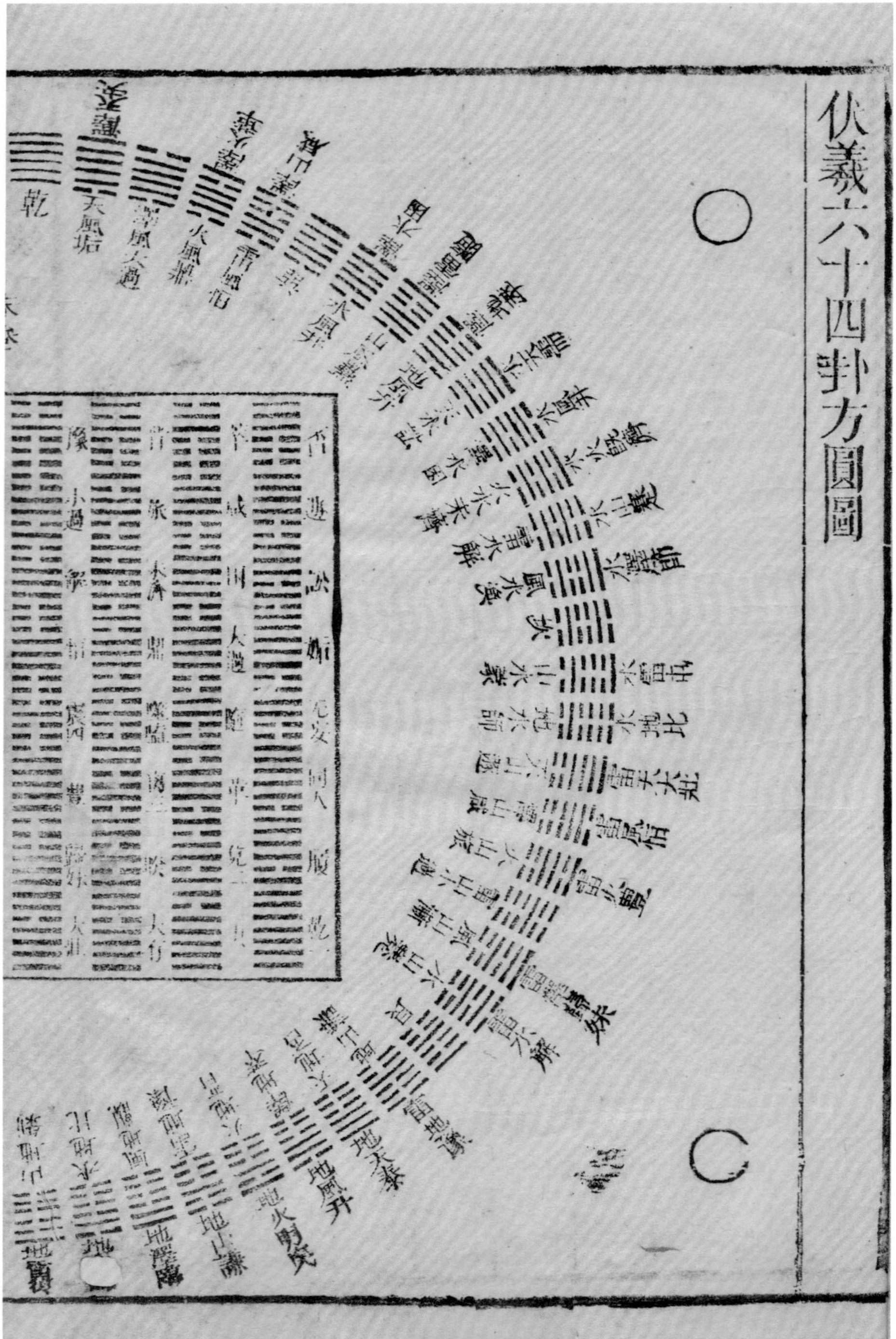
伏羲六十四卦方圓圖

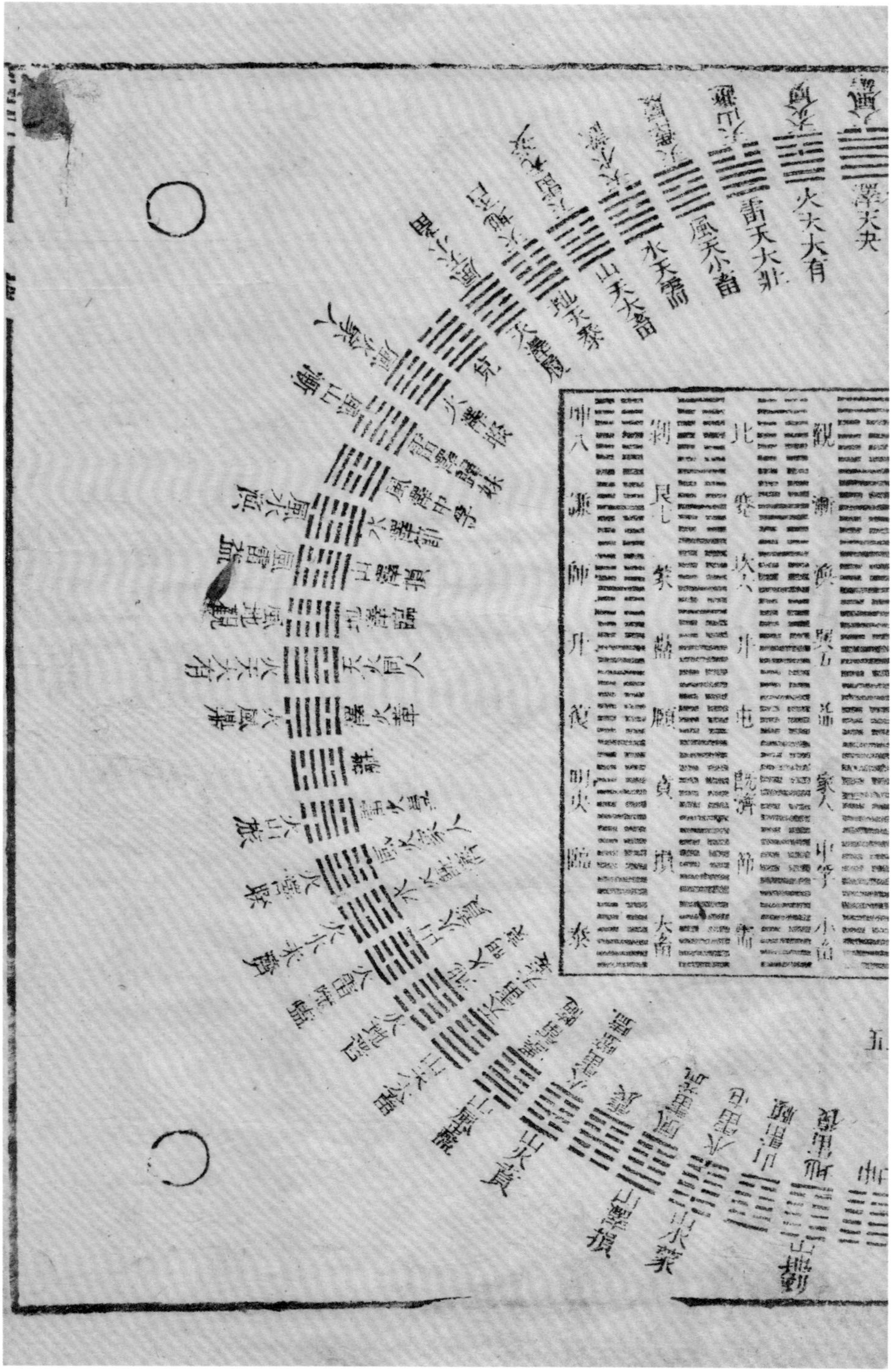
澤天夬
火天大有
雷天大壯
風天小畜
水天需
山天大畜

河圖天地交

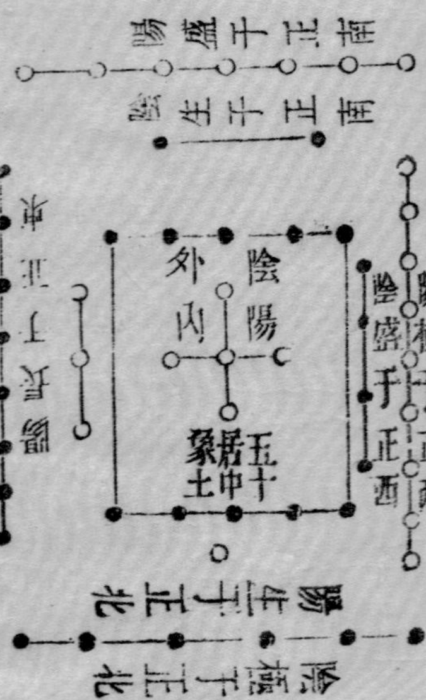

一三七九陽也天之象也二四六八陰也地之象也即奇偶位次而天地之交見矣

洛書日月交

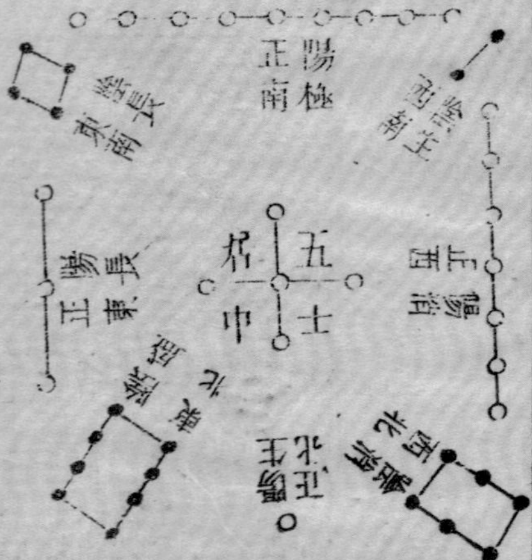

一三七九陽也日之象也二四六八陰也月之象也即奇偶位次而日月之交見矣

天地交則泰矣易即謹
衣袽于六四君子因圖書而致慎于交也深矣哉若夫統觀河
圖除中五十則外數三十徑一圍三故圓謂圖爲天之象可也
統觀洛書除中五數則外數四十徑一圍四故方謂書爲地之
象亦可也圖之數五十有五其數奇而盈也非日之象乎書之
數四十有五其數偶而乏之也非月之象乎潛神圖書者可無反
身之功哉葢天地日月之交即吾人性命之理姤復之機也果
能以此洗心退藏于密天地交而一陽合于六陰之中日月交
而一貞完其純陽之體則天地合德日月合明化生鬼之神妙
不在圖書而在我矣否則圖書圖不嘗互相牽扯而圖自圖書

方圓奇耦之象數耳於窮理盡性致命之學何益哉河圖

交洛書

八交變論

採圖

七

河洛卦位合圖

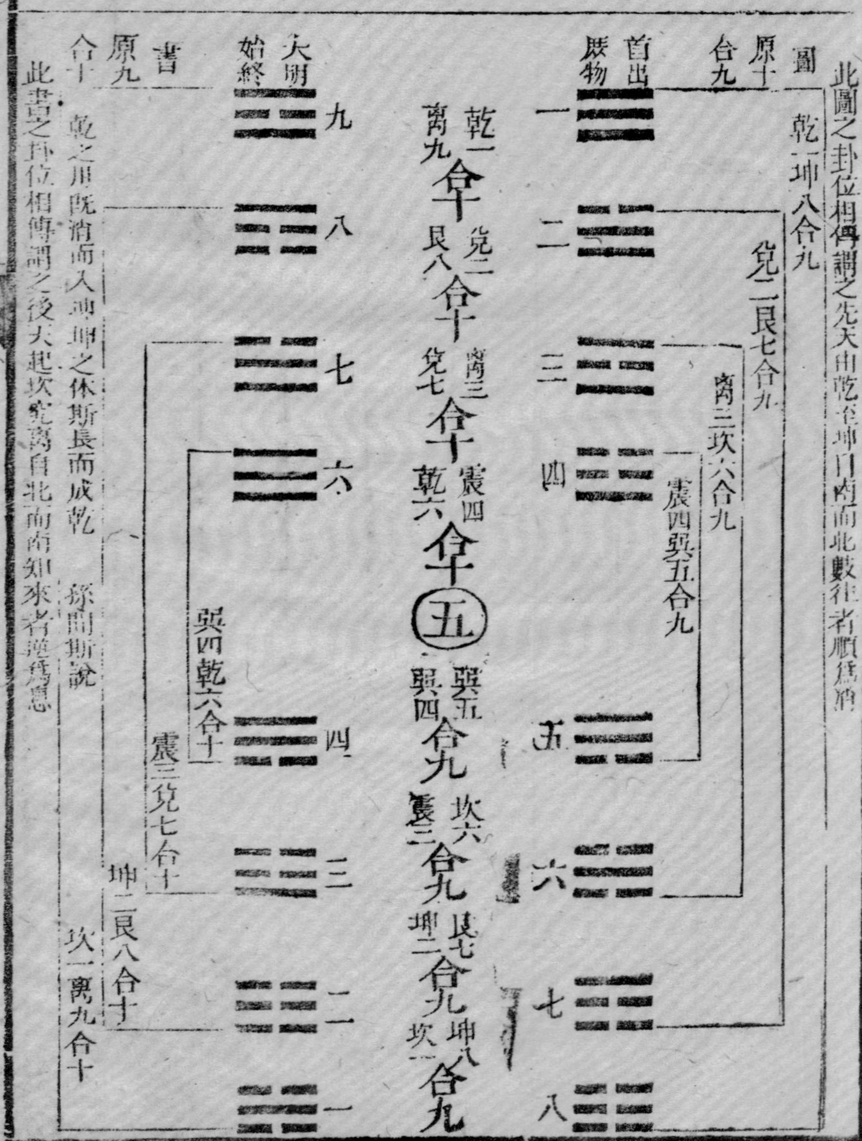

周易　朝爽堂

河洛陰陽生成純雜圖

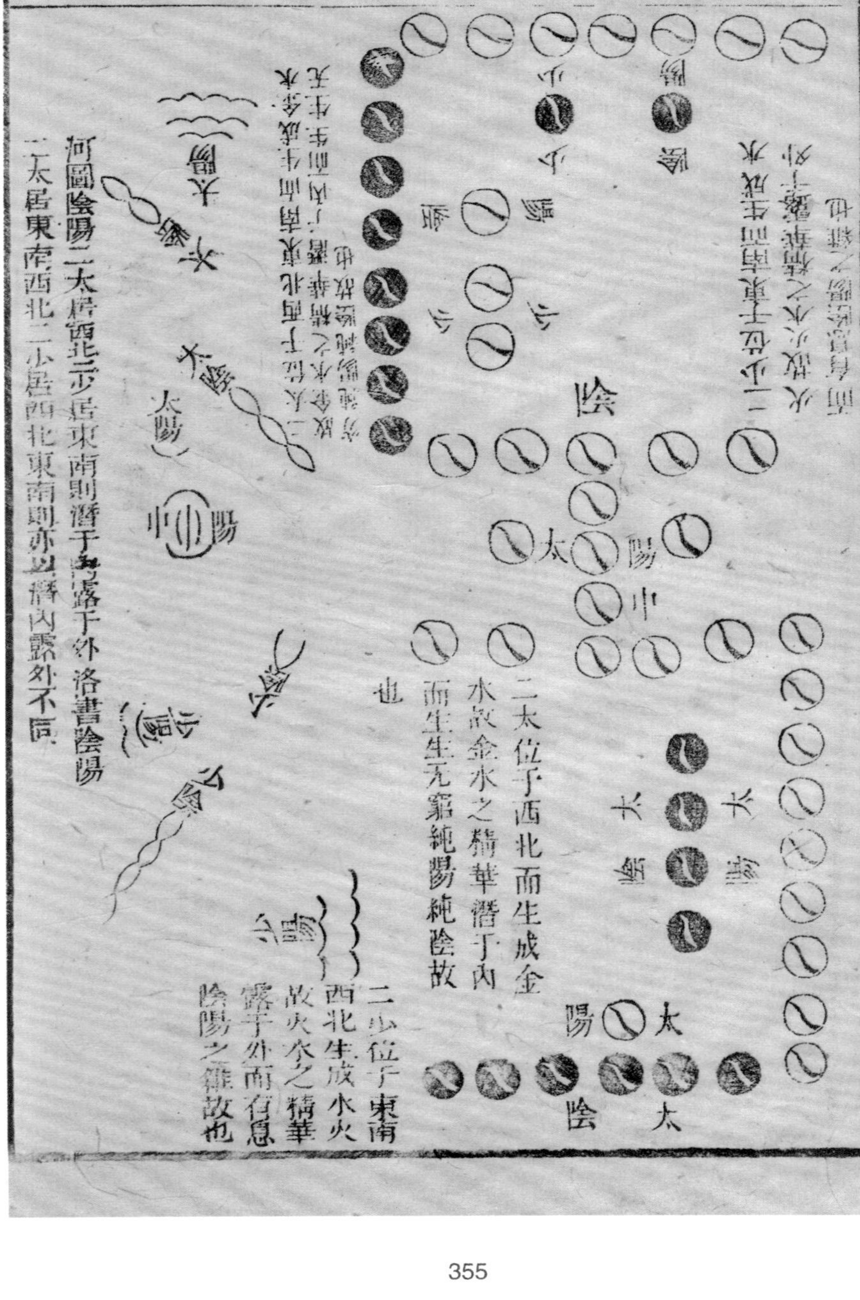
二太位于西北而生成金水故金水之精華潛于內而生生无窮純陽純陰故也
二少位于東南西北生成水火故火水之精華露于外而有息陰陽之雜故也
河圖陰陽二太居西北二少居東南則潛于內露于外洛書陰陽二太居東南西北二少居西北東南則亦以潛內露外不同

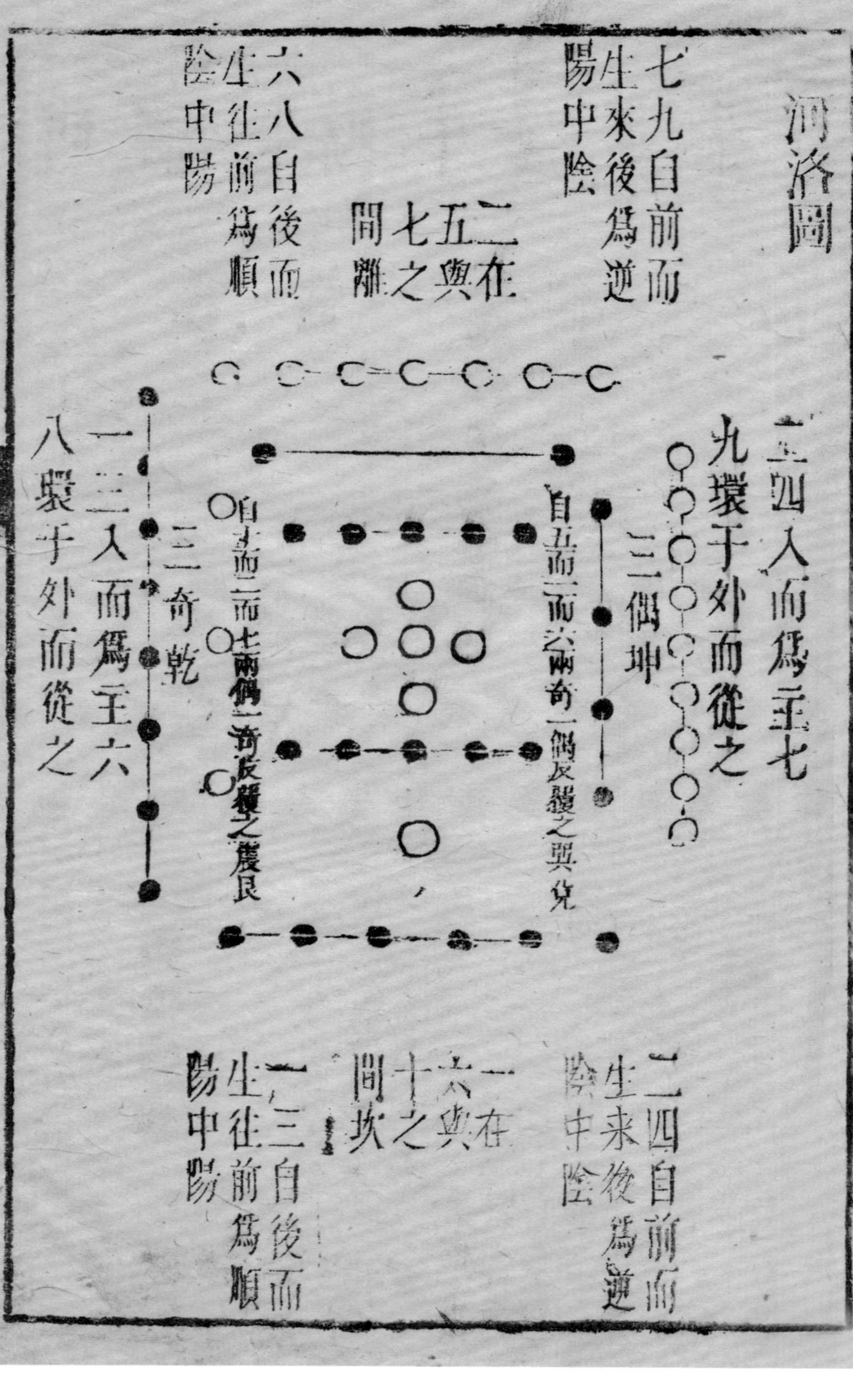
河洛圖
七九自前而生來後爲逆陽中陰
二在五與七之間離
六八自後而生往前爲順陰中陽
二四入而爲主七九環于外而從之
三偶坤
自五而一而六兩奇一偶反覆之巽兌
自十而二而七兩偶一奇反覆之震艮
三奇乾
一三入而爲主六八環于外而從之
二四自前而生来後爲逆陰中陰
一在六與十之間坎
一三自後而生往前爲順陽中陽

周易

朝爽堂

縱橫右斜左斜同河圖之十亦同十五
水一火九水始于一火究于九

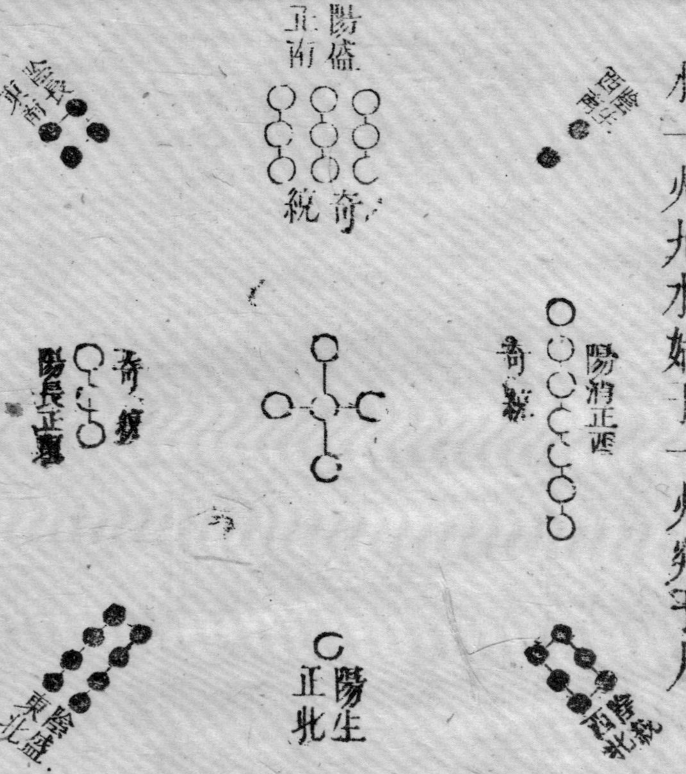

九退為七八退為六火金易位為相克
以有九分為二七以西二七合為九

一而三二為進數為發
散為木九而七為退
數為收歛為金一得
五成六而合九四得
五成九而合六二得
五成七而合八
二四成六而九居中
一八成九而六在旁
二六成八而七處內
三四成七而八在下
三其九為二十七三其
六為一十八以成四十
有五而乾九坤六本此

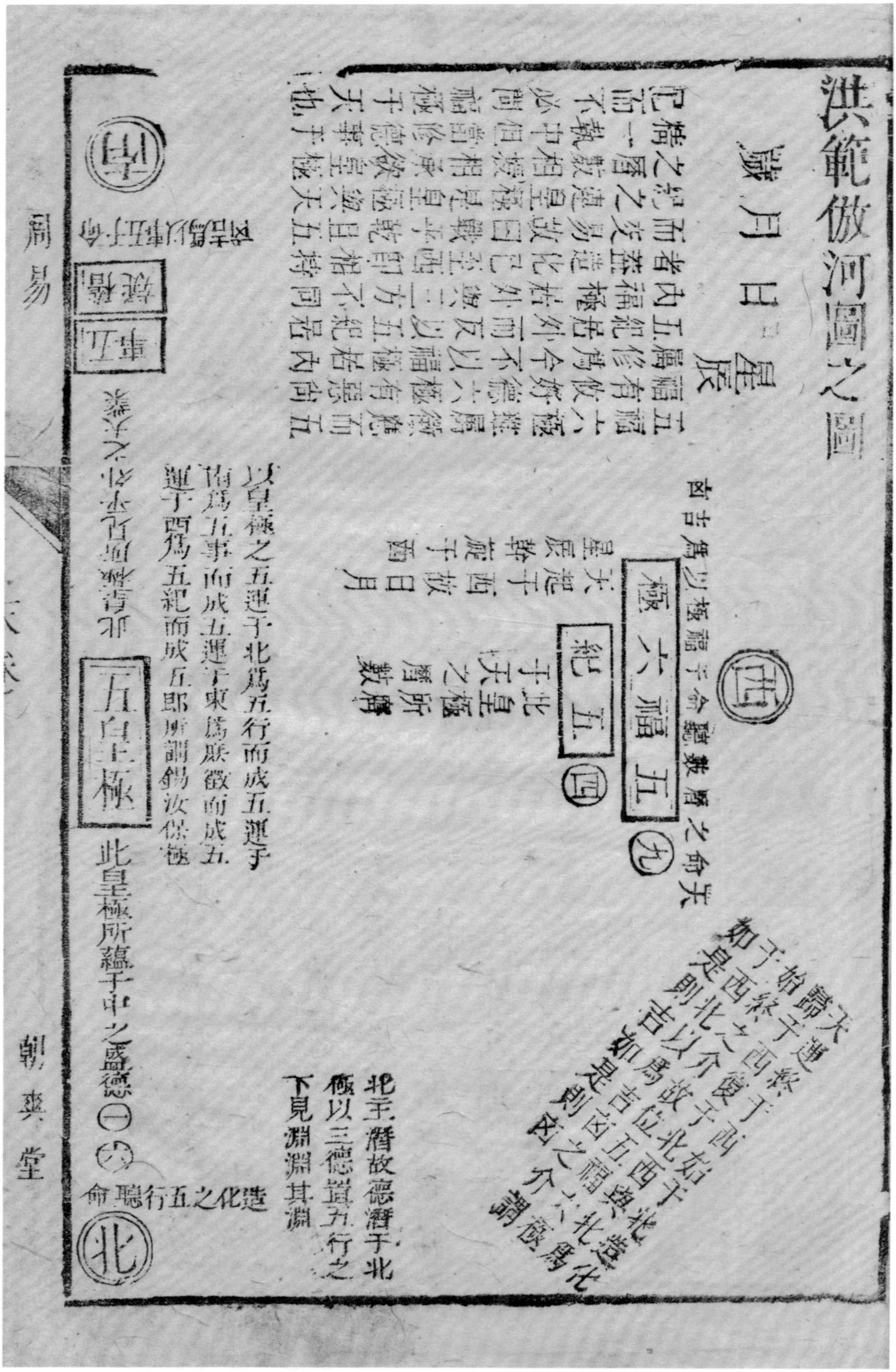
洪範倣河圖之圖
歲 月 日 星辰
西
六極
五福
五紀
五皇極
北
造化之五行聽命
周易
朝爽堂

採圖

王省惟歲
卿士惟月
師尹惟日
庶民惟星

東

天下之庶徵聽命于八政以爲吉凶

（八）庶徵

（三）八政

南亦目心
居人聽民
心庶天于
乃土視王
夫卿民命
宜通北之也
南天日天忽
居與視帝敢
逆心天即不
乃極見聽權
參卑南民皇
下發於北欲

南于見事敬見宮南
之發聽謀事五以西
天自謀猶見下

（一）（七）
聽神明之疑 稽

北以三南以七東以八西以五
六疑司五事所謂皇極者

人盛于東故司空
司徒司寇卿士師
尹皆從于東

三德
五行

十三德以爲吉凶

律呂合河圖洪範圖

洛書洪範圖為九者九而河圖洪範圖為九者惟一可見洛書體圓河圖體方

洛書洪範圖無八而河圖洪範圖有八者九為圓八為方各不失本體也

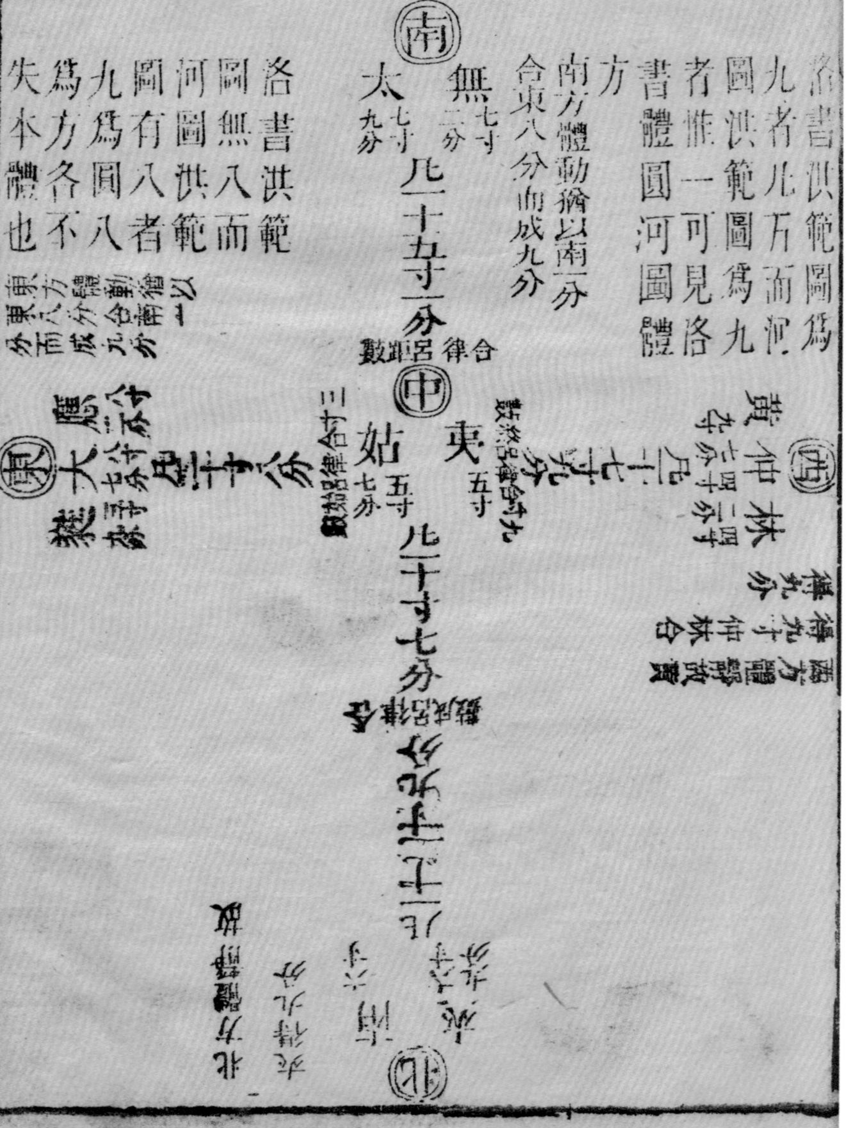

律呂合洛書洪範圖

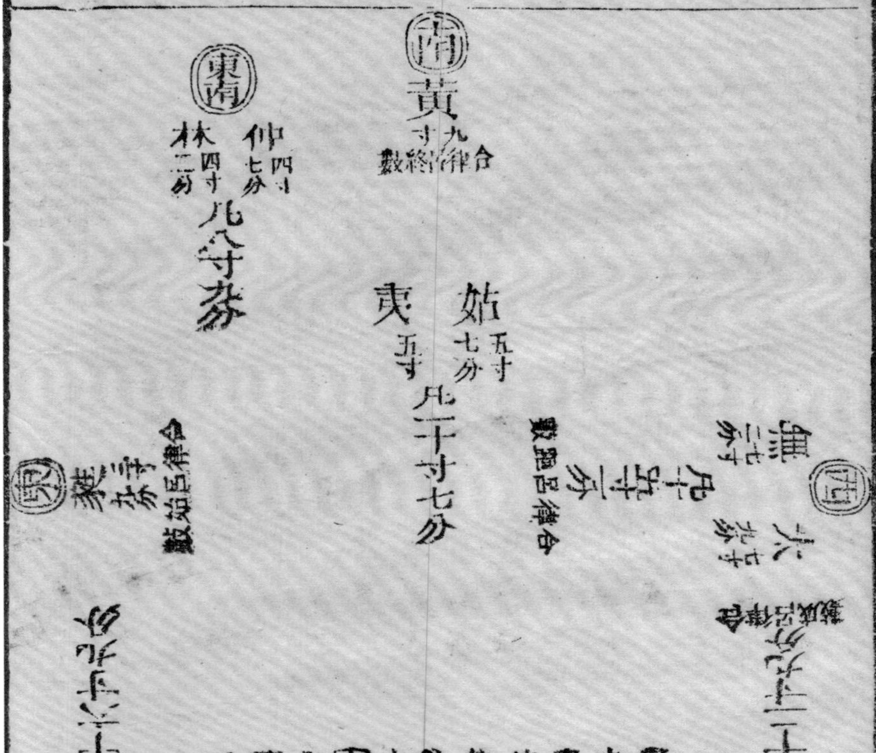

河圖洛書相為表裏洪範既經大衍之後則河圖之內自有洛書不必以圖書分為二致但思依洛書陳布律位見西南無律北亦無律故謂其與律呂不合豈樂乃大道純陽無陰而北為先天坤位西南為後天坤位故十二律不與此二方相構耶然此圖南為九寸東北西北西東南皆凡九分是五九四十五既正合洛書之數而四方為九者五又正合洪範九疇之象則亦未可謂洪範非做于洛書也

乾坤生六卦六卦

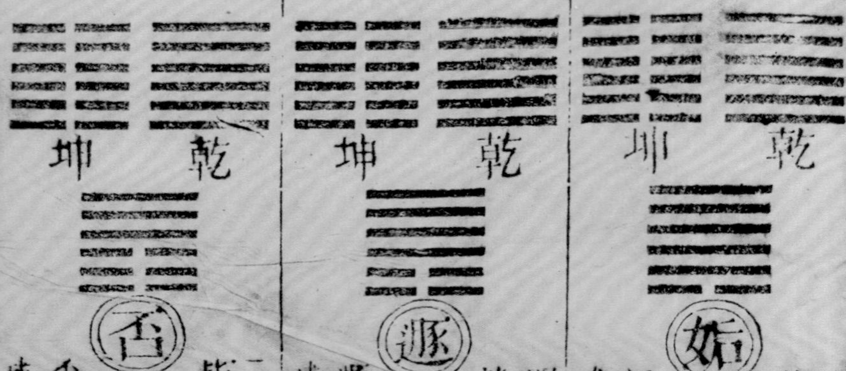

五陽一陰卦皆自姤來乾一交而爲姤姤陽九六變成五卦

四陽二陰卦皆自遯來乾再交而爲遯遯五復五變成十四卦

三陰三陽卦皆自否來乾三交而爲否否三復三變成九卦

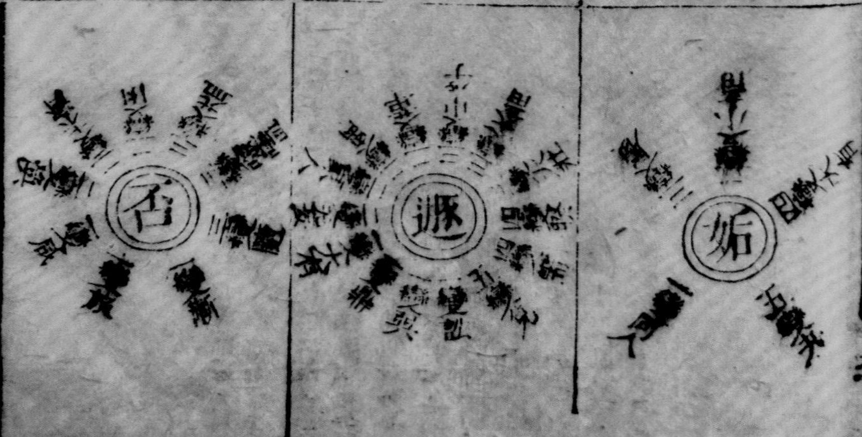

生六十四卦總圖

三陰三陽卦皆自泰來坤三交而爲泰泰三復三變成九卦

四陰二陽卦皆自臨來坤再交而爲臨臨五復五變成十四卦

五陰一陽卦皆自復來坤一交而爲復復一交五變成五卦

天與日會圜圖

高雪君參定

天與日會以月稟天之氣行萬物非天弗生

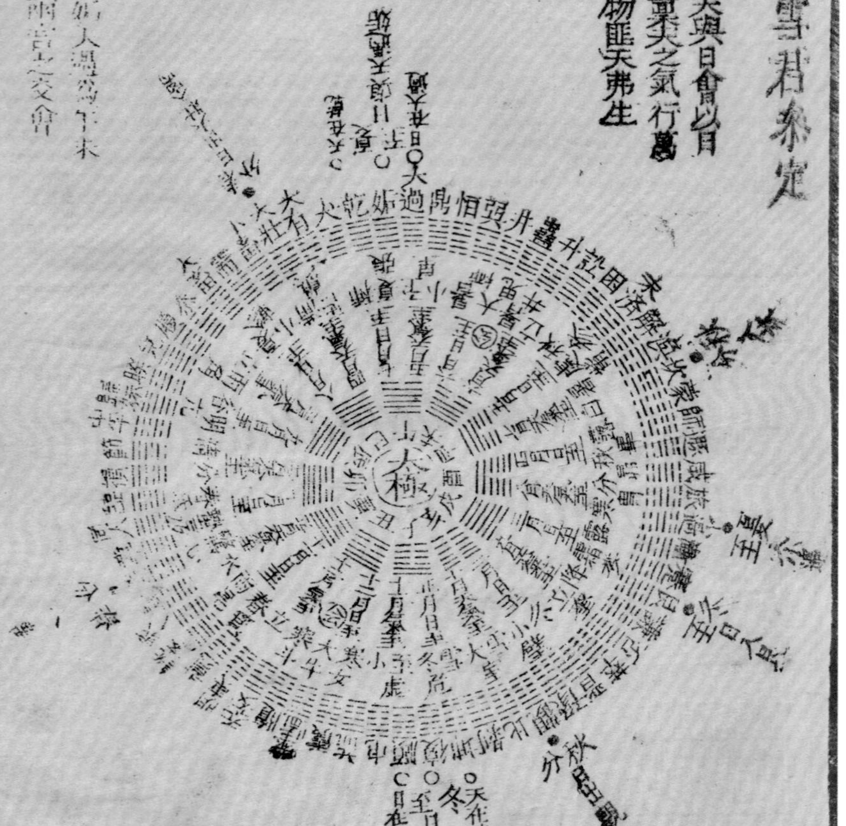

復顧爲子丑兩宮之交會

天盤左旋以內辰宮對外之角亢氐內之已宮對外之巽軫日從在[illegible]冬[illegible]交任[illegible]人氣相會

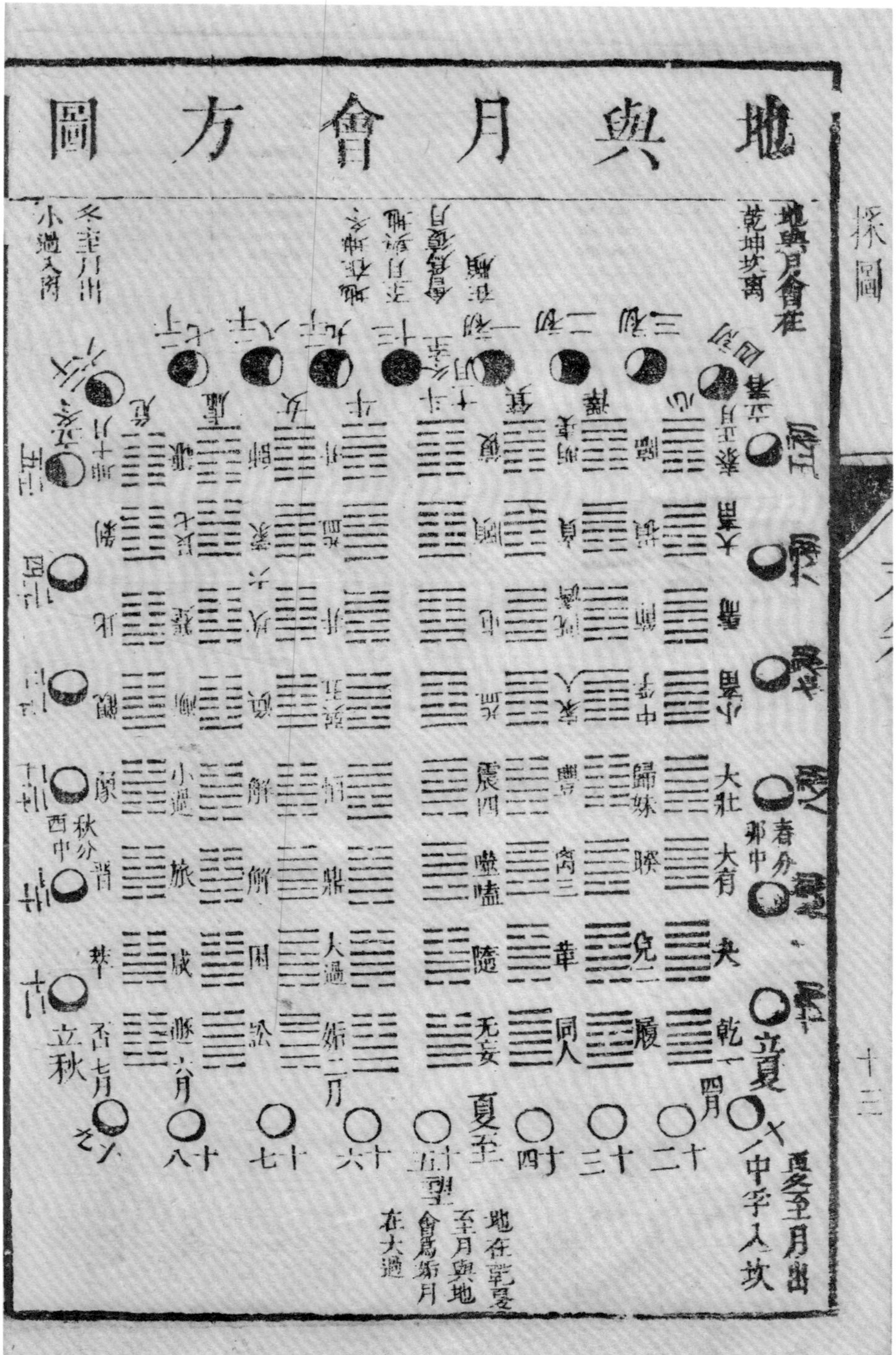

地與月會方圖
立夏
四月
乾
履
同人
无妄
姤
訟
遯
否
六月
立秋
七月
夬
兌
革
隨
大過
困
咸
萃
大壯
春分
大有
歸妹
睽
豐
離
震
噬嗑
中孚
小過
旅
晉
豫
秋分
夏至
採圖
十三

乾坤易之門圖

乾　六變

一變　姤　同人　履　小畜　大有　夬　五變

二變　遯　訟　巽　鼎　大過

无妄　家人　離　革

中孚　睽　兌

大畜　需　大壯　四變

三變　否　漸　旅　咸

渙　未濟　困

蠱　井　恒

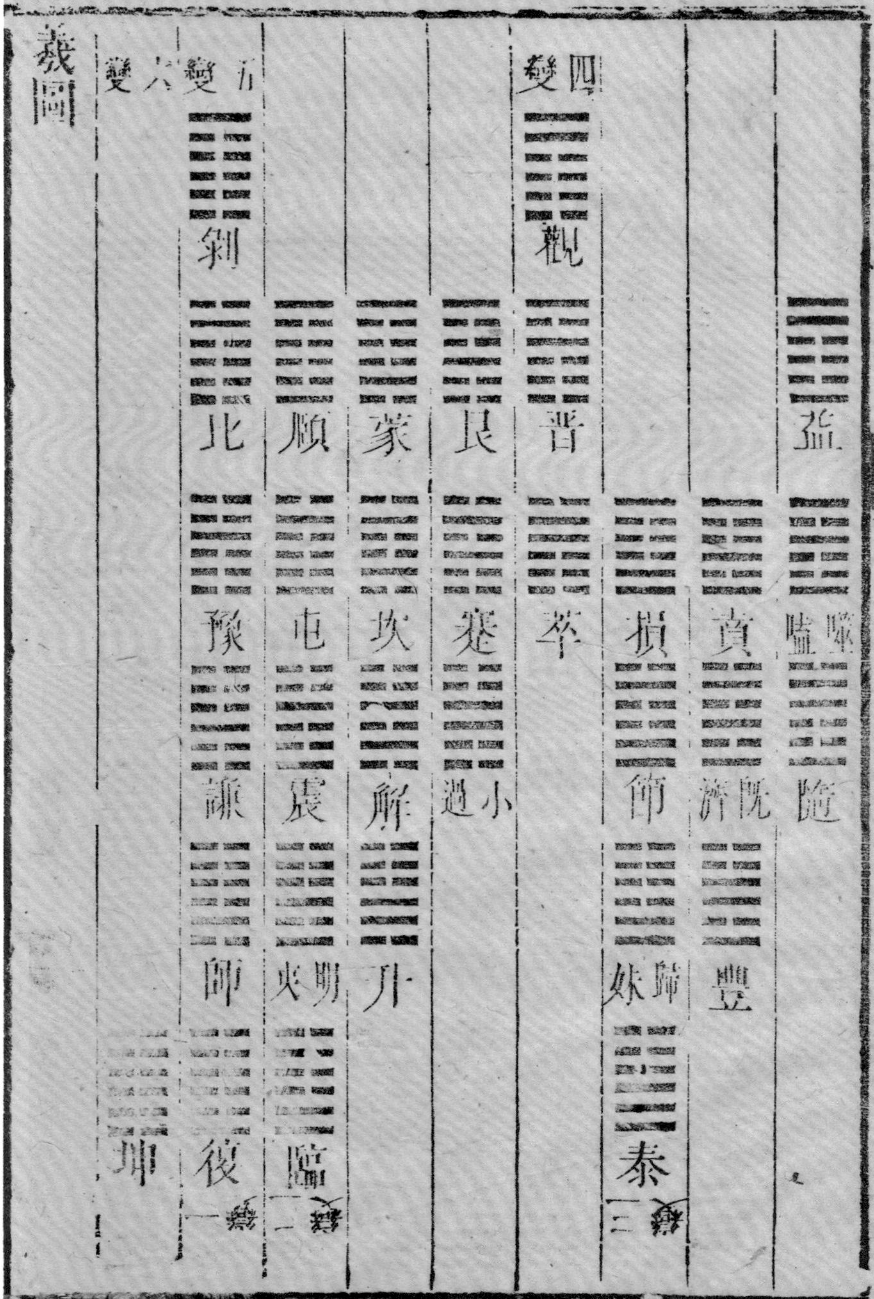
變圖
益
噬嗑
隨
賁
既濟
豐
損
節
歸妹
泰
三變
四變
觀
晉
萃
艮
蹇
小過
蒙
坎
解
升
頤
屯
震
明夷
臨
二變
五變
剝
比
豫
謙
師
復
一變
六變
坤

採圖　十四

先天八卦名順來逆圖

乾順　兌順　離順　震順

乾	夬	大有	大壯	小畜	需	大畜	泰
坤	剝	比	觀	豫	晉	萃	否
履	兌	睽	歸妹	中孚	節	損	臨
謙	艮	蹇	漸	小過	旅	咸	遯
同人	革	离	豐	家人	既濟	賁	明夷
師	蒙	坎	渙	解	未濟	困	訟
无妄	隨	噬嗑	震	益	屯	頤	復
升	蠱	井	巽	恒	鼎	大過	姤

坤逆　艮逆　坎逆　巽逆

周易　朝爽堂

體用一源卦圖

羲圖

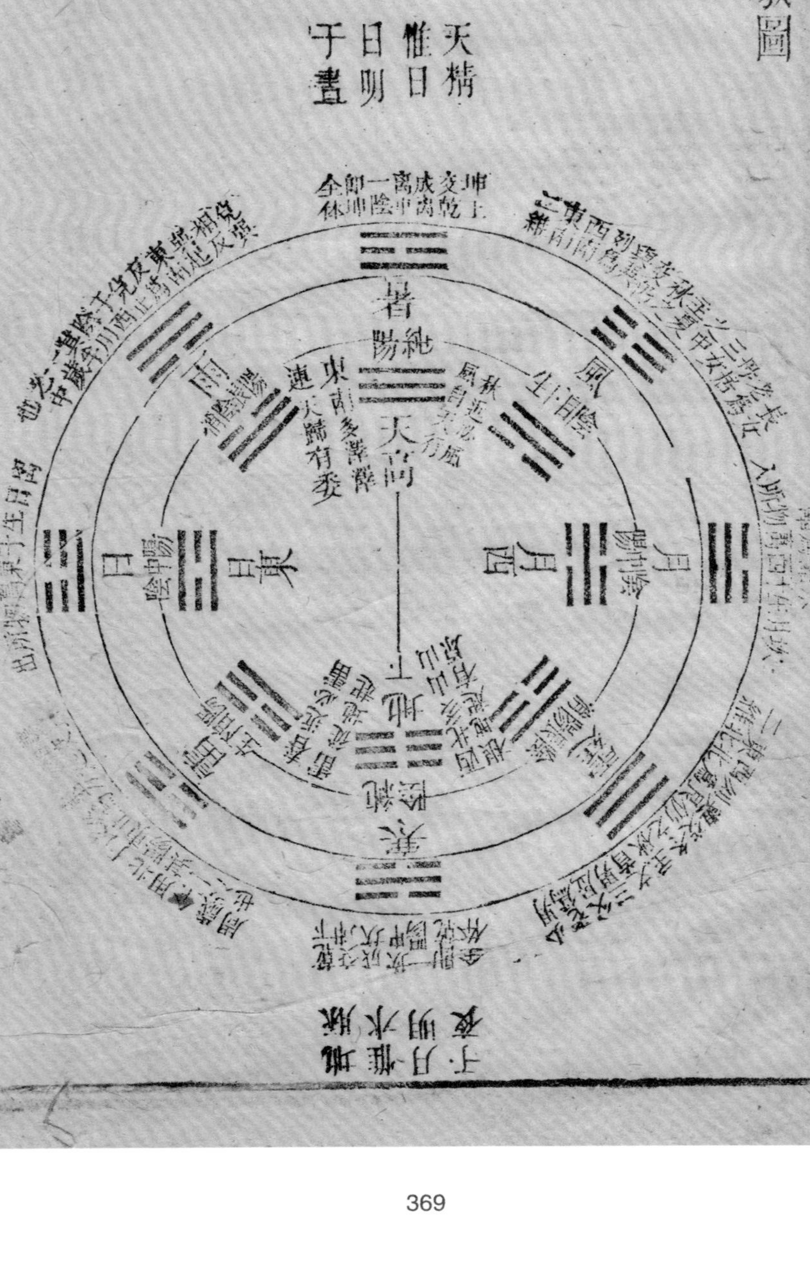

採圖

十五

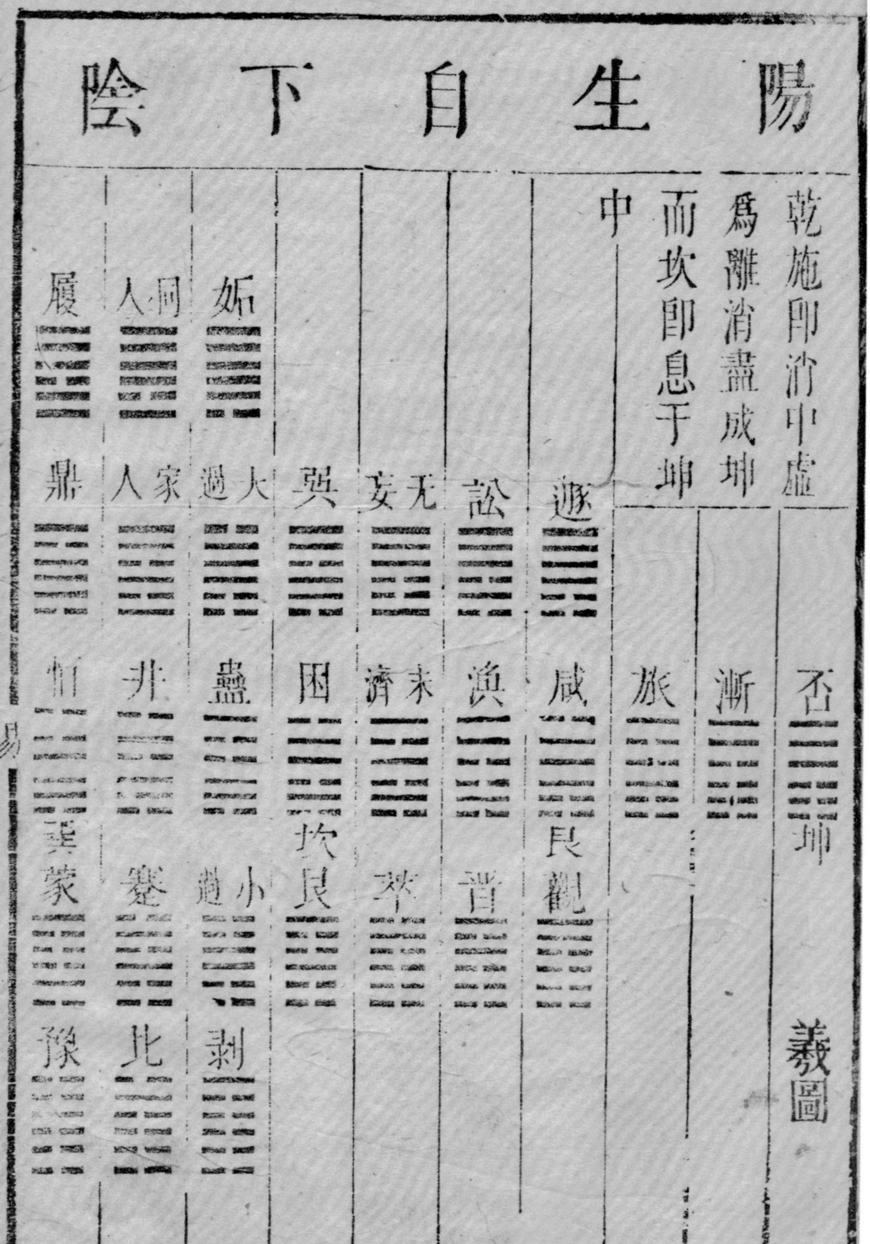
陽生自下陰
乾施即消中虛
爲離消盡成坤
而坎即息于坤
中
否 坤
羲圖
姤 同人 履
遯 訟 无妄 巽 大過 家人 鼎
旅 漸
咸 渙 未濟 困 蠱 井 恒
觀 晉 萃 艮 小過 蹇 蒙
剝 比 豫

消自上全圖

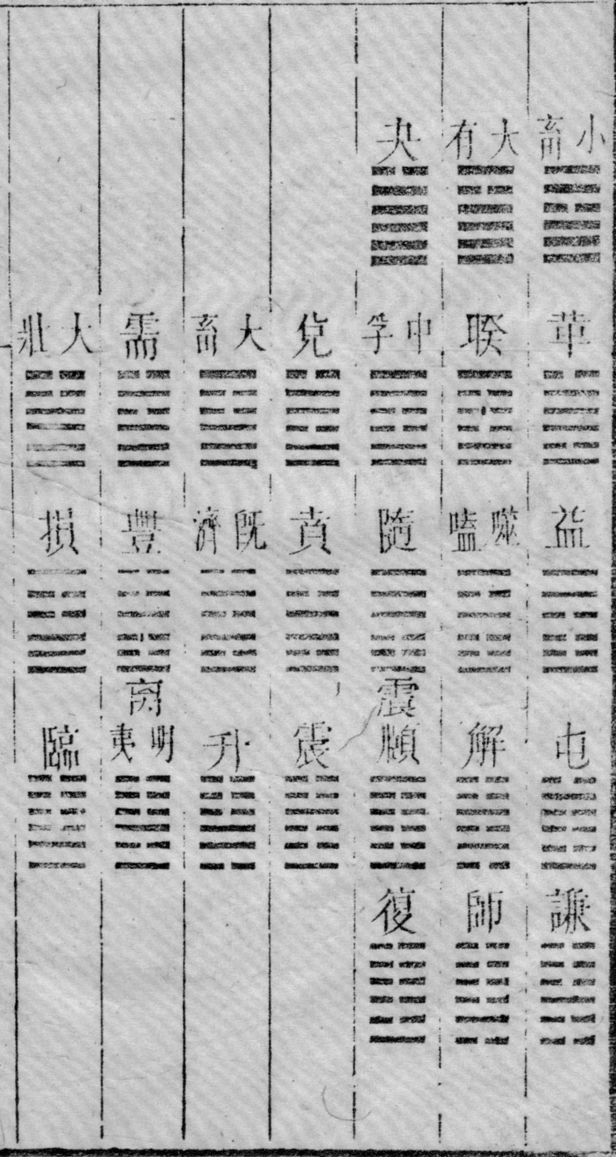

坤受即息中盈為坎息極成乾而離即消于坤中

十六

一中分造化圓圖

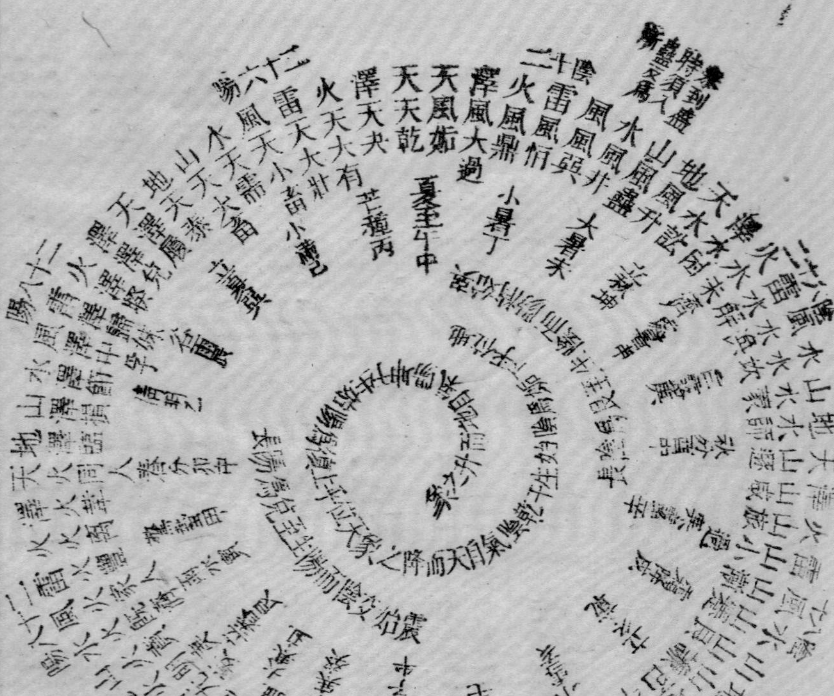

一中分造化方圖

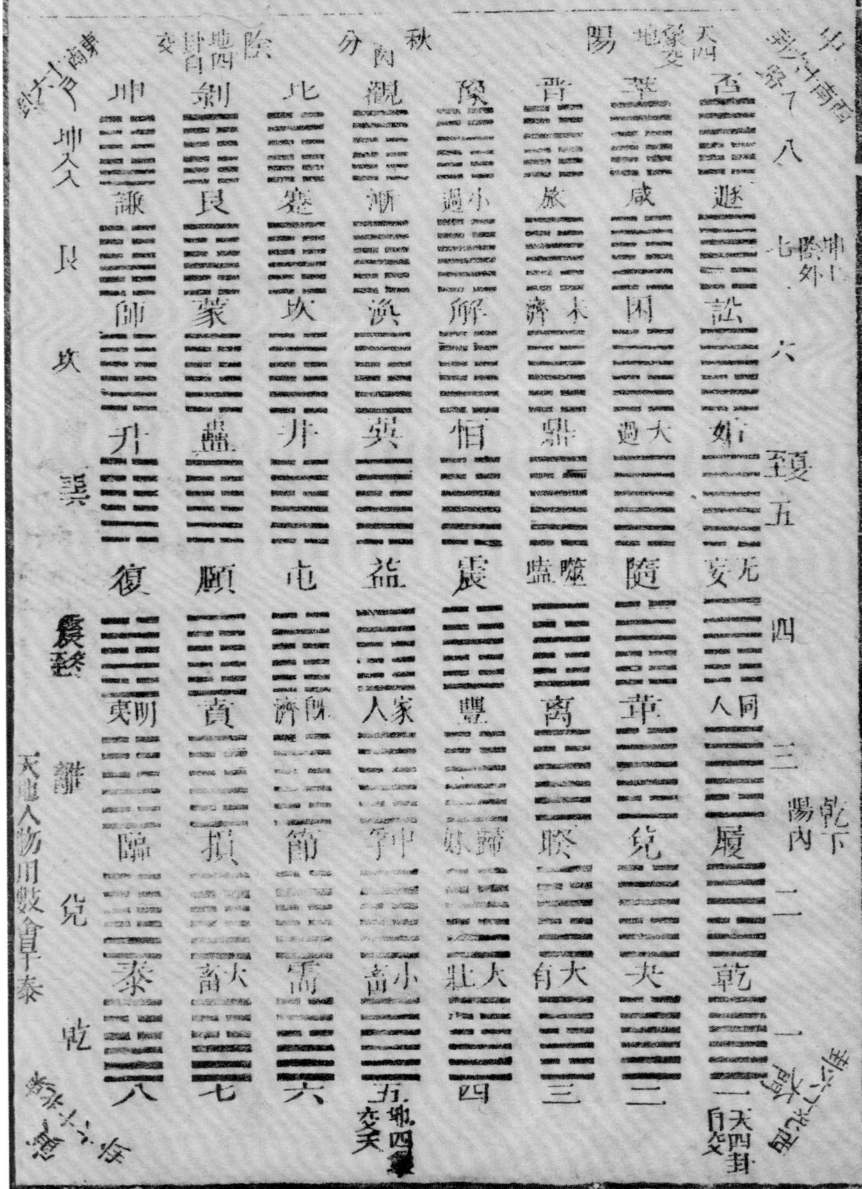

採圖

十七

一中分造化圓圖

羲圖

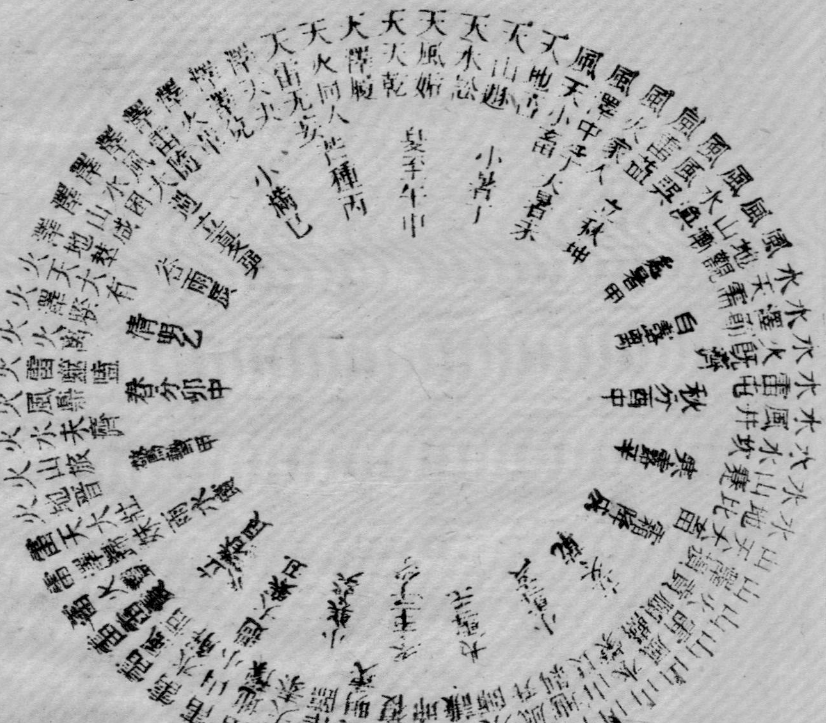

周易

朝爽堂

一中分造化圓圖

文圖

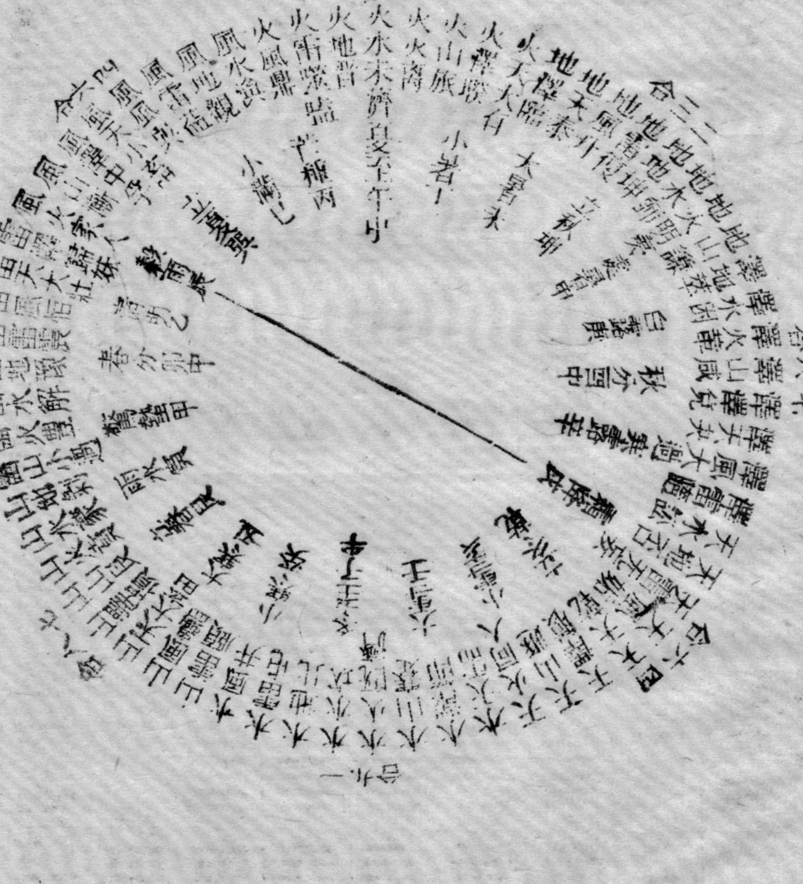

一中分造化方圖

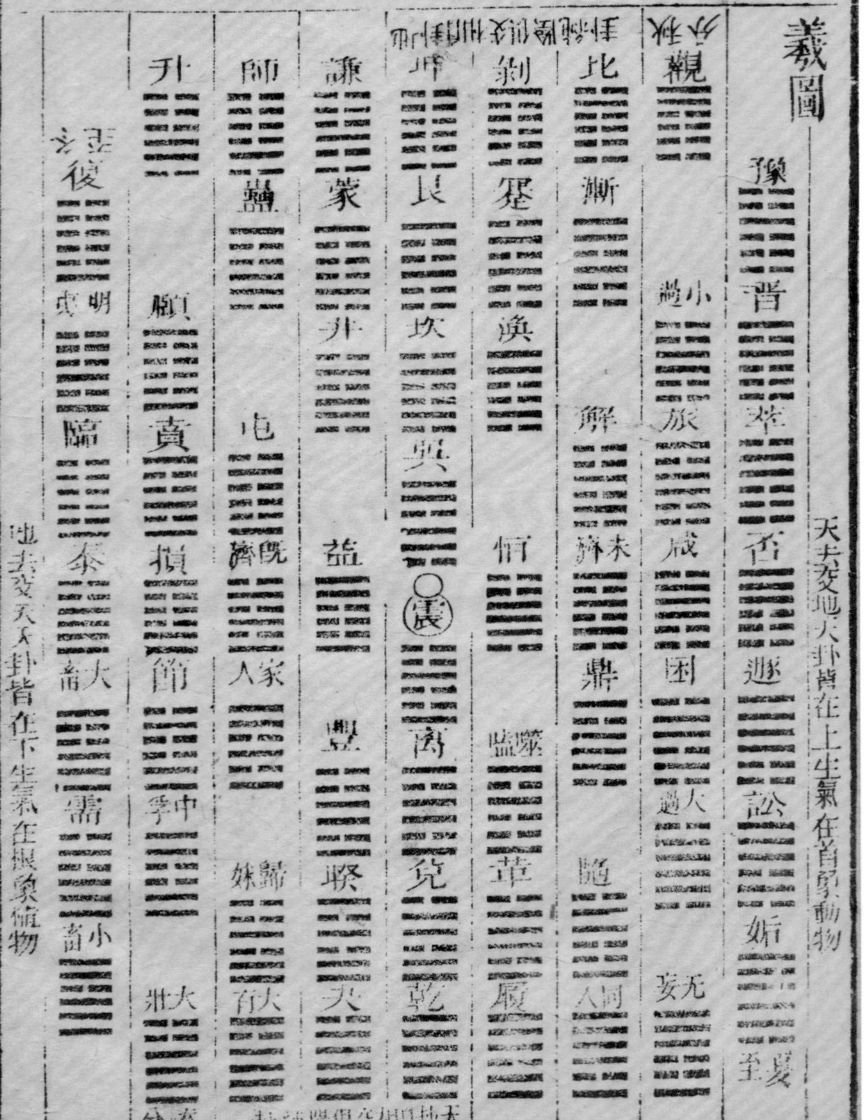
羲圖
天去交地天卦皆在上生氣在首象動物
豫 晉 萃 否 遯 訟 姤 夏至
秋分
觀 小過 旅 咸 困 大過 无妄
比 漸 解 未濟 鼎 隨 同人
地卦相交俱陰純卦
剝 蹇 渙 恒 噬嗑 革 履
坤 艮 坎 巽 震 离 兑 乾
謙 蒙 井 益 豐 睽 夬
師 蠱 屯 既濟 家人 歸妹 大有
升 頤 賁 損 節 中孚 大壯
天卦相交俱陽純卦
春分
冬至 復 明夷 臨 泰 大畜 需 小畜
地去交天天卦皆在下生氣在根象植物

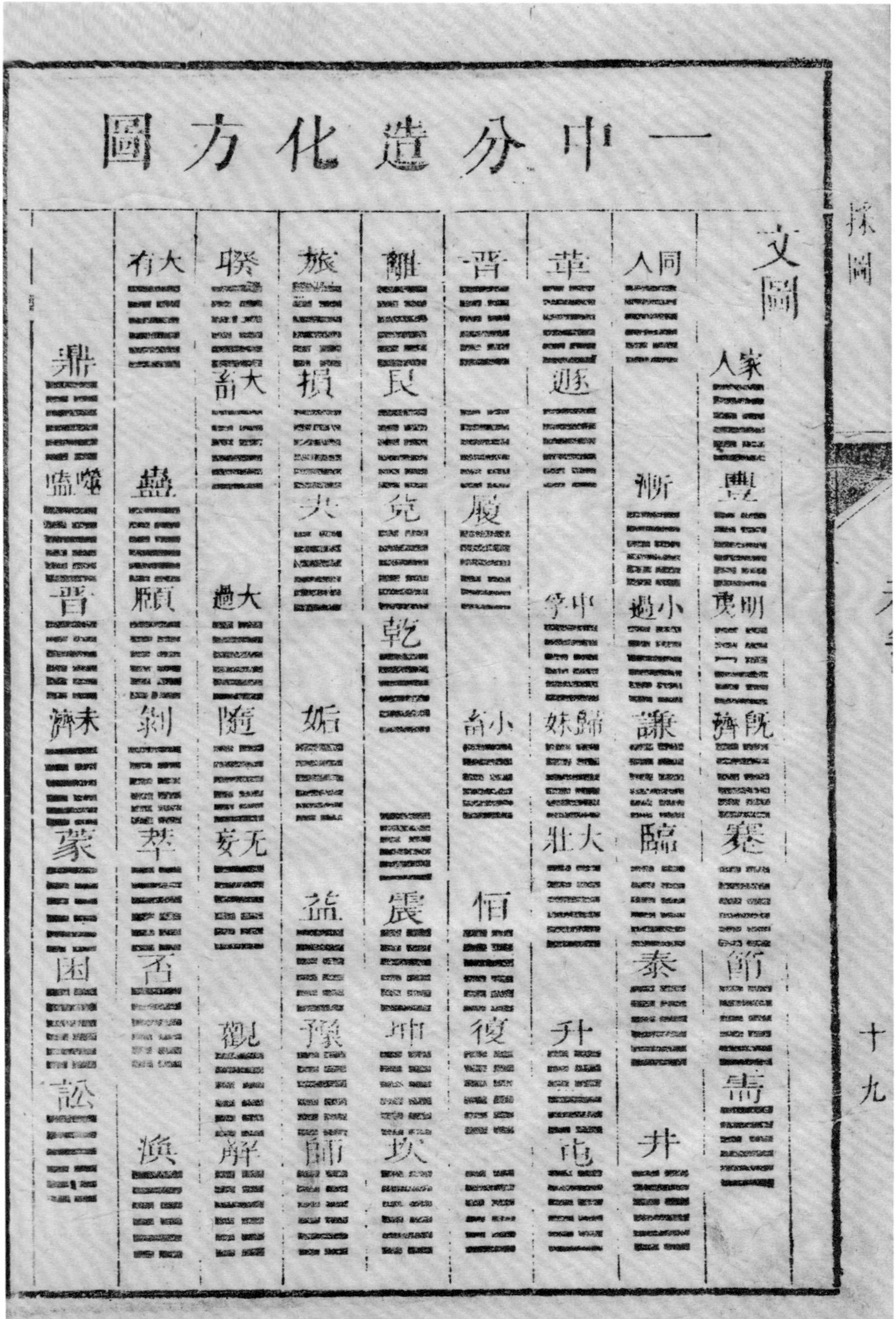
一中分造化方圖
文圖
家人
豐
明夷
既濟
蹇
節
需
同人
漸
小過
謙
臨
泰
井
革
遯
中孚
歸妹
大壯
升
屯
晉
履
小畜
恒
復
離
艮
兌
乾
震
坤
坎
旅
損
夬
姤
益
豫
師
睽
大畜
大過
隨
无妄
觀
解
大有
蠱
頤
剝
萃
否
渙
鼎
噬嗑
晉
未濟
蒙
困
訟
採圖
十九

三十六宮圖

羲圖

陽爻十八 陰爻十八	乾	坤	屯 蒙	需 訟	師 比	小畜 履
陽爻十七 陰爻十九	泰 否	同人 大有	謙 豫	隨 蠱	臨 觀	噬嗑 賁
陽爻十七共五十二 陰爻十九共五十六	剝 復	无妄 大畜	頤	大過	坎	離
陽爻十八 陰爻十八	咸 恒	遯 大壯	晉 明夷	家人 睽	蹇 解	損 益
陽爻十九 陰爻十七	夬 姤	萃 升	困 井	革 鼎	震 艮	漸 歸妹
陽爻十九共五十六 陰爻十七共五十二	豐 旅	巽 兌	渙 節	中孚	小過	既濟 未濟

乾策卅六爻　乾策卅六爻　乾策卅六爻　乾策卅六爻　乾策卅六爻　乾策卅六爻

三百八十四爻合之止成二百一十有六爻揔成一
乾策之數○横竪惟人所列

周易

朝爽堂

一陰一陽謂道圖

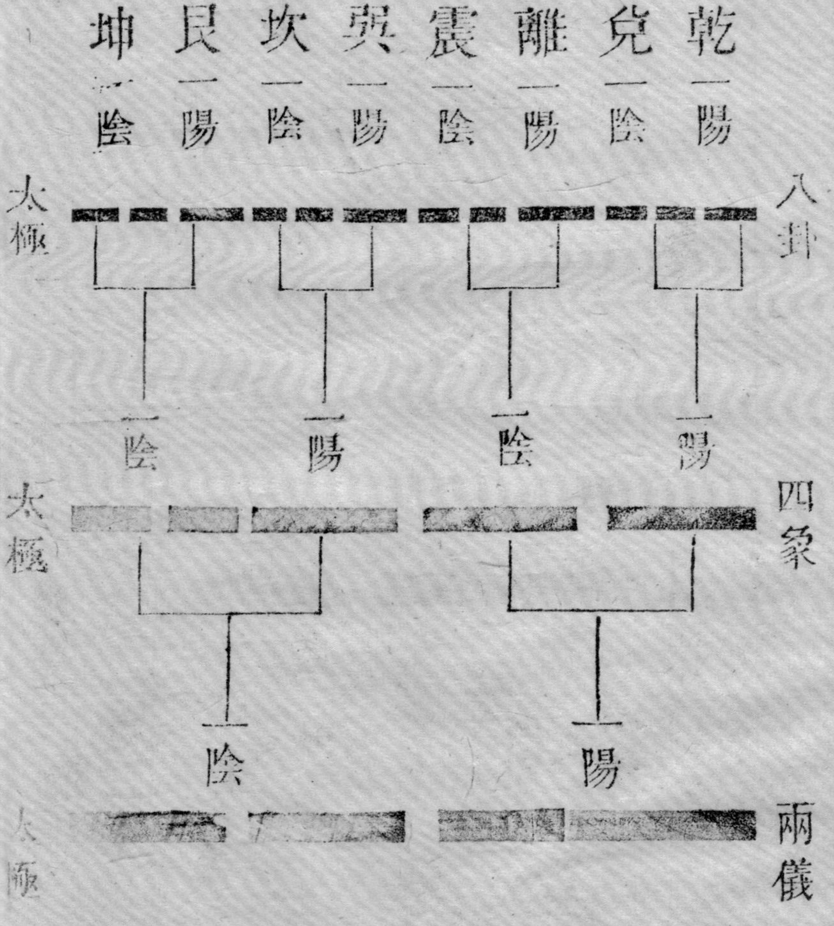

橫列之爲六十四卦即

先後天仰觀天文圖

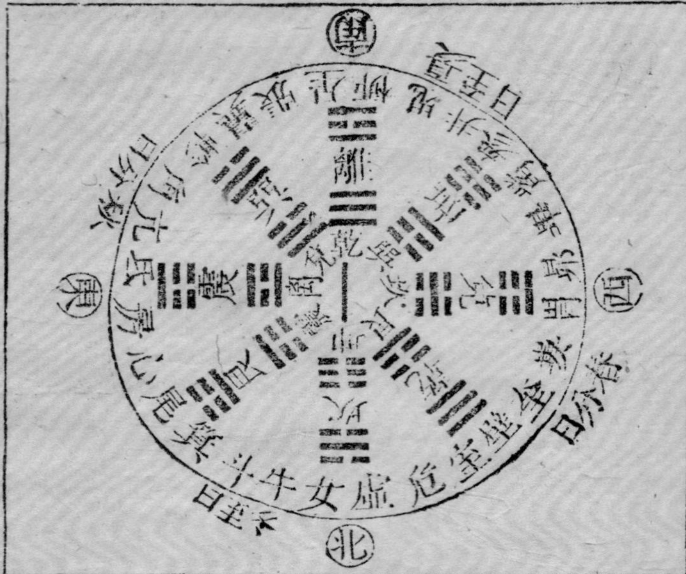

先後天俯察地理圖

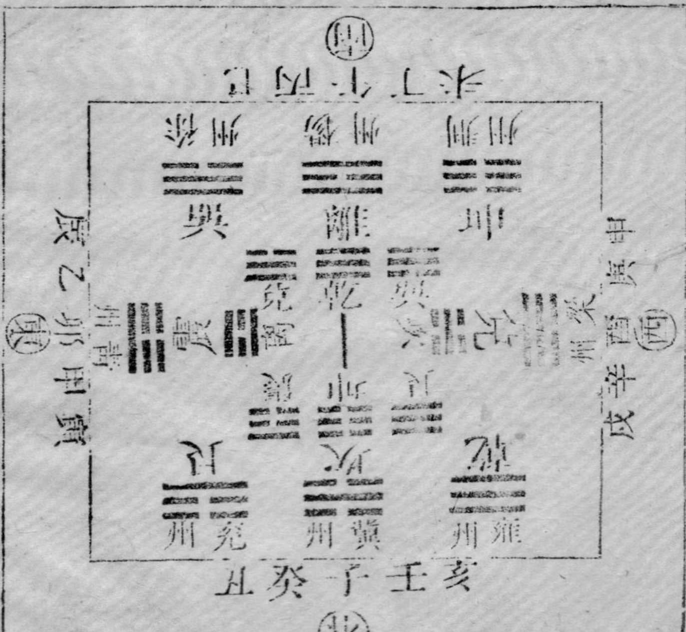

義圖

周易

十二月日行天圖

天行健日過一度日行遲日不及天一度所謂日行天者如此

八卦上下相綜全圖

乾上 乾下 兌上 兌下 離上 離下 震上 震下

周易

採圖

巽上	小畜	中孚	家人	益	巽	渙	漸	觀
巽下	姤	大過	鼎	恒	巽	井	蠱	升
坎上	需	節	既濟	屯	井	坎	蹇	比
坎下	訟	困	未濟	解	渙	坎	蒙	師
艮上	大畜	損	賁	頤	蠱	蒙	艮	剝
艮下	遯	咸	旅	小過	漸	蹇	艮	謙
坤上	泰	臨	明夷	復	升	師	謙	坤
坤下	否	萃	晉	豫	觀	比	剝	坤

二十二

採圖

監 圖

羲圖

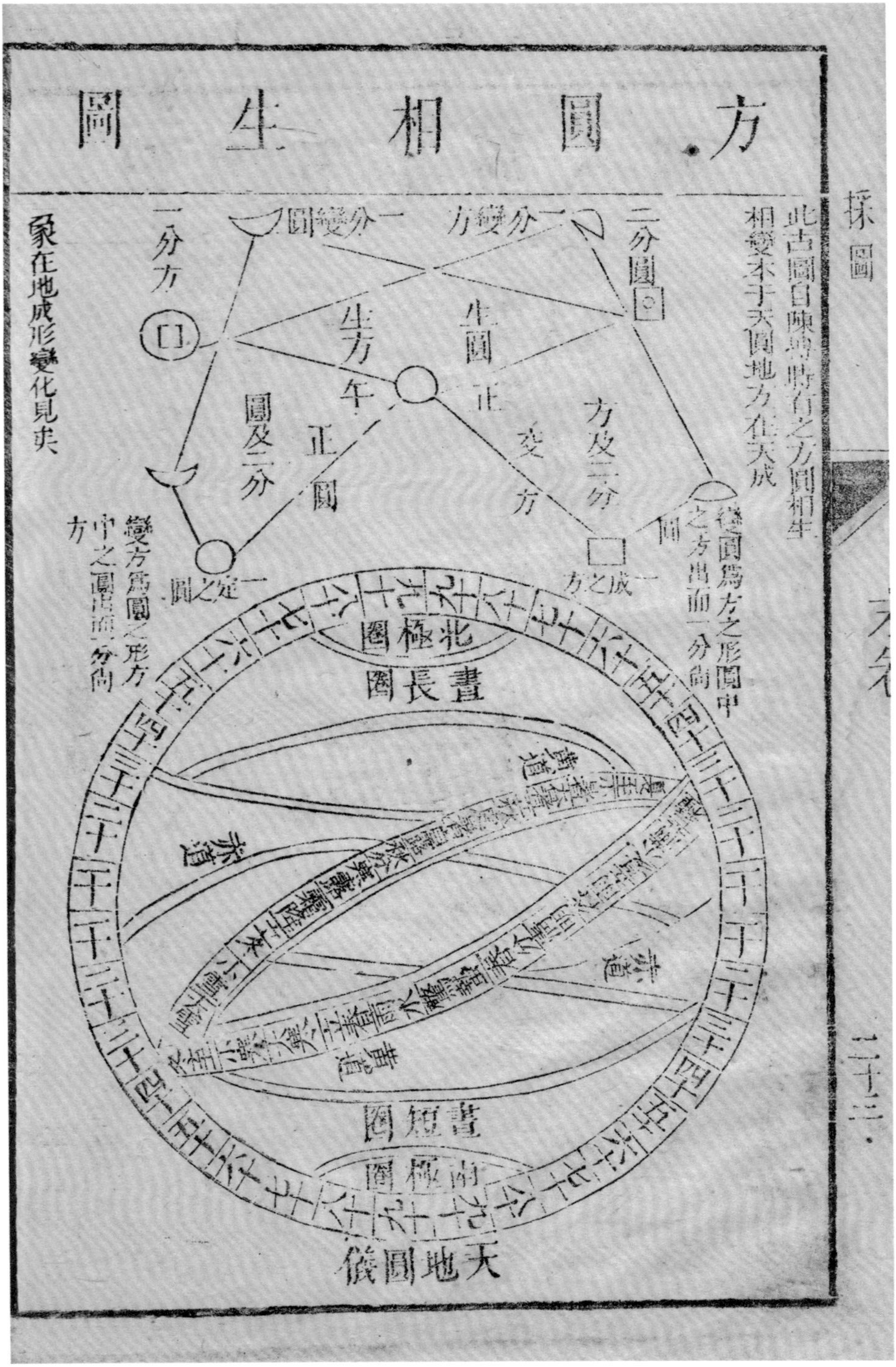
方圓相生圖
此古圖自陳希夷時有之方圓相生相變本于天圓地方在天成象在地成形變化見矣
採圖
二十三
天地圖儀
北極圖
南極圖
晝長圖
晝短圖
赤道
黃道

義圖

日月五星周天圖

日

天行一日常過三百六十五度四分度之一仍過一度日亦一日一週而比天不及一度積三百六十五日四分日之一而與天會

月

月一日常不及天十三度有奇不及日十二度有奇積二十七日有奇而與天會積二十九日有奇而與天會

木近日則遲遠日則疾火近日則疾遠日則遲土平行尤大遲疾金水附日而行此五星之大槩也

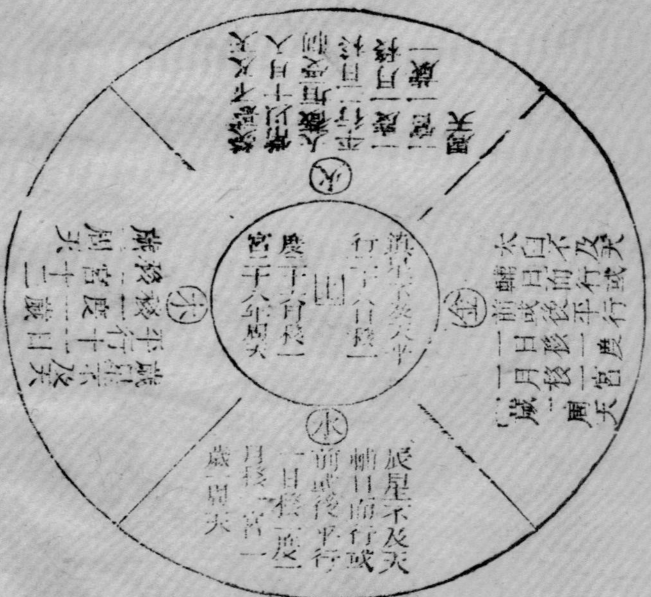

凡五星東行爲順西行爲逆趨合而前爲盈退合而後爲縮光而明滅不定曰動光明出而生鋩曰芒芒長四出曰角長而偏出曰彗同舍曰合同宿曰聚

周易

制樊堂

冬夏風雨圖

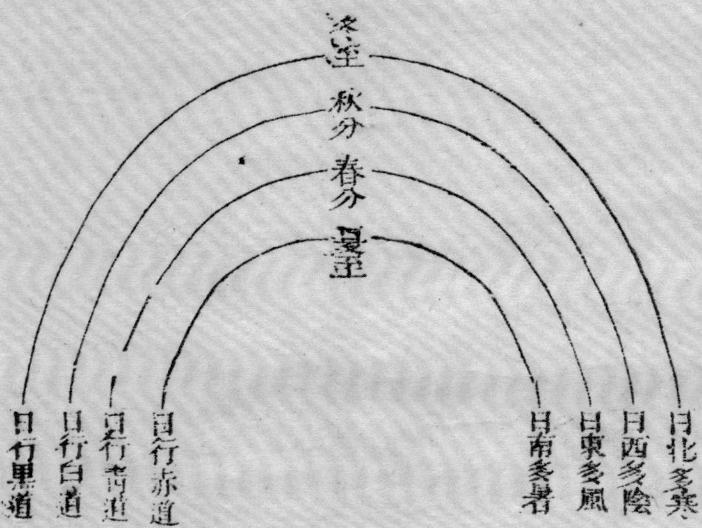

日行失度出陽道多旱風出陰道多陰雨月失中道北入箕則多大風揚沙西入畢則滂沱多雨按班固天文日有中道月有九行行者黃道一而餘四道各二黃中而四道各出其旁其色皆隨方配云陽用事則日自北而南近南則晝漸長氣漸温極于南故晝極長爲暑陰用事則日自南而北晝退而短近北則漸短極北則愈短故日月之行自東以極乎北進爲春夏極乎南退爲秋冬

十二月卦圖

斗經天左旋
日緯天右旋

巳午之交
升降攸分

羲圖

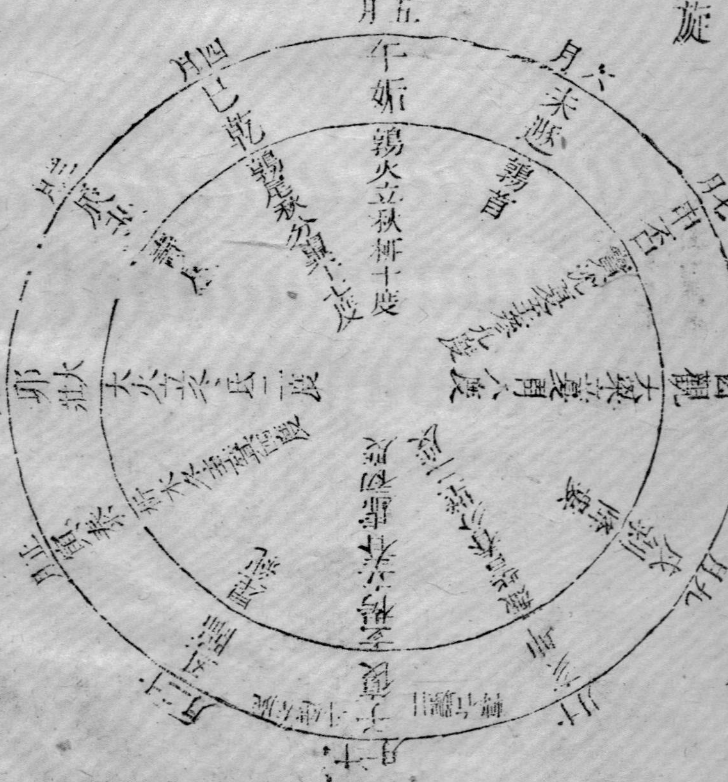

天日交圖

周易

朝爽堂

全體心天圖

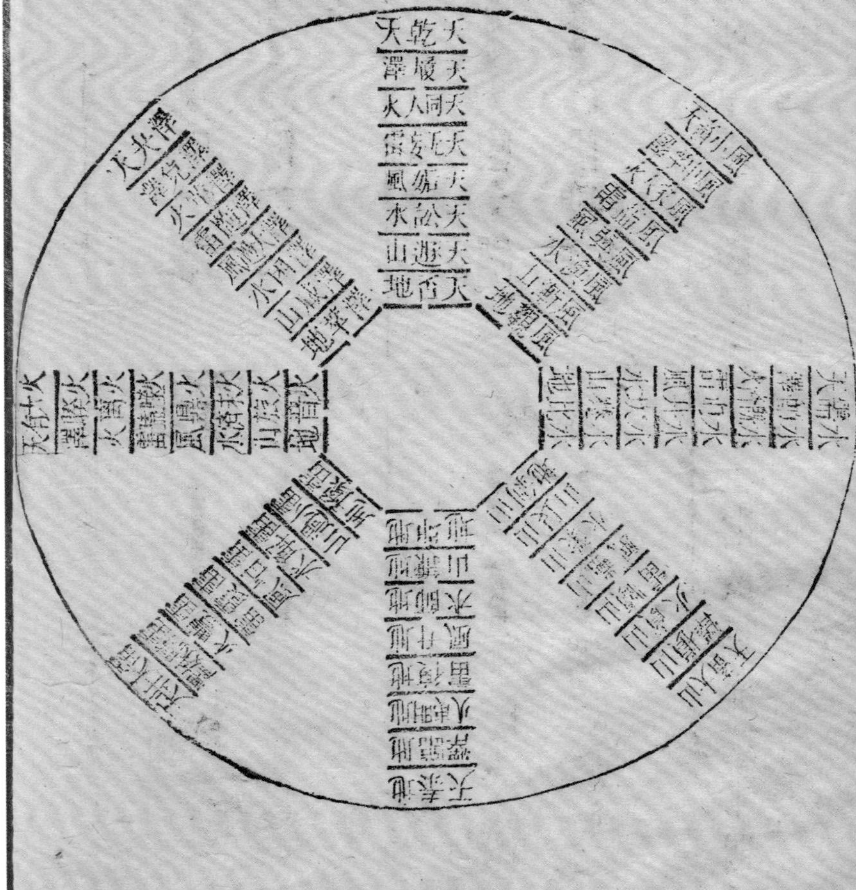

四象爻圖

羲圖像拟定

陽 太

太陽今謂之陽爻俱仰

陰 太

太陰今謂之陰爻俱俯

陰 少

少陰

陽 少

少陽今俱謂之勝爻一仰一俯

此羲畫傳下兩儀四象占三之則成卦而六十四悉具于其中

雲行雨施電發雷震陰陽一少無日不交合于二太中此二一太所以分爲二而二一少所以合爲一俗占用少不用老〇朱子曰康節以四起數想它看見天下事纔上手來便成四截了〇四象不言五皆自五來四象不言十未嘗無十〇太陽變化十六象以乾兌爲主少陰變化十六象以離震爲主少陽變化十六象以巽坎爲主太陰變化十六象以艮坤爲主邵子曰十六而天地之道畢〇邵子本一氣也生則爲陽消則爲陰二者一而已矣四者二而已矣六者三而已矣八者四而已矣此攷法也

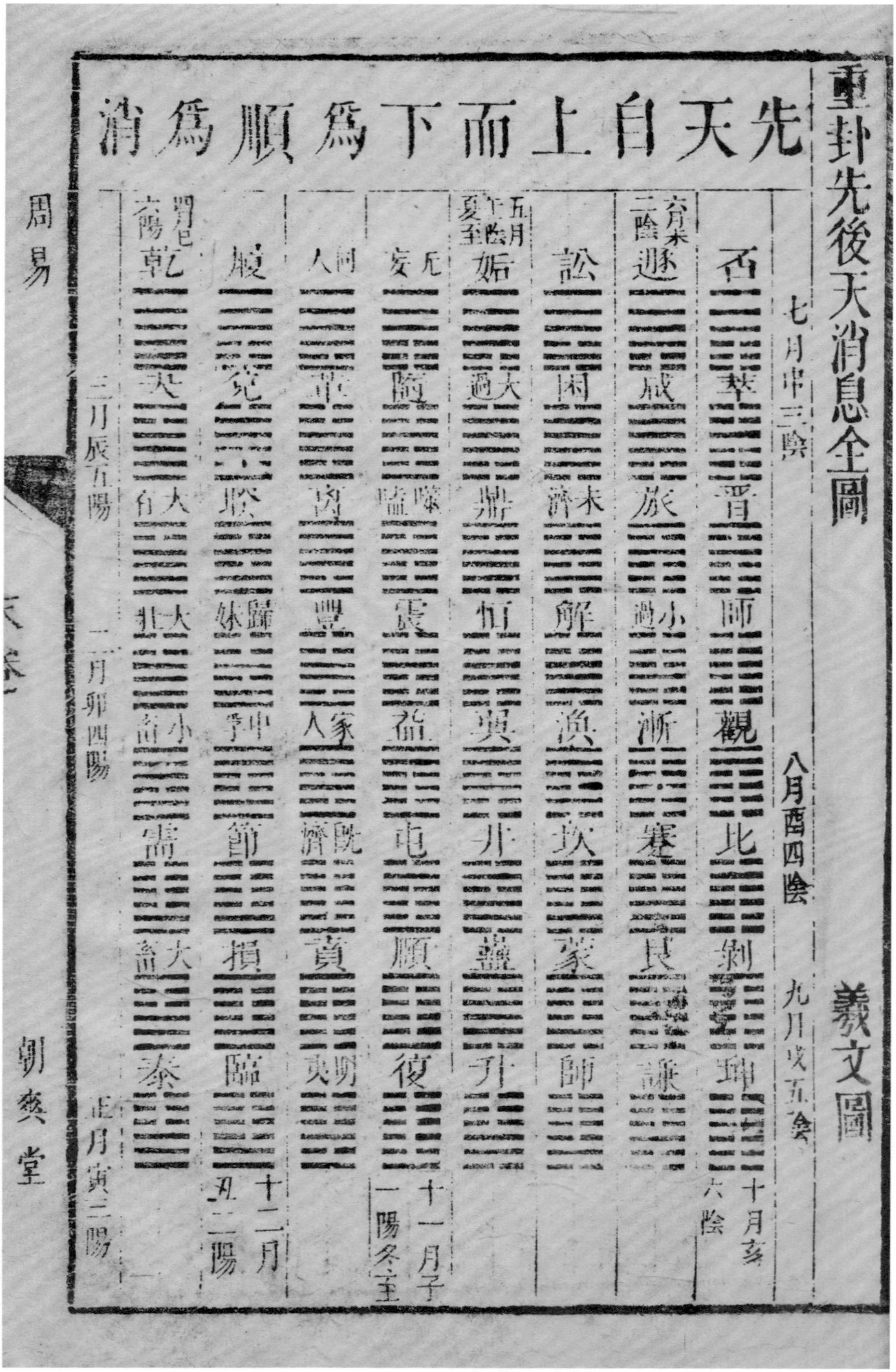
重卦先後天消息全圖
羲文圖
先天自上而下為順為消
七月申三陰
八月酉四陰
九月戌五陰
十月亥六陰
否 萃 晉 豫 觀 比 剝 坤
六月未二陰
遯 咸 旅 小過 漸 蹇 艮 謙
訟 困 未濟 解 渙 坎 蒙 師
五月午一陰夏至
姤 大過 鼎 恒 巽 井 蠱 升
无妄 隨 噬嗑 震 益 屯 頤 復
十一月子一陽冬至
同人 革 離 豐 家人 既濟 賁 明夷
履 兌 睽 歸妹 中孚 節 損 臨
十二月丑二陽
四月巳六陽
乾 夬 大有 大壯 小畜 需 大畜 泰
三月辰五陽
二月卯四陽
正月寅三陽
周易
朝爽堂

後天自下而上為逆為息

入兌秋肅

先坤後坎同位

既濟 蹇 節 需 井 屯 比 坎

明夷 謙 臨 泰 升 復 坤 師

見 豐 小過 歸妹 大壯 恒 震 豫 解

離 家人 漸 中孚 小畜 巽 益 觀 渙

夏 同人 遯 履 乾 姤 无妄 否 訟

長 革 咸 兌 夬 大過 隨 萃 困

賁 艮 損 大畜 蠱 頤 剝 蒙

离 旅 睽 大有 鼎 噬嗑 晉 未濟

歸坎冬藏

先乾後離同位

入震春溫

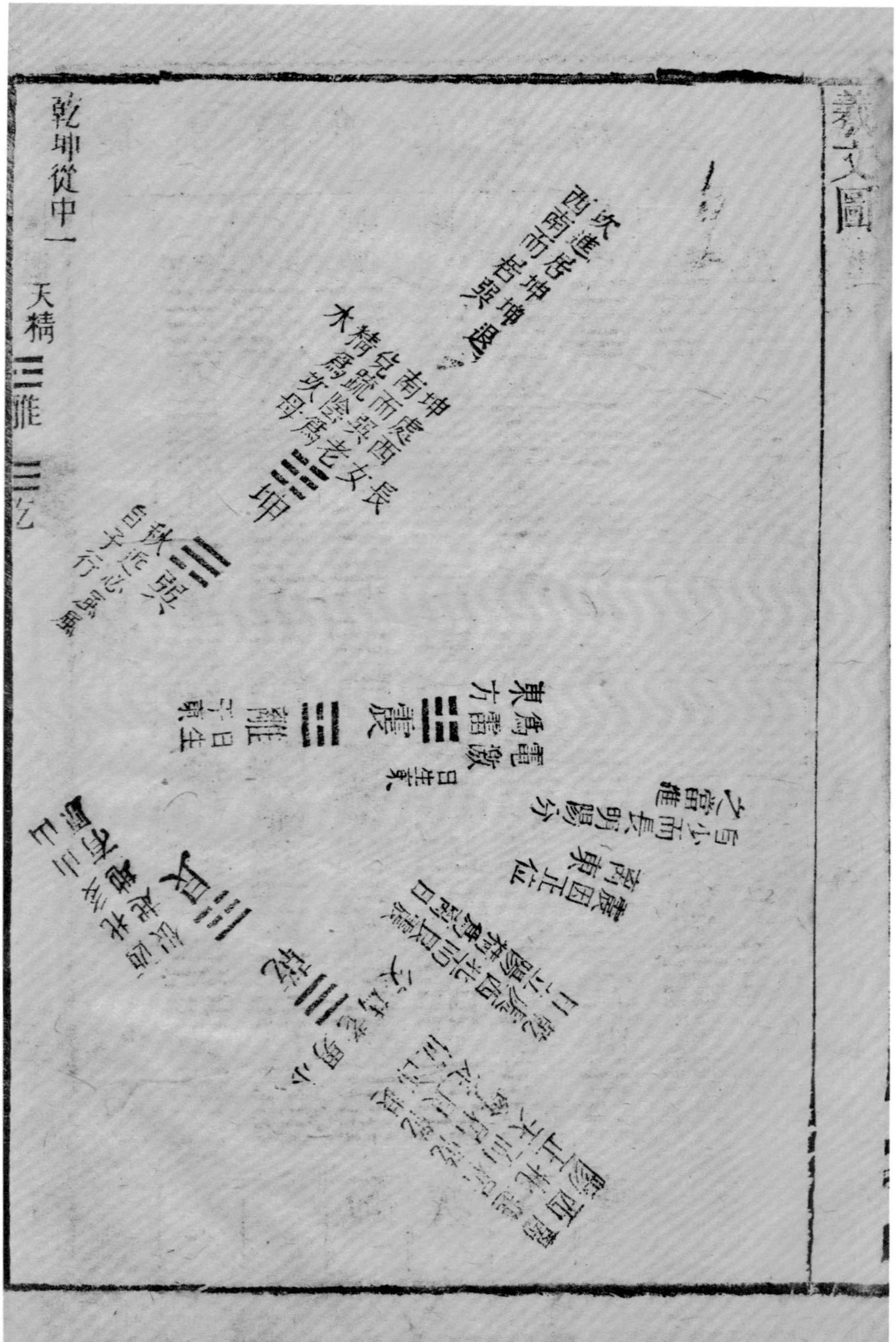
羲文圖
乾坤從中一
天精
震
離
乾
艮
巽
坤
東方
爲雷
電激
日生東
日生
震因正位
離東
自少而長明陽分
之當進
木精兌南坤
爲號而處
坎險巽西
母爲老女長

艮一反震遂東出而以離麗爲大明巽一反兌遂西

入而以坎歸爲至德

文序先後一原圖

外圓乾內方坤離坎乾坤交之中是爲四正震艮巽兌乾坤交之偏四偏皆以輔四正就四正言坎離輔乾坤者也故乾爲首正離文輔坎者也故坎無正中文序六十四以屯蒙需訟師比始以渙節中孚小巽既未終粲然措掌矣

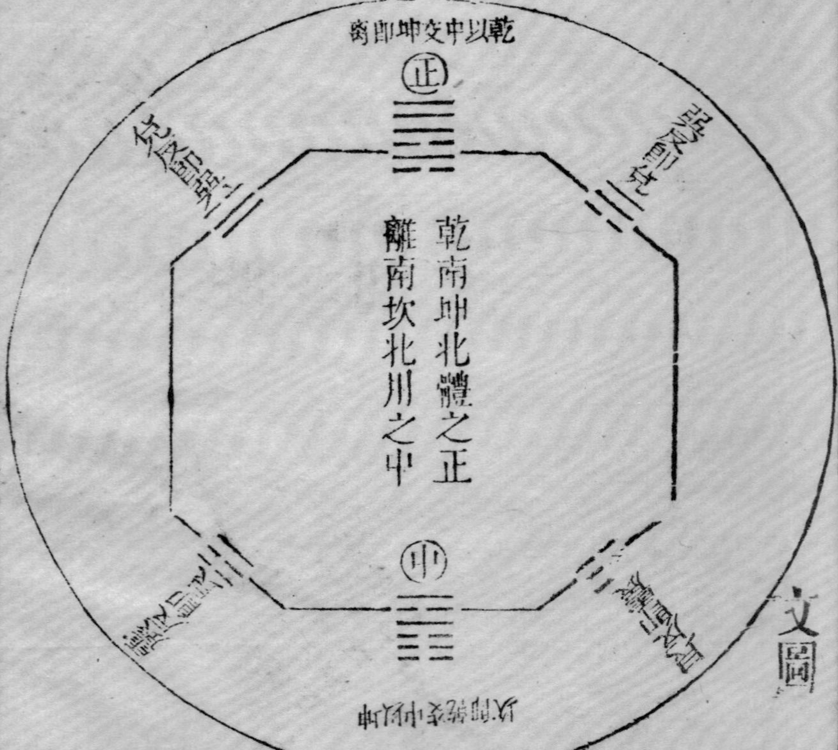

採圖

乾坤	乾坤	天地定位
屯蒙	艮震坎	
需訟	乾坎	
師比	坤坎	一陽爲主居二五
小畜履	巽兌乾	一陰爲主居三四
泰否	坤乾	天地正交
同人大有	離乾	一陰爲主居二五　師比全變爲同人大有
謙豫	艮震坤	一陽爲主居三四　先後泰否爲首二局　小畜履全變爲謙豫
隨蠱	巽艮兌震	坎離前九
臨觀	巽兌坤	坎離前四

二十九

噬嗑 賁	—	艮震 離	三 坎離前	
剝 復	—	艮震 坤		
无妄 大畜	— ○	艮震 乾	二 坎離前	
頤 大過	＝	巽艮 兌震	一 坎離前	
坎 離	｜	坎離 ○	水火不相射之乾坤交正中	
咸 恆	×	巽艮 兌震	一 坎離後	
遯 大壯	— ○	艮震 乾	二 坎離後	臨觀全變爲遯 大壯
晉 明夷	｜	離 坤	坎離後	需訟全變爲晉 明夷
家人 睽	—	巽兌 離	三	
蹇 解	—	艮震 坎	四 坎離後	

周易　　朝爽堂

採圖

卦		象	說
損益	╳	巽艮 兌震	五 坎離後 前十二卦後十二卦先咸恒之反 後坎離爲中一大局
夬姤		巽兌 乾	○剝復全變爲夬姤
萃升		巽兌 坤	○大畜无妄全變爲萃升
困井		巽兌 坎	○噬嗑賁全變爲困井
革鼎		巽兌 離	○屯蒙全變爲革鼎
震艮		艮震	
漸歸妹	‖	巽艮 兌震	隨蠱之反
豐旅		艮震 離	
巽兌		巽兌	
渙節		巽兌 坎	

中孚 小過 二 (巽)(艮) (兑)(震) 巽始小畜終中孚皆悔 震原始屯之貞要終小過之悔 兑始履終中孚皆貞 艮原始蒙之悔要終小過之貞

既濟 未濟 | (離)(坎)○水火正交之正中 乾坤合交

屯蒙震艮合坎。需訟乾合坎。師比坤合坎。原始隨節巽兑合坎。

中孚小過既未離合坎。要終雲行雨施品物流行。雲行雨施

天下平。俱比。

羲畫六十四卦文序反覆合之止成三十六

乾䷀○ 乾交坤陽陷陰中而成險從初便有險陷乾道何以首出是故乾坤成列首有事于坎

坤䷁○

屯䷂蒙 乾坤列後首屯蒙以其獨具乾之三男長少二男合中男繼父母用事之象次需訟次師比又中男獨承父母用事之象三男分體惟坎爲得

周易 朝爽堂

需 ䷄	訟 ䷅
師 ䷆	比 ䷇
小畜 ䷈	履 ䷉
泰 ䷊	否 ䷋
同人 ䷌	大有 ䷍
謙 ䷎	豫 ䷏
隨 ䷐	蠱 ䷑
臨 ䷒	觀 ䷓

中故少長皆取正于其中其十六卦分于上下經各八亦獨得其中以此屯蒙二剛四柔二剛爲主需訟二柔四剛二柔不爲主此剛柔之別

泰乾坤之交不交即否隨蠱至既未濟十八卦亦若十有八變而成一卦總欲乾坤常交有泰无否之義

小畜履乾與巽兌遇震艮二剛先坎有合以拯險巽兌二柔後乾有合以行健由是乾下坤中不爲險陷之交乾居坤下遂成天地之泰

乾不交坤而否離文明麗乾內外爲同人大有坤不交乾而否艮以止入而貞之坤內震以動出而奮之坤外爲謙豫

震艮巽兌初合四卦乃先天圖春秋對待之交

泰否初變隨泰變蠱泰中爻爲兌震否中爻爲艮巽故泰否初變即爲隨蠱

巽遇兌後乾爲履于坤說順相從成臨巽前乾爲畜于坤巽順相孚成觀

噬嗑 ䷔ 賁

剝 ䷖ 復

无妄 ䷘ 大畜

頤 ䷚

大過 ䷛

坎 ䷜

離 ䷝

泰否二變否變噬嗑泰變賁噬嗑賁離與震艮遇動乎險爲屯于離則雷電合章而成噬嗑止乎險爲蒙于離則剛柔相交而成賁

謙豫艮震合坤以親地而闢之于否後倒躰剝復爲中十二卦主八一小畜履巽兌合乾以尊天而開之于泰先倒躰夬姤爲後十二卦主八剝謙之變否之極坤以止上闔復豫之變泰之初坤以動下闢旋乾轉坤傾否開泰皆自復姤之幾始

无妄震以首動險次噬嗑則出入以動乎坤者而動之于乾下乾以動而加健見原始震艮之功大畜艮以首止險次賁則出入以止乎坤者需止之于乾上乾以止而大正見要終艮止之功

坎爲陽之中在六子中爲最貴一躰合而成習坎居諸卦之最後六躰分而爲屯蒙需訟師比居諸卦之最先荀爽曰乾起坎而終于離坤起離而終于坎坎離者乾坤之家陰陽之府

周易　　朝爽堂

咸　恒
遯　大壯
晉　明夷
家人　睽
蹇　解
損　益
夬　姤

震艮巽兌二合
泰否二變否變咸泰變恒
遯咸男爲主而內止乾爲外遯矣大壯恒男爲主而外動乾爲內貞矣
晉明夷與需訟對待需訟主乾用坎晉明夷主坤用离需晝變爲晉訟晝爲明夷晉离出地坤下順以麗之明夷离入地坤上順以晦之剛止剛動之男用乾父遂若无其功柔明之女用坤母猶必致其役此剛柔男女父母內外之辨
家人离在內巽外入以假之睽离在外兌內說以合之
蹇咸男內止以止險于其外解恒男外動以動險于其內蓋咸恒二卦分于离坎之交离明因巽兌二柔之易合而麗坎險非震艮二剛未易止而出也
震艮巽兌二合震巽相與爲恒交爲益兌艮相與爲損交爲咸
咸變巽兌柔爲內主恒變益巽柔爲主長少之柔交于內外以爲主又聖人之所謹自大姤至革鼎乾坤不縡見于是震艮剡而長少二男後乾以終事焉
泰否四變泰變損變益乾坤後更十卦陰陽各三十晝而天地交咸恒後更十卦陰陽各三十晝損益見泰否大道之大運所以斡其全損益人道之大權所以用其中

文圖

萃 ䷬ 升

困 ䷮ 井

革 ䷰ 鼎

震 ䷲ 艮

漸 ䷴ 歸妹

豐 ䷶ 旅

巽 ䷸ 兌

渙 ䷺ 節

夬姤乾合巽兌而乾不復見
萃升坤合巽兌而坤不復見
泰否五變否變困泰變井
困井革鼎居下序之中天地之用莫大于水火水火之用莫盛于井鼎也又坎離相綜陽爻之卦始于屯蒙陰遇之卦終于革鼎屯盡變爲鼎蒙盡變爲革
震艮巽兌四合　女歸之吉漸咸之正咸以娣之艮歸妹恒之大蒙泰否六變否變漸泰變歸妹泰中爻爲歸否中爻爲漸又隨蠱倒斷即漸歸妹也
艮止麗以離明則止明相麗于是巽兌列而長少二女後坤以終萃爲泰否七變泰變豐否變旅
巽下隨風之後而風力厚坎險何不渙乎且震在險下動之難巽在險上渙之易兌悅于麗澤之後而悅斷專坎險何不節乎且艮在險上猶患過擊悅在險下雖患不出矣
屯蒙震艮合坎之始渙節巽兌合坎之終　屯蒙震艮于坎以原始渙節巽兌于坎以要終如是而坎猶爲險人道无窒其存乾坤无望其成列矣

中孚 ䷼

小過 ䷽

既濟 ䷾ 未濟

二陰四陽之卦九始于需訟之變終于中孚之不變二陽四陰之卦九始屯蒙之變終于小過之變屯雷所逆起小過雷所從止治乎動終止以震反爲艮震艮合之終也

泰否九變泰變既濟否變未濟既濟水火之交即泰之象未濟水火不交即否之象然既濟中爻柔下剛上函否未濟中爻剛下柔上函泰交以未濟寧以未終蓋常以泰交象象天下後世開之于无窮耳　中孚巽兌之合三四得敵于其中眞節之餘險不在坎而即在于巽兌也小過震艮之合然三四失位于其中屯蒙之餘險不在坎而即在于震艮也坎與乾坤震艮巽兌交皆不名濟惟終與离交而後名之爲既交坎离天地交之中留中一柔即坤陰全體之柔坎中剛即乾陽全體之剛乾下交坤而成坎坎又爲之交于离坤上交乾而成离离又爲之下交于坎离下交陰麗陽中而成明者要終无亢坤道原下以順坎上交陽陷陰中而成險者要終有拯乾道原上而首出夫是之謂不相射而遠爲中天地地而有交之濟以水火之濟成天地之交乾坤之能事備矣天地之交曰泰一轉即否水火之交曰濟一轉即未濟否之日多濟之日少聖人之憂患无時而已也故受之以未濟終焉

九卦

孔圖

履	䷉	德之基	和而至	以和行
謙	䷎	德之柄	尊而光	以制禮
復	䷗	德之本	小而辨于物	以自知
恆	䷟	德之固	雜而不厭	以一德
損	䷨	德之修	先難而後易	以遠害
益	䷩	德之裕	長裕而不設	以興利
困	䷮	德之辨	窮而通	以寡怨
井	䷯	德之地	居其所而遷	以辨義
巽	䷸	德之制	稱而隱	以行權

制器尚象十三卦

卦	象	器
離	䷝	佃漁
益	䷩	耒耜
噬嗑	䷔	交易
乾	䷀	衣裳
坤	䷁	衣裳
渙	䷺	舟楫
隨	䷐	服牛乘馬
豫	䷏	擊柝
小過	䷽	杵臼

睽 ䷥ 弧矢

大壯 ䷡ 棟宇

大過 ䷛ 棺椁

夬 ䷪ 書契

七爻咸變化 ○ 中孚九二 同人九五 大過初六

謙九三 乾上九 節初九 解六三

十一爻尊一君 ○ 咸九四 困六三 解上六

噬嗑初六 上六 否九五 鼎九四 豫六二

復初九 損六三 益上九

一爻主履信思順 大有上九

雜卦孔圖

卦	說
乾	自乾坤至困三十卦與上經之數相當而雜下經十二卦于其中自咸至夬二十四卦與下經之數相當而雜上經十二卦于其中見陰陽交易之妙
坤	
坤坎合 比 師	一剛以爲比師主次謙豫次剝復以復要一剛爲主之終終于長以長君子皆在上
臨 觀	
屯 蒙	序屯蒙雜易以師比
震 艮	序師比雜易以屯蒙 震艮前乾坤至屯蒙凡八卦兌巽後隨蠱至井困凡八卦震艮巽兌之中損益至噬嗑賁凡十卦居中
損 益	序乾坤十卦後爲泰否雜乾坤十卦後爲損益正子時有消長否泰蠱之類事有因革損益蠱之類損益艮兌巽震之合故前震艮後兌巽屯蒙噬嗑賁皆震艮合坎合離臨觀萃升皆兌巽合坤大畜无妄謙豫又皆震艮合乾合坤先後損益爲上局乎讀易未嘗不喟然嘆曰或欲利之適足以害之或欲害之適足以利之利害禍福之門不可不察哉
大畜 无妄	
萃 升	

謙	䷎ ䷏	豫
噬嗑	䷔ ䷕	賁
兌	䷹ ䷸	巽
隨	䷐ ䷑	蠱
剝	䷖ ䷗	復
晉（坤離合）	䷢ ䷣	明夷
井	䷯ ䷮	困
咸	䷞ ䷟	恒
渙	䷺ ䷻	節
解	䷧ ䷦	蹇

損益一變

損益二變

首比師一剛居五柔五二之中次謙豫一剛居五柔三四之中次剝復一剛居五柔上初之中皆在上大有同人小畜履夬姤皆在下此剛柔上下之辨

乾坤後比師始坤坎之合需訟終乾坎之合二分之咸恒居中首尾皆以坎雜之以坎陷爲變甚于序云

損益三變

上以困終爲柔揜剛君子不失其所亨下以夬終爲剛決柔君子道長小人道憂矣

損益四變

震起艮止巽兌合之爲損益兌見巽伏震艮合之爲隨蠱四卦交合爲咸恒咸速婚姻以時恒久夫婦偕老

損益五變

睽　家人

睽外從睽上合共二十卦家人內從家人下合共二十卦二卦與序卦易序先家人後睽雜先睽爲外後家人爲內外以乾坤並列爲主內以乾坤交合爲主故家人後即受之以否泰先于否雜否先于泰孔子雜卦精蘊全在反其類句

否　泰

大壯　遯

乾內大有　同人合

一泰以爲大有同人字次小畜履次姤夬以夬要一泰爲主之終終于需以消小人皆在下

革　鼎

小過

中孚

豐　旅

否泰一變

離

咸恒與序不易自渙節至豐旅以十八卦合十卦在前自小畜履至大以十二卦合十卦居後離坎居其會中序先坎後離上下之等雜先離後坎內外之辨

坎

小畜 ䷈ 履
坤坎合比師原始

乾坎合 需 ䷄ 訟
乾坎合需訟要終

大過 ䷛
小過過也小者過假不足責故止謂之過大過顛也大者過何以爲君子故特謂之顛又另爲一局以致責望君子之意大者過小者姤將以一小人去五君子反易夬須是合五君子然後能去一小人小人去君子甚易而君子去小人甚難固如此

姤 ䷫

漸 ䷴
否泰二變反爲歸妹

頤 ䷚

既濟 ䷾
否泰三變反爲未濟

歸妹 ䷵
否泰四變

未濟 ䷿
否泰五變
剛柔每每相雜至若君子小人決不可使相雜小人每多合而君子反多睽此所以爲大過之顛此所以爲未濟男之窮雜以大過以下另爲一局而後夬要終焉

夬 ䷪

通知晝夜之圖

天半覆
地上半
隱地下

日半行
天下半
入地中

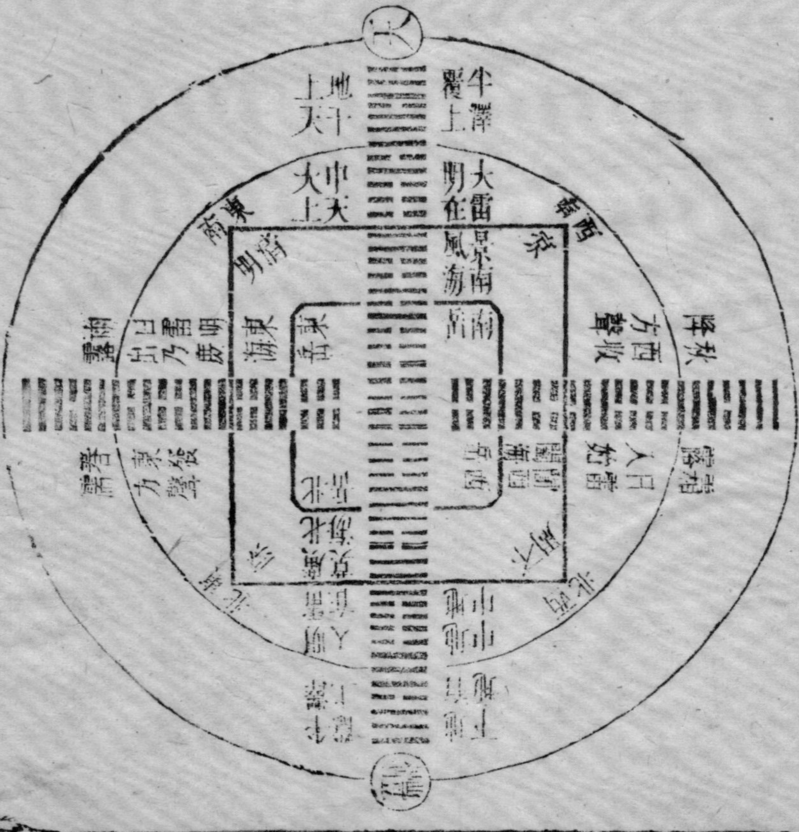

啓蒙掛扐過揲四圖 合一總爲一

老陽

掛扐十三 四約三分

四約以四策約之三分以十二策分爲三揲即四爲奇爲一者三即爲四者凡三也

老陽去初 掛一爲一 十二者三

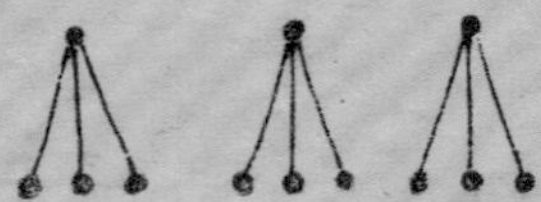

三一各復有三爲九之母

此一字指一策言一復有三各九圖上三个策中各取一策于共上而三个一策中各復有三策也

過揲三十六

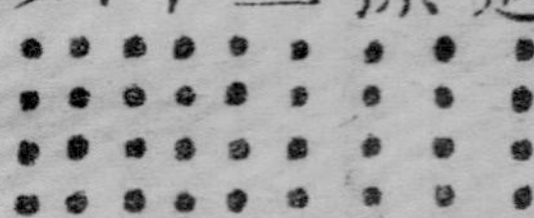

四約得九爲九之子

四約計九个四亦爲四个九爲三十六九之子也

少陰

掛扐十七 四約三分

四約三分同上爲一者二計兩个四也爲二者一計一个八也二即八也即偶也

少陰去初 爲一者二 掛一十六 爲二者一

二一各有三一二復有二爲八之母

二一兩个四各有三同前一二謂于上圖八策中去四不用于用四中取二策在上而二策中復有二也

過揲三十二

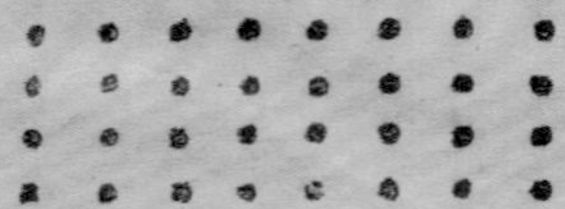

四約得八爲八之子

四約計八个四亦爲四个八四八三十二八之子也

周易　朝爽堂

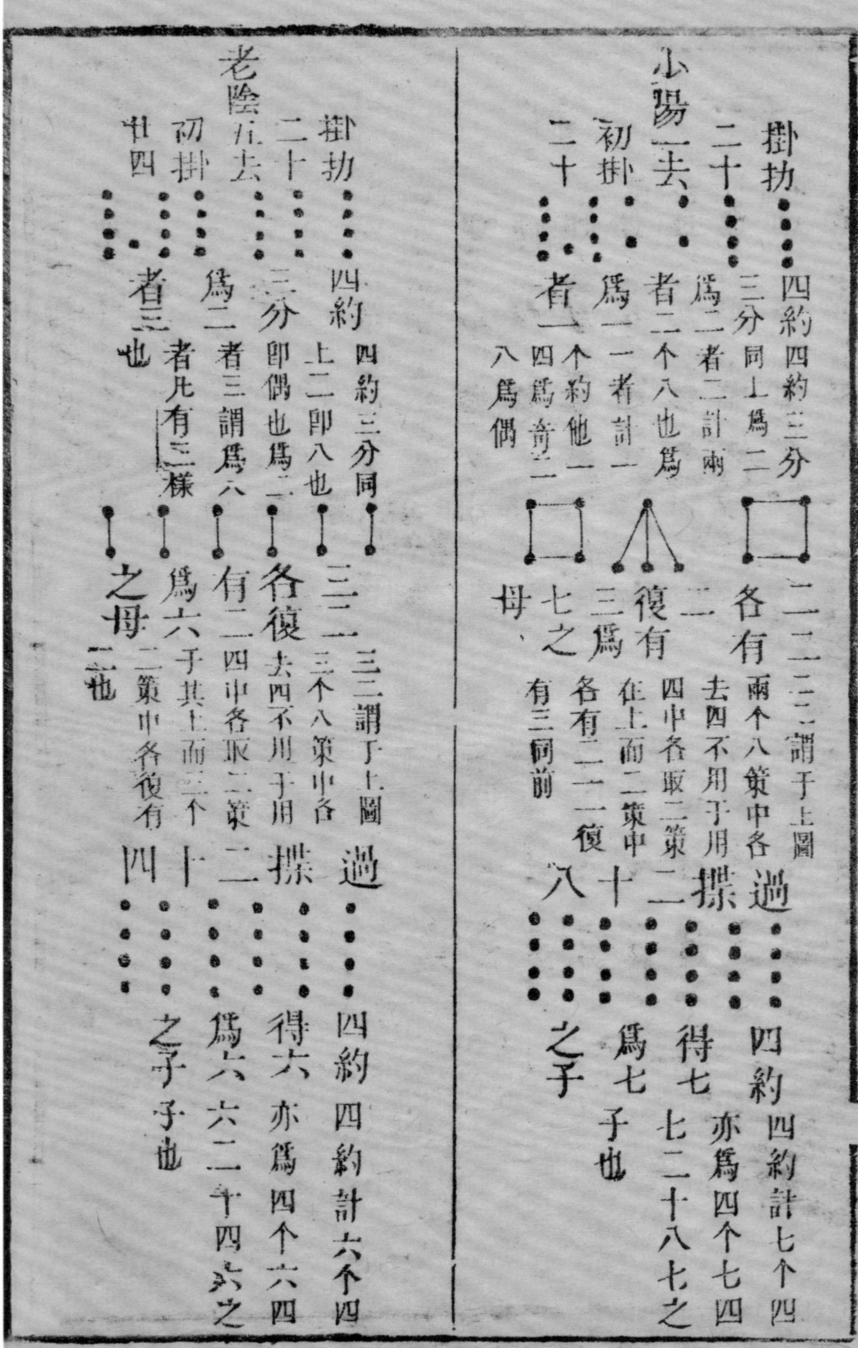
掛扐 四約 四約三分
二十 三分 同上爲二
爲二者二計兩
少陽一去 者二个八也爲
初掛 爲一 一者計一
二十 者一 个約他一
四爲奇二
八爲偶
二二二二謂于上圖
各有 兩个八策中各
去四不用于用
二 四中各取二策
復有 在上面二策中
三爲 各有二二二復
七之 有三同前
母
過 四約 四約計七个四
揲 亦爲四个七四
得七 七二十八七之
二 爲七 子也
十
八 之子
掛扐 四約 四約三分同
二十 三分 上二即八也
即偶也爲二
老陰五去 爲二 者三謂爲八
初掛 者凡有三樣
廿四 者三 也
三二 三三謂于上圖
三个八策中各
各復 去四不用于用
有二 四中各取二策
爲六 子共上面三个
二策中各復有
之母 二也
過 四約 四約計六个四
揲 得六 亦爲四个六四
二 爲六 六二十四六之
十 之子 子也
四

皇極經世

一一元之元日之日乾之乾　一
二一元之會日之月乾之兌　十二
三一元之運日之星乾之離　三百六十
四一元之世日之辰乾之震　四千三百二十
五一元之歲日之石乾之巽　一十二萬九千六百
六一元之月日之土乾之坎　一百五十五萬五千二百
七一元之日日之火乾之艮　四千六百六十五萬六千
八一元之辰日之水乾之坤　五萬五千九百八十七萬二千
一三運之元星之日離之乾　三百六十
二三運之會星之月離之兌　四千三百二十
三三運之運星之星離之離　一十二萬九千六百
四三運之世星之辰離之震　一百五十五萬五千二百
五三運之歲星之石離之巽　四千六百六十五萬六千
六三運之月星之土離之坎　五萬五千九百八十七萬二千
七三運之日星之火離之艮　一百六十七萬九千六百一十六萬
八三運之辰星之水離之坤　二千一十五萬五千三百九十二萬

一二會之元月之日兌之乾　一十二
二二會之會月之月兌之兌　一百四十四
三二會之運月之星兌之離　四千三百二十
四二會之世月之辰兌之震　五萬一千八百四十
五二會之歲月之石兌之巽　一百五十五萬五千二百
六二會之月月之土兌之坎　一千八百六十六萬二千四百
七二會之日月之火兌之艮　五萬五千九百八十七萬二千
八二會之辰月之水兌之坤　六十七萬一千八百四十六萬四千
一四世之元辰之日震之乾　四千三百二十
二四世之會辰之月震之兌　五萬一千八百四十
三四世之運辰之星震之離　一百五十五萬五千二百
四四世之世辰之辰震之震　一千八百六十六萬二千四百
五四世之歲辰之石震之巽　五萬五千九百八十七萬二千
六四世之月辰之土震之坎　六十七萬一千八百四十六萬四千
七四世之日辰之火震之艮　二千一十五萬五千三百九十二萬
八四世之辰辰之水震之坤　二萬四千一百八十六萬四千七百四萬

周易　朝爽堂

全數圖

五一 歲之元石之日巽之乾 一十二萬九千六百

五二 歲之會石之月巽之兌 一百五十五萬五千二百

五三 歲之運石之星巽之離 四千六百六十五萬六千

五四 歲之世石之辰巽之震 五萬五千九百八十七萬二千

五五 歲之歲石之石巽之巽 一百六十七萬九千六百一十六萬

五六 歲之月石之土巽之坎 二千一十五萬五千三百九十二萬

五七 歲之日石之火巽之艮 六萬四百六十六萬一千七百六十萬

五八 歲之辰石之水巽之坤 七十二萬五千五百九十四萬一千一百二十萬

七一 日之元火之日艮之乾 四千六百六十五萬六千

七二 日之會火之月艮之兌 五萬五千九百八十七萬二千

七三 日之運火之星艮之離 一百六十七萬九千六百一十六萬

七四 日之世火之辰艮之震 二千一十五萬五千三百九十二萬

七五 日之歲火之石艮之巽 六萬四百六十六萬一千七百六十萬

七六 日之月火之土艮之坎 七十二萬五千五百九十四萬一千一百二十萬

七七 日之日火之火艮之艮 二百一十七萬六千七百八十二萬三千五百

七八 日之辰火之水艮之坤 二千六百一十一萬一千三百六十八萬二[illegible]

六一 月之元土之日坎之乾 一百五十五萬五千二百

六二 月之會土之月坎之兌 一千八百六十六萬二千四百

六三 月之運土之星坎之離 五萬五千九百八百八十七萬二千

六四 月之世土之辰坎之震 六十七萬一千八百四十六萬四千

六五 月之歲土之石坎之巽 二千一十五萬五千三百九十二萬

六六 月之月土之土坎之坎 二萬四千一百八十六萬四千七百四萬

六七 月之日土之火坎之艮 七十二萬五千五百九十四萬一千一百二十萬

六八 月之辰土之水坎之坤 八百七十萬七千一百二十九萬三千四百四十萬

八一 辰之元水之日坤之乾 五萬五千九百八十七萬二千

八二 辰之會水之月坤之兌 六十七萬一千八百四十六萬四千

八三 辰之運水之星坤之離 二千一十五萬五千三百九十二萬

八四 辰之世水之辰坤之震 二萬四千一百八十六萬四千七百四萬

八五 辰之歲水之石坤之巽 七十二萬五千五百九十四萬一千一百二十萬

八六 辰之月水之土坤之坎 八百七十萬七千一百二十九萬三千四百四十萬

八七 辰之日水之火坤之艮 二千六百一十一萬一千三百八十八萬二千

八八 辰之辰水之水坤之坤 三萬一千三百四十[illegible]六千六百五十八萬[illegible]

邵氏皇極

元一會 運 世

日甲月子一星三十辰 三百六十

月丑二星六十辰 七百二十

月寅三星九十辰 一千八十 開物 星之己七十六

月卯四星一百二十辰 一千四百四十

月辰五星一百五十辰 一千八百

月巳六星一百八十辰 二千一百六十 唐始星之癸一百八十 虞辰二千一百五十七

一聲 多可个舌 禾火化八 開宰愛○ 回每退○

二聲 良兩向○ 光廣況○ 丁井亘○ 兄永瑩○

三聲 千典旦○ 元犬半○ 臣引艮○ 君允巽○

四聲 刀早孝岳 毛宝報霍 牛斗奏六 ○○○玉

五聲 妻子四日 衰○帥骨 ○○○德 龜水貴北

一音 古甲九癸 □□近揆 坤巧丘棄 □□乾■

二音 黑花香血 黄華雄賢 五瓦仰□ 吾牙月堯

三音 安亞乙一 □爻王寅 母馬美米 目皃眉民

四音 夫法□飛 父凡□吠 武晚□尾 文萬□未

五音 卜百丙必 步白備鼻 普朴品匹 旁排平瓶

六音 東丹天■ 兌大田■ 上貪女■ 司覃年■

周易 朝爽堂

經世圖

月亥十二星	月戌十一星	月酉十星	月申九星	月未八星	月午七星
三百六十辰	三百三十辰	三百辰	二百七十辰	二百四十辰	二百一十辰
四千三百二十	三千九百六十	三千六百	三千二百四十	二千八百八十	二千五百二十
	閉物 星之戌三百一十五				夏殷周秦 漢晉十六國 南北朝隋 唐五代宋

右正聲	十聲	九聲	八聲	七聲	六聲
	●●●● ●●●● ●●●● ●●●●	●●●● ●●●● ●●●● ●●●●	●●●● ●●●● ●●●● ●●●●	心審禁○ ○○○十 男坎欠○ ○○○妾	官孔衆○ 龍甬用○ 魚鼠去○ 鳥虎兎○

右正音	十二音	十一音	十音	九音	八音	七音
	■卓中■ ■宅直■ ■折丑■ ■茶呈■	■莊震■ ■乍□■ ■叉赤■ ■崇辰■	■山手■ ■士石■ ■□耳■ ■□二■	思三星■ 寺□象■ □□□■ □□□■	走哉足■ 自在匠■ 草采七■ 曹才全■	乃妳女■ 內南年■ 老冷呂■ 鹿犖离■

採圖 四十

八純卦宮

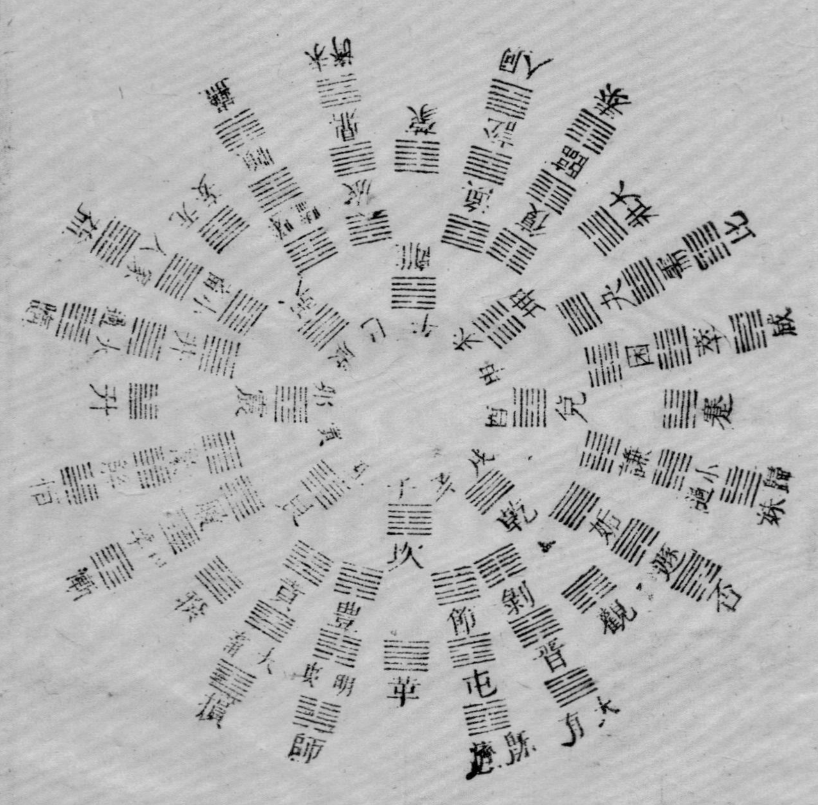

卦同化

六十四卦方圖象數

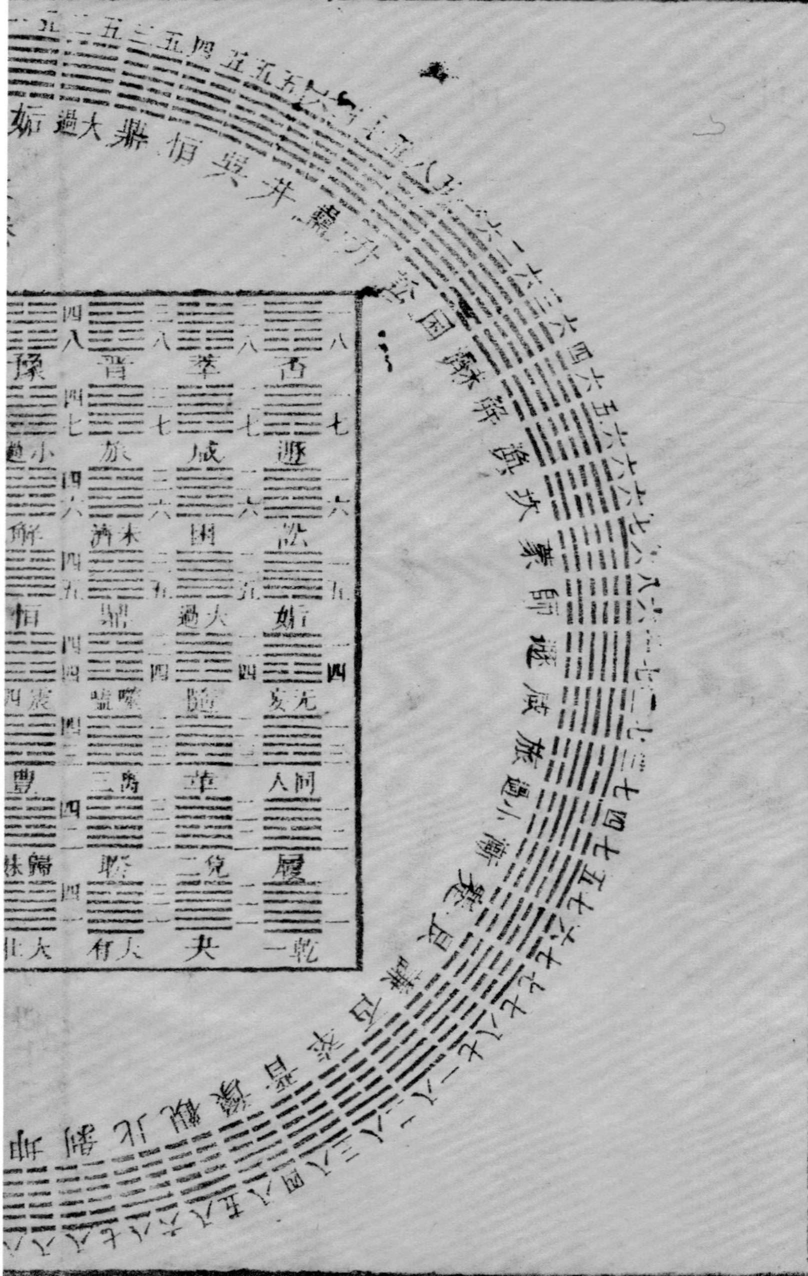
乾 夬 大有 大壯
履 兌 睽 歸妹
同人 革 離 豐
无妄 隨 噬嗑 震
姤 大過 鼎 恒
訟 困 未濟 解
遯 咸 旅 小過
否 萃 晉 豫
姤 大過 鼎 恒 巽 井 蠱 升
訟 困 未濟 解 渙 坎 蒙 師
遯 咸 旅 小過 漸 蹇 艮 謙
否 萃 晉 豫 觀 比 剝 坤

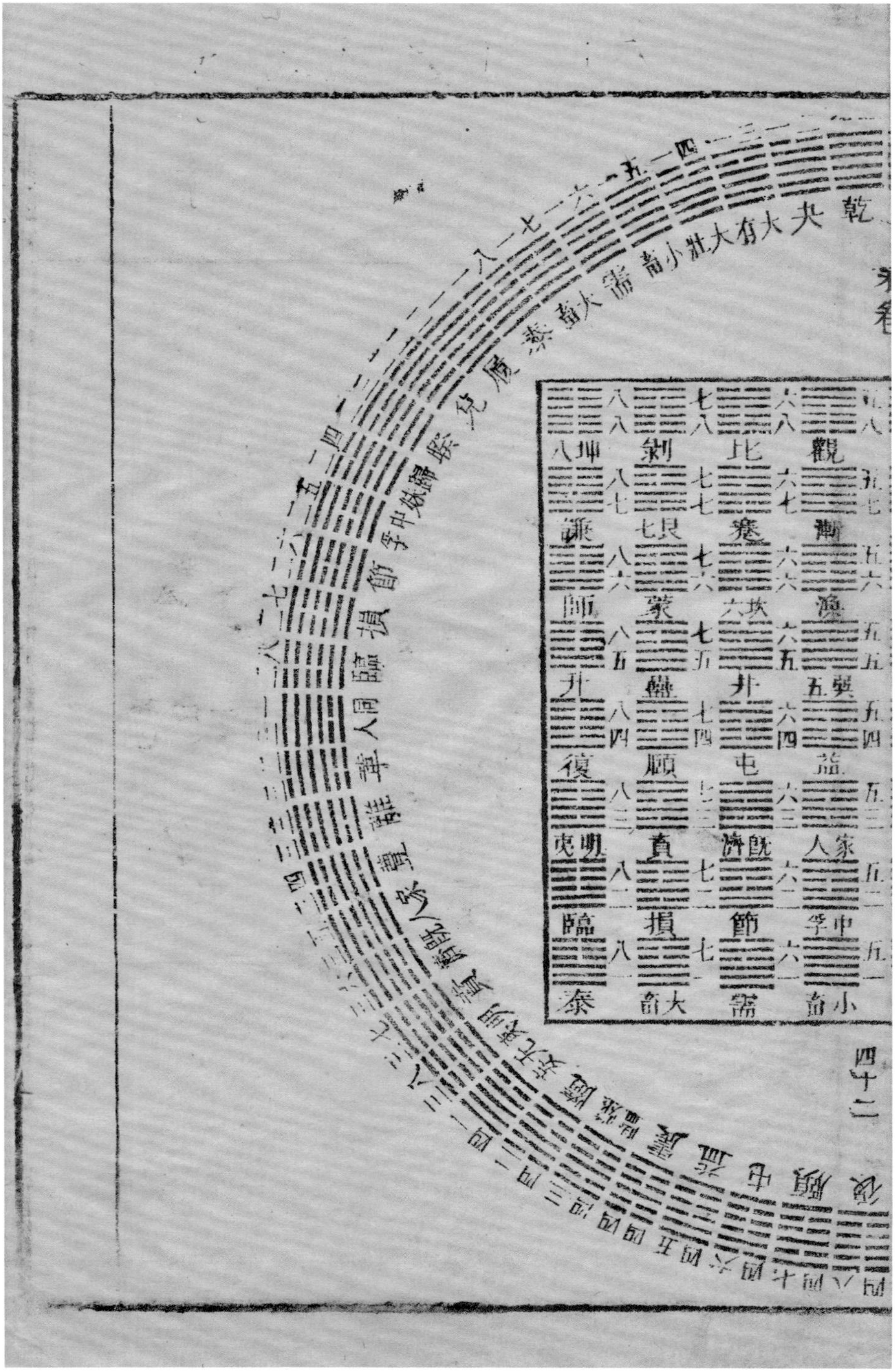
乾
夬
大有
大壯
小畜
需
大畜
泰
觀
漸
渙
巽
益
家人
中孚
小畜
比
蹇
坎
井
屯
既濟
節
需
剝
艮
蒙
蠱
頤
賁
損
大畜
坤
謙
師
升
復
明夷
臨
泰
四十二

周易

十二卦氣

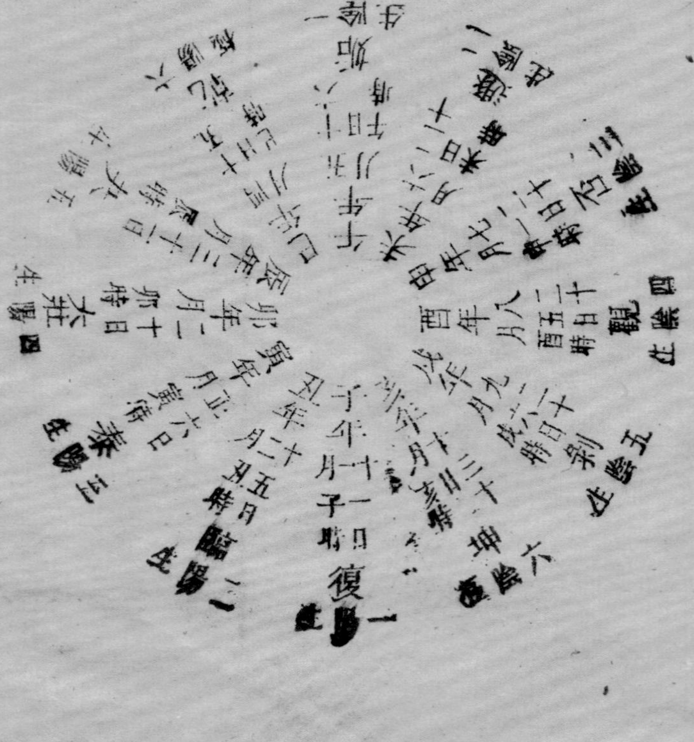

朝爽堂

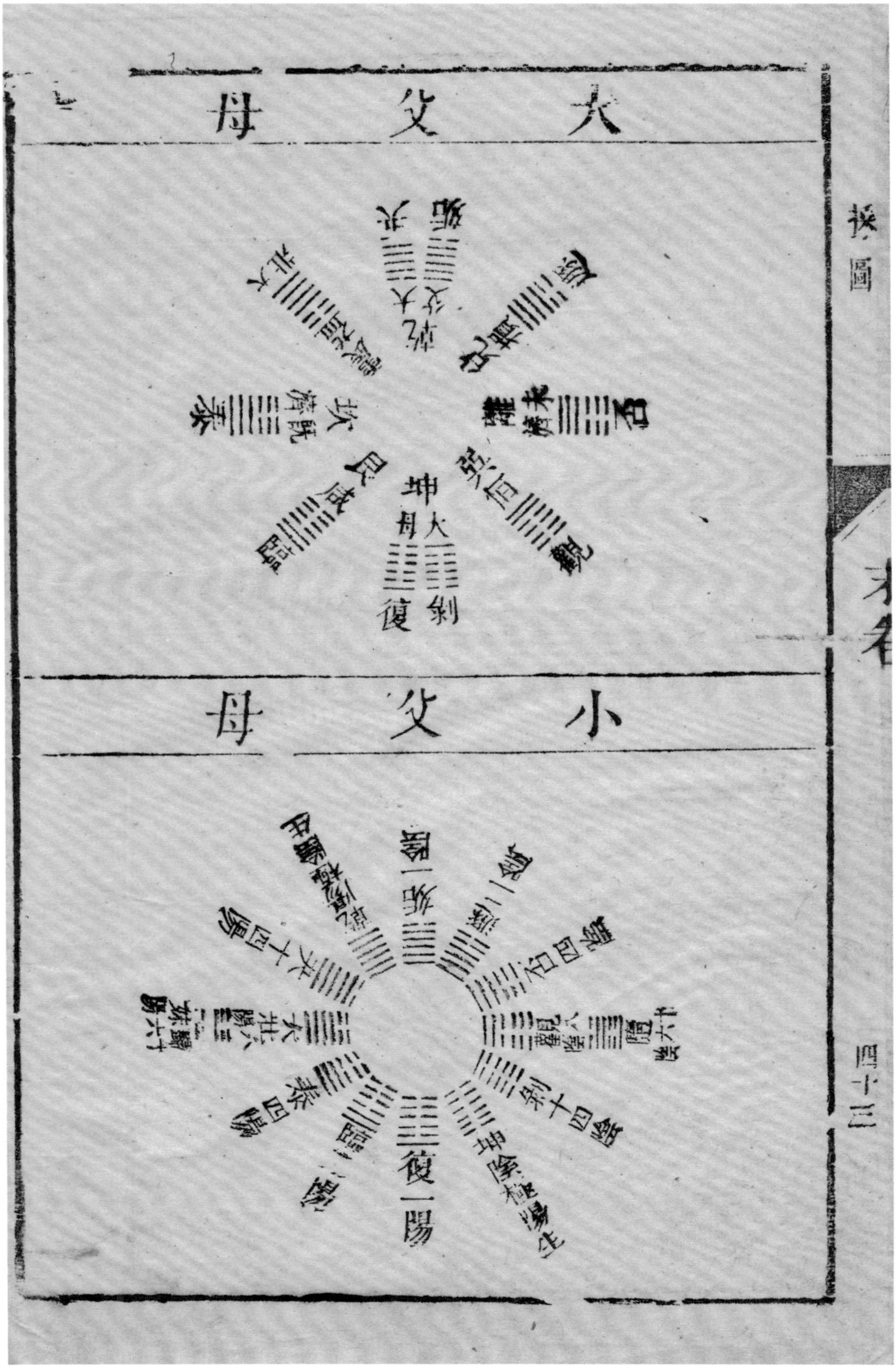
大父母
小父母
採圖
四十三

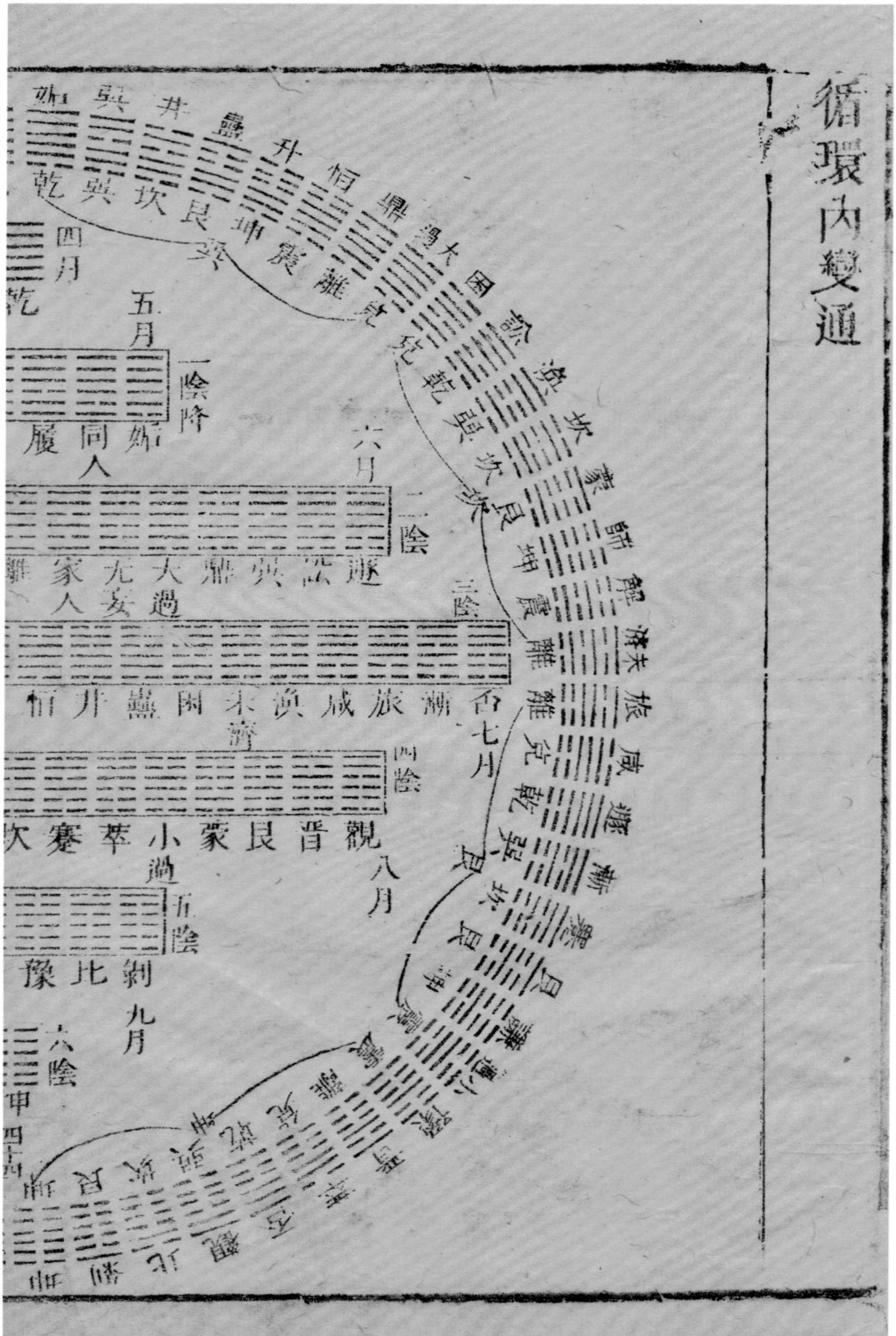
循環內變通
四月
乾
五月
一陰降
姤 同人 履
六月
二陰
遯 訟 巽 鼎 大過 无妄 家人 離
三陰
否 漸 旅 咸 渙 未濟 困 蠱 井 恒
七月
四陰
觀 晉 艮 蒙 小過 萃 蹇 坎
八月
五陰
剝 比 豫
九月
六陰
坤

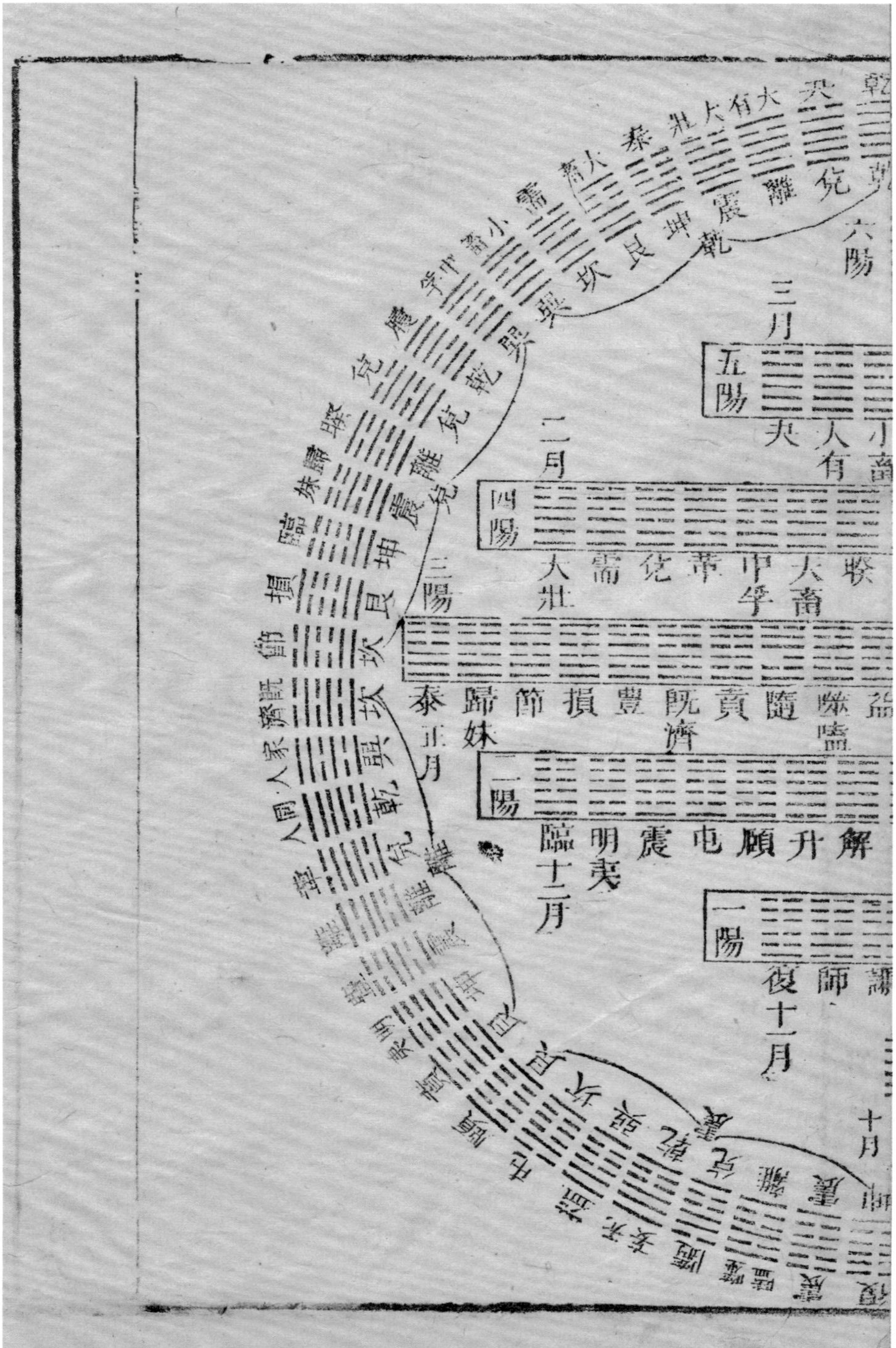
乾
夬
大有
大壯
泰
大畜
需
小畜
中孚
履
兌
睽
歸妹
臨
損
節
既濟
家人
同人
六陽
五陽
四陽
三陽
二陽
一陽
三月
二月
正月
十二月
十一月
十月
夬
大有
小畜
大壯
需
兌
革
中孚
大畜
睽
泰
歸妹
節
損
豐
既濟
賁
隨
噬嗑
臨
明夷
震
屯
頤
升
解
復
師
謙

周易

卦配方

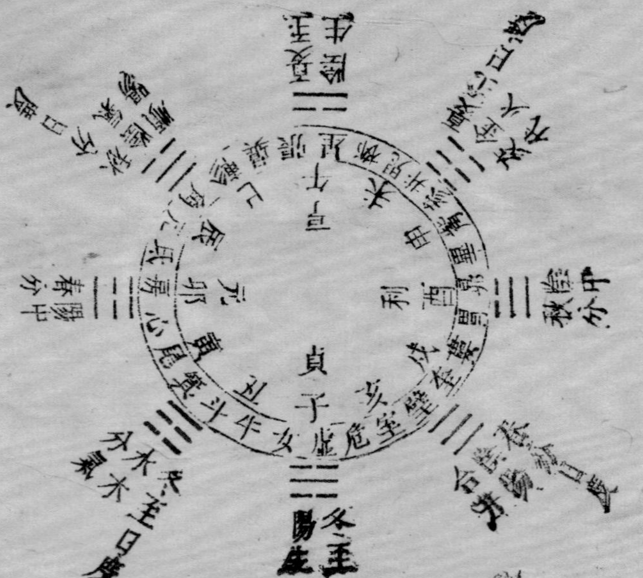

十二卦運世

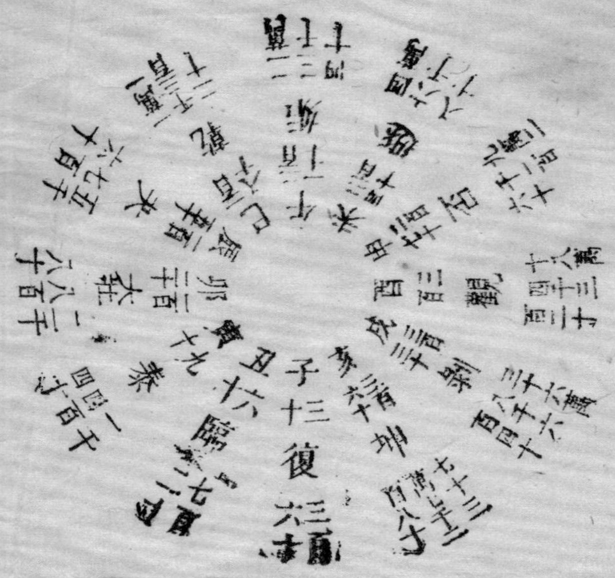

八卦分野

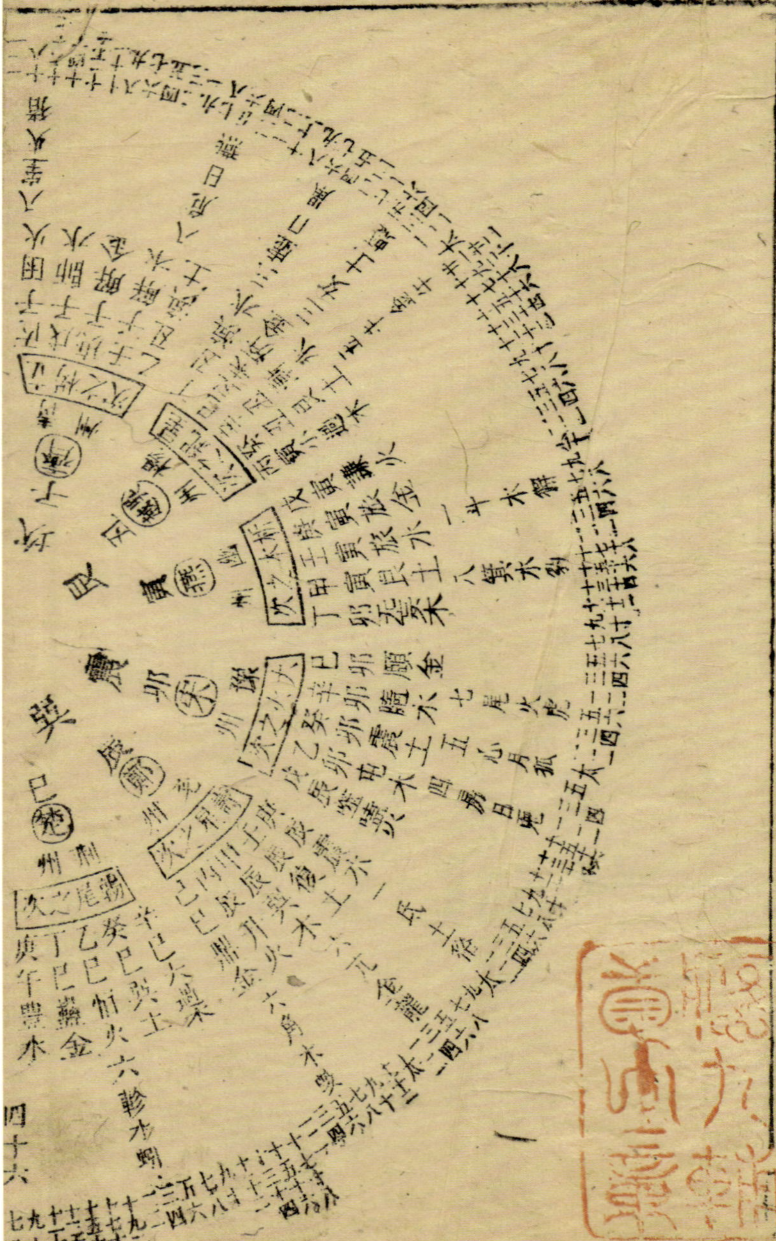

四十六

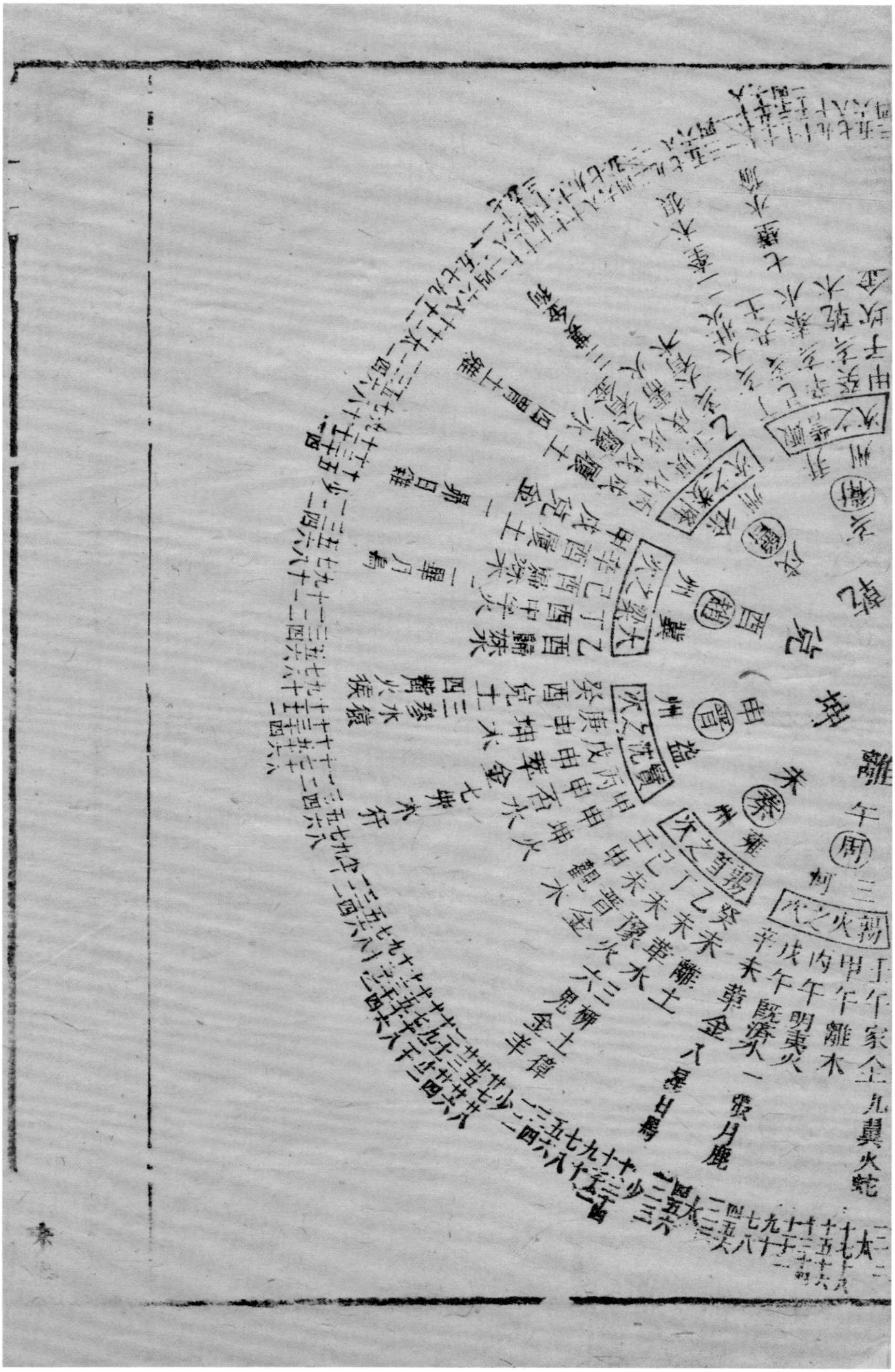

圓倍乘方因重

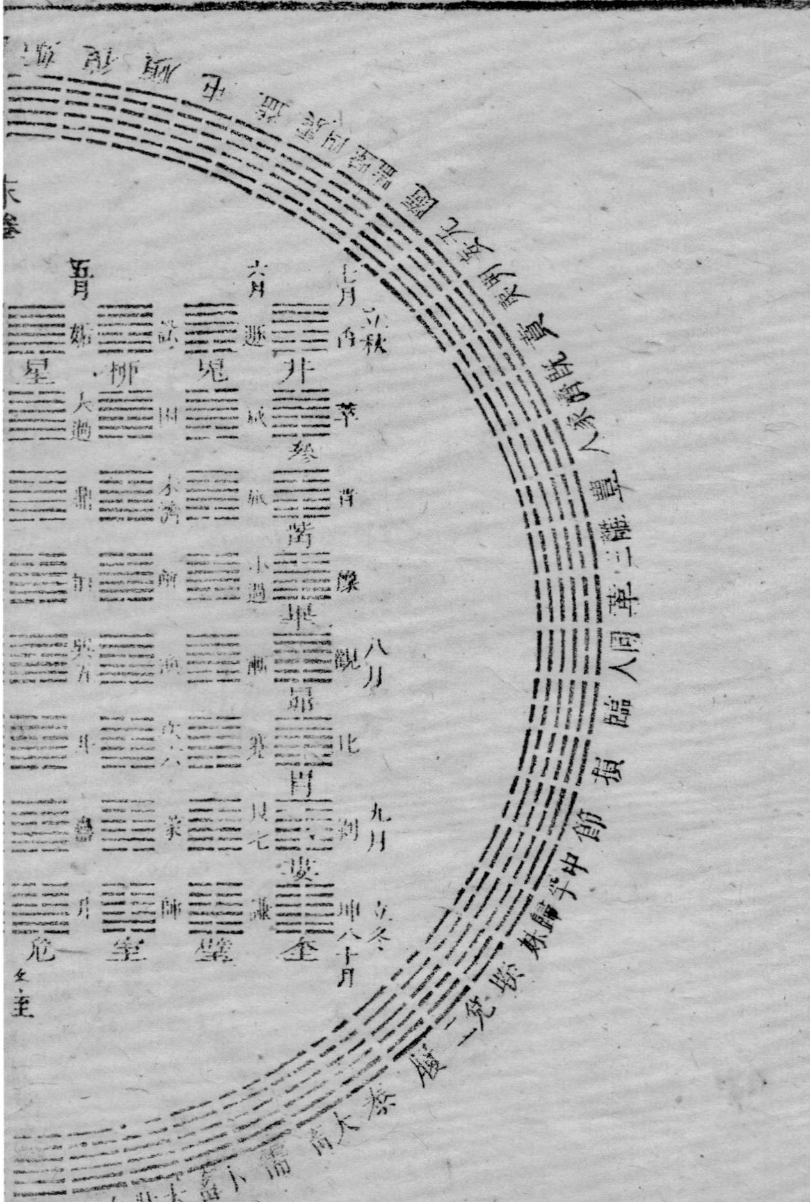

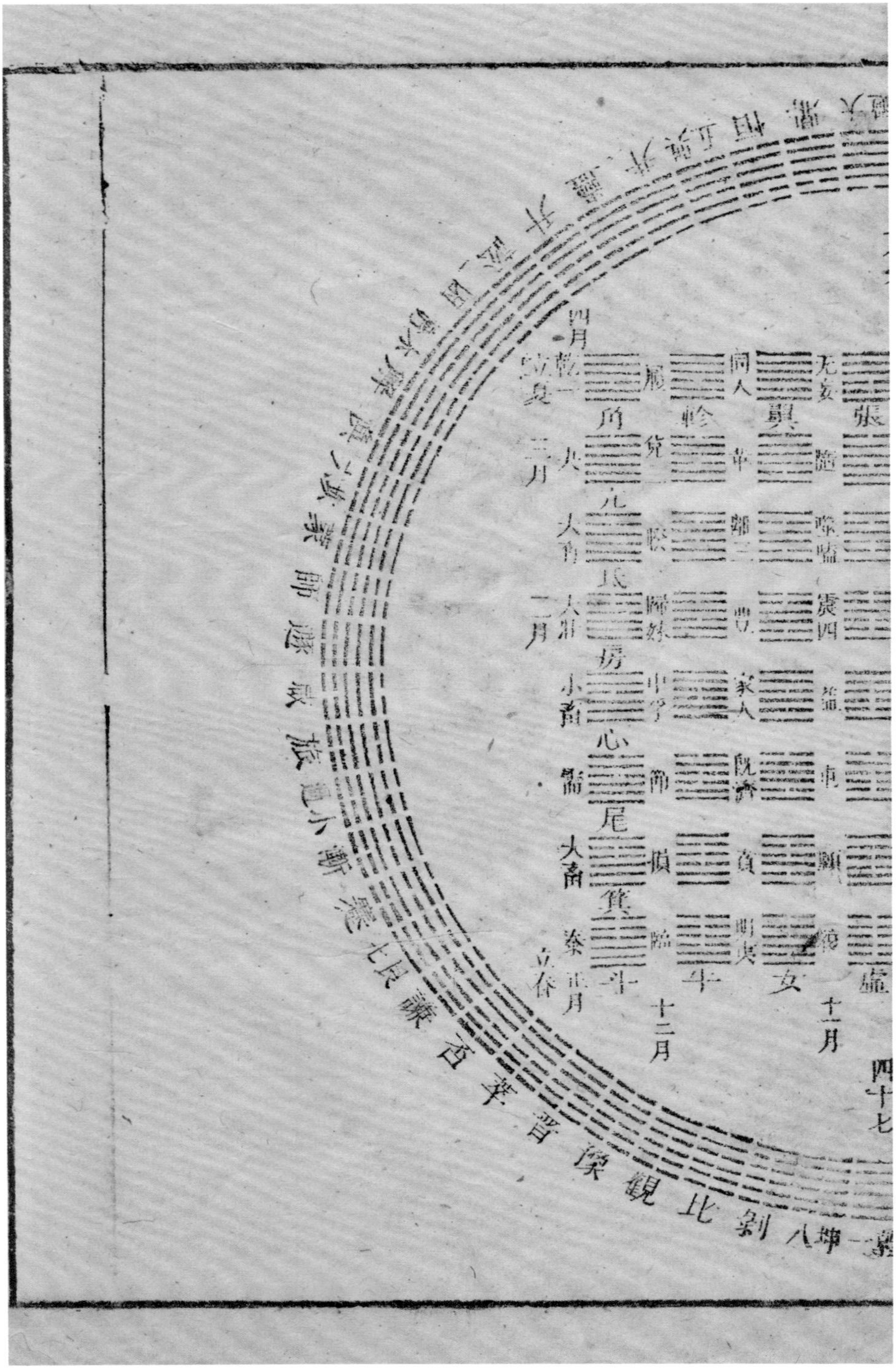
四月
乾一
立夏
履
兌二
同人
革
離三
无妄
隨
震四
張
角
軫
夬
三月
大有
亢
睽
歸妹
豐
噬嗑
氐
大壯
二月
房
小畜
中孚
家人
益
心
需
節
既濟
屯
尾
大畜
損
賁
頤
箕
泰
臨
明夷
復
立春
正月
斗
牛
女
十二月
十一月
四十七
坤八
剝
比
觀
豫
晉
萃
否
謙
艮七
蹇
漸
小過
旅
咸
遯
師
蒙
渙
解
未濟
困
訟
升
蠱
井
恆
鼎
大過

卦氣直日

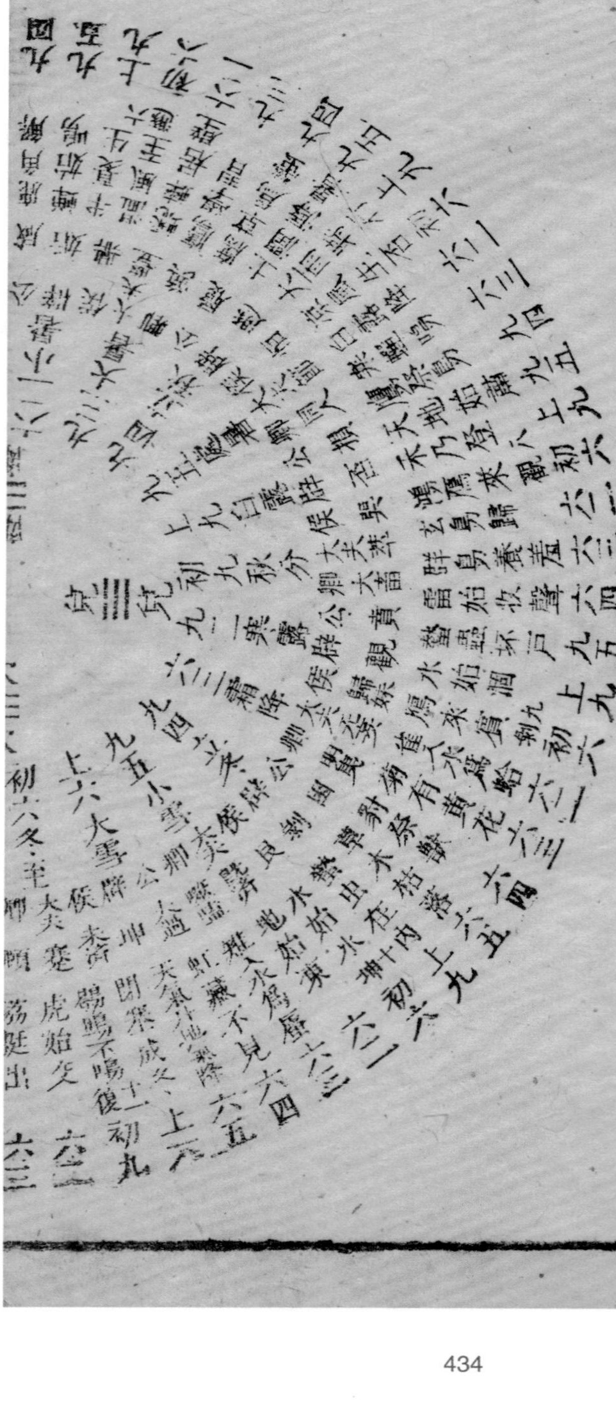

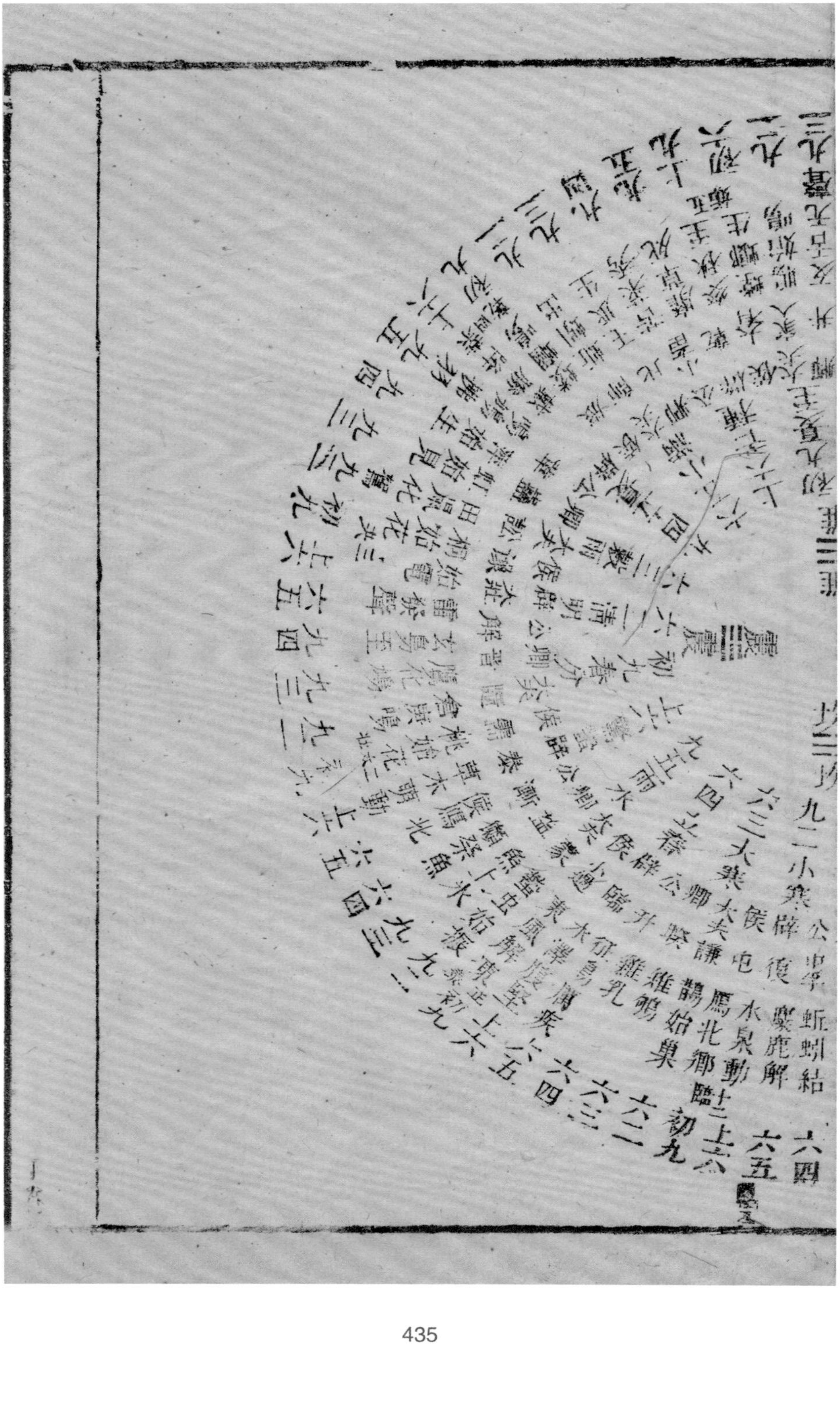

渾天六位

乾	坎	坤	離
壬戌土	戊子水	癸酉金	己巳火
壬申金	戊戌土	癸亥水	己未土
壬午火	戊申金	癸丑土	己酉金
甲辰土	戊午火	乙卯木	己亥水
甲寅木	戊辰土	乙巳火	己丑土
甲子水	戊寅木	乙未土	己卯木

震	艮	巽	兌
庚戌土	丙寅木	辛卯木	丁未土
庚申金	丙子水	辛巳火	丁酉金
庚午火	丙戌土	辛未土	丁亥水
庚辰土	丙申金	辛酉金	丁丑土
庚寅木	丙午火	辛亥水	丁卯木
庚子水	丙辰土	辛丑土	丁巳火

卦納甲

采圖

四十九

末卷終

心易發微伏羲太極之圖

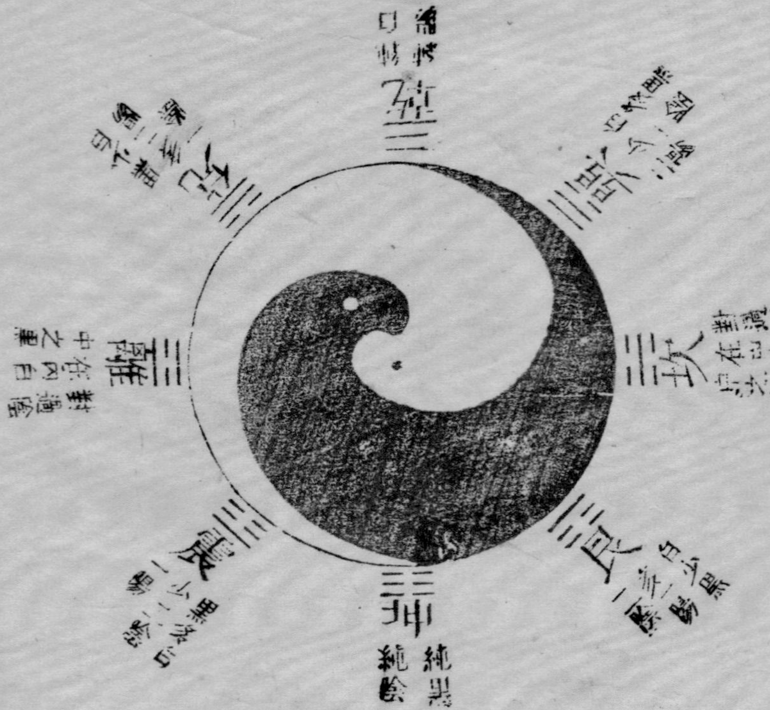

正南純陽方也故畫爲乾正北純陰方也故畫爲坤畫離于東象陽中有陰也畫坎于西象陰中有陽也東北陽生陰下于是乎畫震西南陰生陽下于是乎畫巽觀陽長陰消是以畫兌于東南觀陰盛陽微是以畫艮于西北也

此圖乃伏羲氏所作也世不顯傳或謂希夷所作雖周子亦未之見焉乃自作太極圖觀任道遜之詩可見矣詩云太極中分一氣旋兩儀四象五行全先天八卦渾淪具萬物何嘗出此圖又云造化根源文字祖圖成太極自天然當時早見周夫子不費鑽研作正傳夫既謂八卦渾淪文字祖則知此圖爲伏羲所作而非希夷明矣其外一圈者太極也中分黑白者陰陽也黑中含一點白者陰中陽也白中含一點黑者陽中陰也陰陽交互動靜相倚周詳活潑妙趣自然其圈外左方自震一陽馴至乾之三陽所謂起震而歷離兌以至于乾是已右方自巽一陰馴至坤之三陰所謂自巽而歷坎艮以至于坤是已其間四正

四隅陰陽純雜隨方布位自有太極含陰陽陰陽含八卦之妙不假安排也豈淺見近識者所能及哉伏羲不過模寫出來以示人耳予嘗究觀此圖陰陽渾淪蓋有不外乎太極而亦不離乎太極者本先天之易也觀周子太極圖則陰陽顯著蓋皆太極之所爲而非太極之所倚者實後天之易也然而先天所以包乎後天之理後天所以發明先天之妙明乎道之渾淪則先天天弗違太極體立也明乎道之顯著則後天奉天時太極用行矣使徒玩諸畫象談諸空玄義罔作圖之意荒矣故周子有詩云兀坐書房萬機休日暖風和草色幽誰前二千年遠事而今只在眼睛頭豈非以孔子所論太極者之旨容有外于一畢

日之間哉是可默識其妙而見于性理指要可考也

古太極圖叙

天地間形上形下道器攸分非道自道器自器也器即道之顯
諸有道即器之寂於無雖欲二之不可得也是圖也將以爲淪
於無耶兩儀四象八卦與夫萬象森羅者已具在矣抑以爲滯
於有耶凡儀象卦畫與夫群分類聚森然不可紀者曾何形迹
之可拘乎是故天一也無聲無臭何其隱也成象成形何其顯
也然四時行百物生莫非其於穆之精神無方易無體不離乎
象形之外自一而萬自萬而一即此圖是也默識此圖而太極
生生之妙完具胷中則天地之化機聖神之治教不事他求而

三才一貫萬物一體備是矣可見執中執此也慎獨慎此也乎古之心傳傳此也可以圖象忽之哉

古太極圖說

道必至善而萬善皆從此出則其出爲不窮物本天然而萬物皆由此生則其生爲不測包羅主宰者大載也其然聲臭之俱無纖巧悉備者化工也渾乎雕刻之不作赤子未嘗學慮言知能之良必歸之聖人絕無思爲言仁義之至必歸之蓋凡有一毫人力安排布置皆不可以語至道語至物也況謂之太極則盤天地亘古今瞬息微塵悉統括於茲矣何所庸其智力哉是故天地之造化其消息盈虛本無方體無窮盡不可得而圖也

不可得而圖者從而圖之將以形容造化生生之機耳若以人爲嬌强分析於其間則天地之自然者反因之而晦矣惟是圖也不知畫於何人起於何代因其傳流之久名爲古太極圖焉嘗讀易繫辭首章若與此圖相發明說卦天地定位數章即闡明此圖者也何也總圖即太極也黑白即陰陽兩儀天地卑高貴賤動靜剛柔之定位也黑白多寡即陰陽之消長太陰太陽少陰少陽羣分類聚成象成形寒暑往來乾男坤女悉於此乎見也以卦象觀之乾坤定位上下坎離並列東西震巽艮兌隨陰陽之升降而布於四隅八卦不其畢具矣乎然太極兩儀四象八卦吉凶大業雖畢見於圖中而其所以生生者莫之見焉

其實陰陽由微至著循環無端即其生生之機也太極不過陰陽之渾淪者耳原非先有太極而後兩儀生既有兩儀而後四象八卦生也又豈兩儀生而太極遯四象生而兩儀亡八卦生而四象隱兩儀四象八卦各爲一物而別有太極宰其中統其外哉惟於此圖潛神玩味則造化之盈虛消息隱然呈象效法皆可意會何必別立圖以生之又何必別立名象以分析之也此之謂至道而不可離此之謂至物而物格知至也若云孔子以前無太極圖而先天圖畫於伏羲後天圖改於文王考之易皆無據今盡闢之可矣雖然乾坤之易簡久大之德業即於此乎在而虞廷執中孔門一貫此外無餘蘊也但按圖索驥則又

非古人畫象垂訓之意矣故曰神而明之存乎其人默而成之不言而信存乎德行

古太極圖聖人發洩造化之祕示人反身以完全此太極也是極也在天地匪巨人身匪細古今匪遥呼吸匪暫也本無象形本無聲臭聖人不得已而畫之圖焉陰陽剛柔翕闢摩盪凡兩儀四象八卦皆於此乎具而吉凶之大業生焉即所謂一陰一陽之道生生之易陰陽不測之神也惟於此圖反求之身而洞徹無疑焉則知吾身即天地而上下同流萬物一體皆吾身所固有而非由外鑠我者然而有根源焉培其根則枝葉自茂濬其源則流派自長細玩圖象由微至著渾圇無竅即易所謂乾

元資始乃統天是也何也分陰分陽而陰即陽之翕也純陰純陽而純陽即一陽之積也一陽起於下者雖甚微而天地生生化化變通莫測悉由此以根源之耳況以此觀之河洛則知河圖一六居下洛書戴九履一其位數生尅不齊而一之起於下者寧有二哉以此觀之易六十四卦始於乾而乾初九潛龍勿用謂陽在下也先天圓圖起於復者此也橫圖復起於中者此也方圖震起於中者此也後天圖帝出乎震者亦此也諸卦爻圖象不同莫非其變化特其要在反身以握乎統天之元於以完全造化與天地同悠久也是故天之所以為天者此也故曰乾以易知地之所以為地者此也故曰坤以簡能人之所以為

人者此也故曰易簡理得而成位乎其中否則天地幾乎毁矣
况於人乎信乎人一小天地而天地人統同一太極也以語其
博則盡乎造化之運以語其約則握乎造化之樞惟太極圖爲
然故揭此以冠之圖書編云

先天畫卦圖

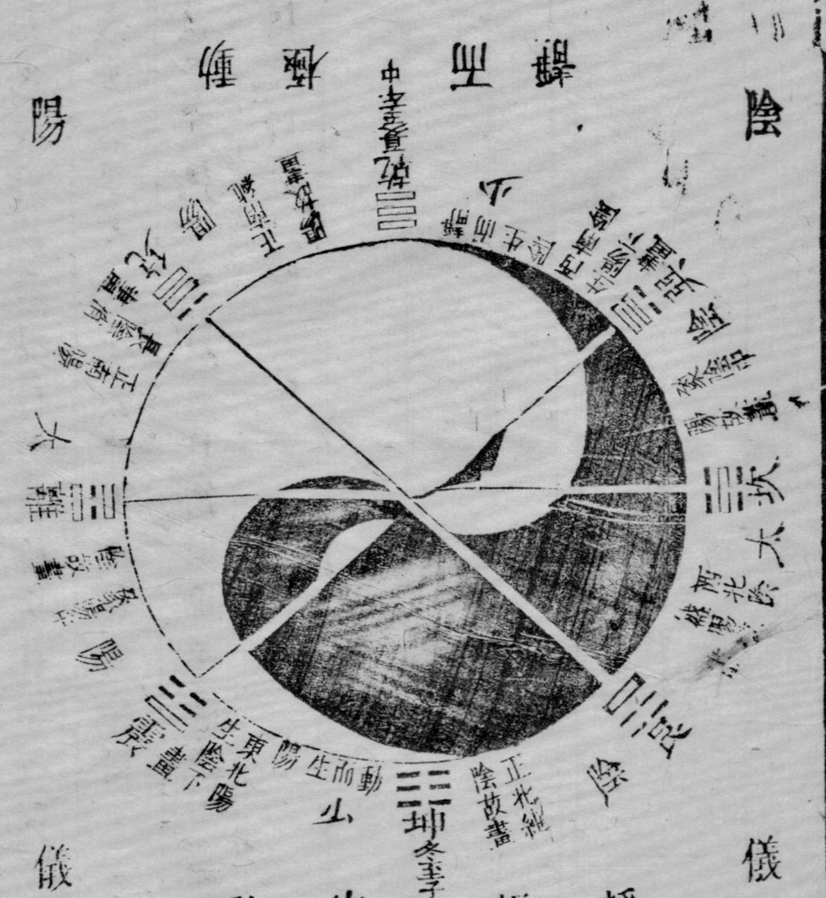

按圖有太極兩儀四象八卦合而爲一分而爲二陽儀在左陰儀在右二分爲四左少陽太陽右少陰太陰四分于八乾南坤北離東坎西震巽兌艮居于四隅皆自然而然不假一毫人力者也

先天八卦次圖

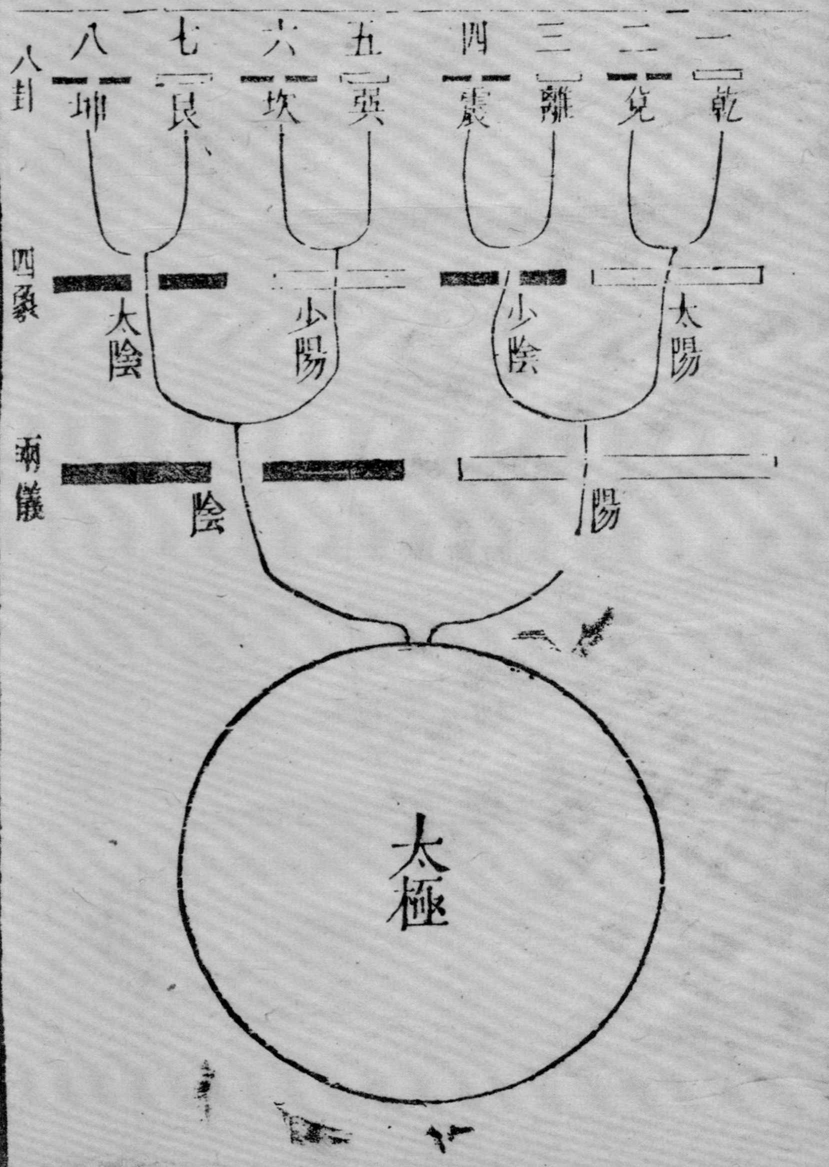

採圖　五十五

先天六十四

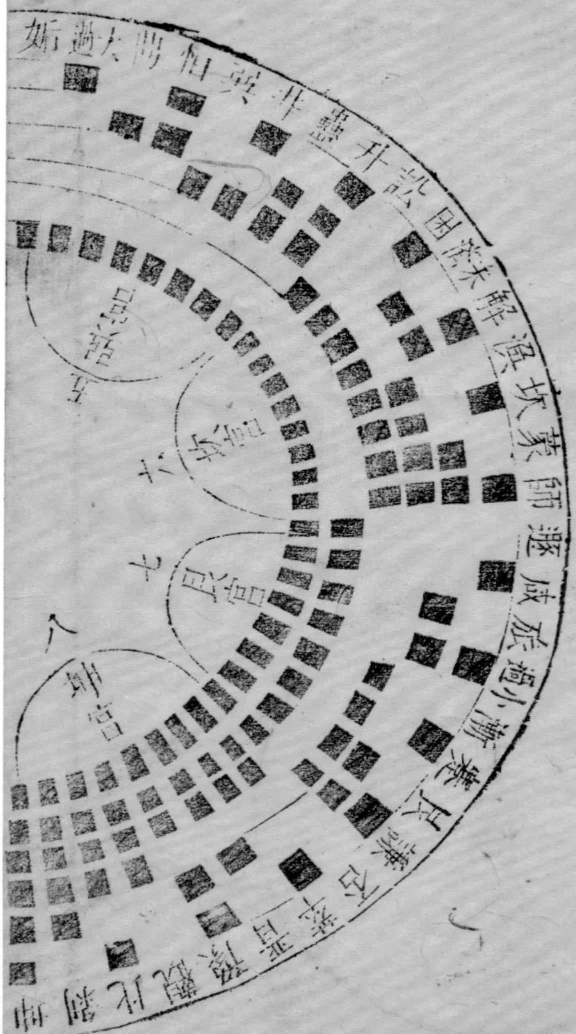

卦方位之圖

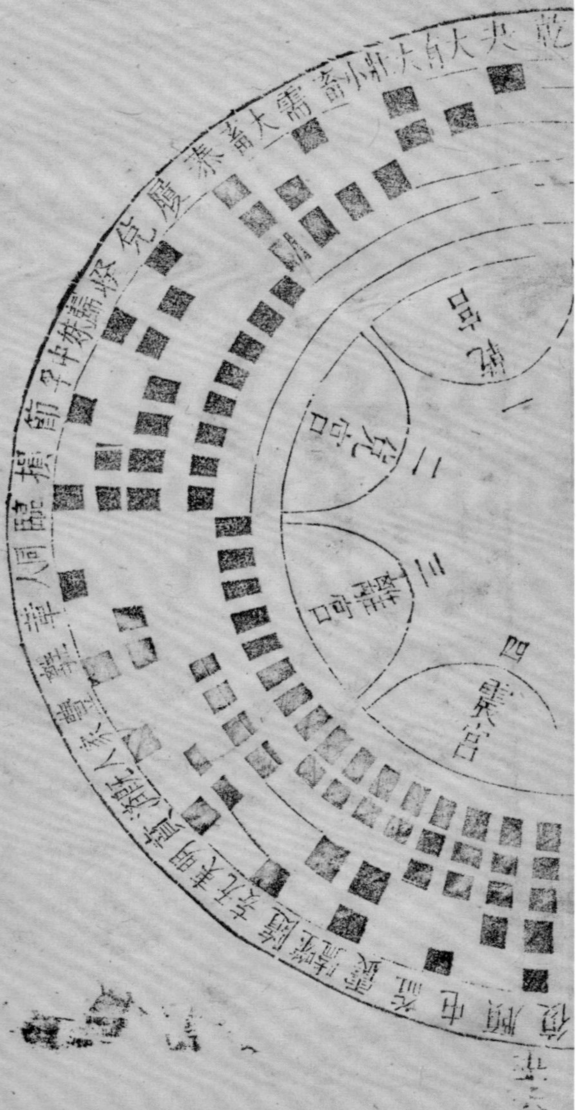
一乾宮
二兌宮
三離宮
四震宮
乾
夬
大有
大壯
小畜
需
大畜
泰
履
兌
睽
歸妹
中孚
節
損
臨
同人
革
離
豐
家人
既濟
賁
明夷
无妄
隨
噬嗑
震
益
屯
頤
復

先天六十四卦圓圖

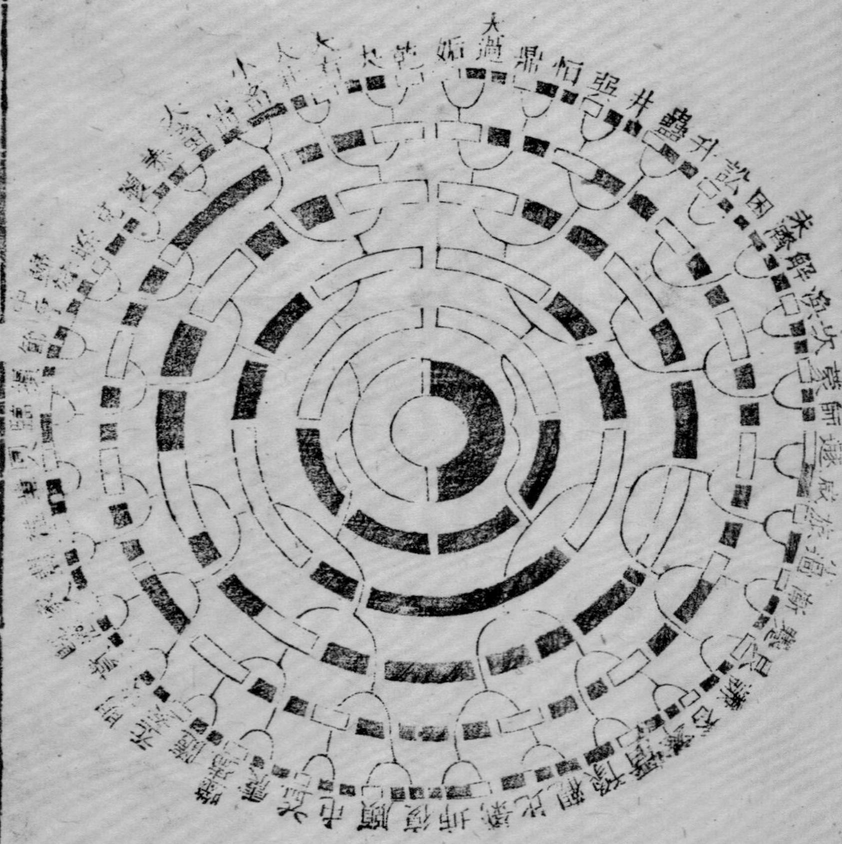

或問易有先天何也曰先天不可說也有說非先天也然則伏羲何以有圖曰凡圖皆後天也伏羲之圖何以稱先天曰先天不可圖也不可圖而不圖伏羲懼無以示天下故以其不可圖者寓於圖以示之意使天下即圖而求其所以然之故則是不可圖者庶乎緣圖而並傳圖之所畫陰陽而已矣由震歷兌至乾爲陽由巽歷艮至坤爲陰震之初陽畫也漸長而純乎乾巽之初陰畫也漸反而純乎坤一動一靜一順一逆昭然陰陽之象是可得而圖者也至乎坤則靜之極逆之至氣機歛於無而造化幾乎息矣一陽之氣又來復而爲震是孰使之然哉是不可得圖而假圖示之意者也生生之謂易先天者生生之本也

陽不胎於陰則彊彊則竭動不根於靜則妄妄則凶故無者有之原反者道之柄乾反乎坤則至陰之際實至陽之精凝爲造化之根底天地之大始而易於是乎不窮矣故聖人示之欲人於此觀象有默契焉而先天有可覩也然則先天之學奈何曰其在人也爲未發之中世之人蕩於耳目思慮之發而不知反也久矣必也歛耳目之華而省於志洗神知之原而藏於密研未形之幾而極其深廓其慮凝氣靜淵然存未發之中浩浩純純天下之大本立矣此之謂幾先之吉夫彊陽非用也妄動非常也天地日月四時且不能違而况於人乎是以君子戰戰兢兢戒愼恐懼必先之乎大本易爲嗚呼圖所示之意深矣

日月會次合圖

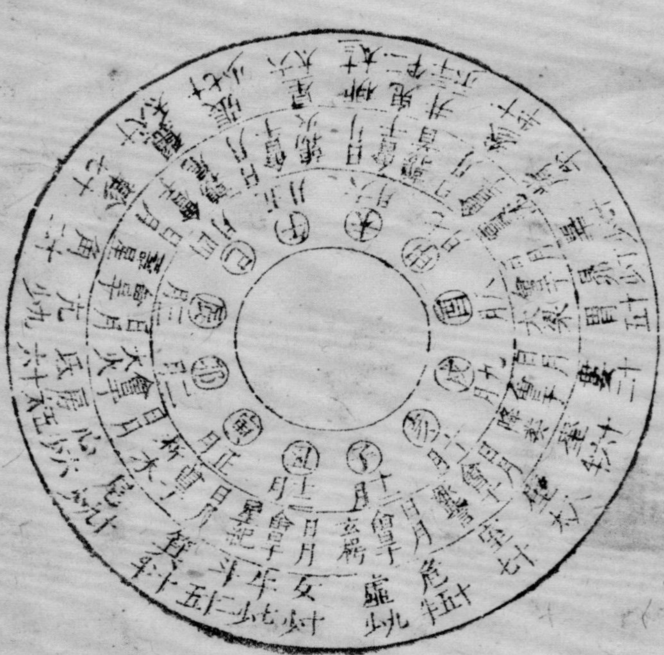

八卦相

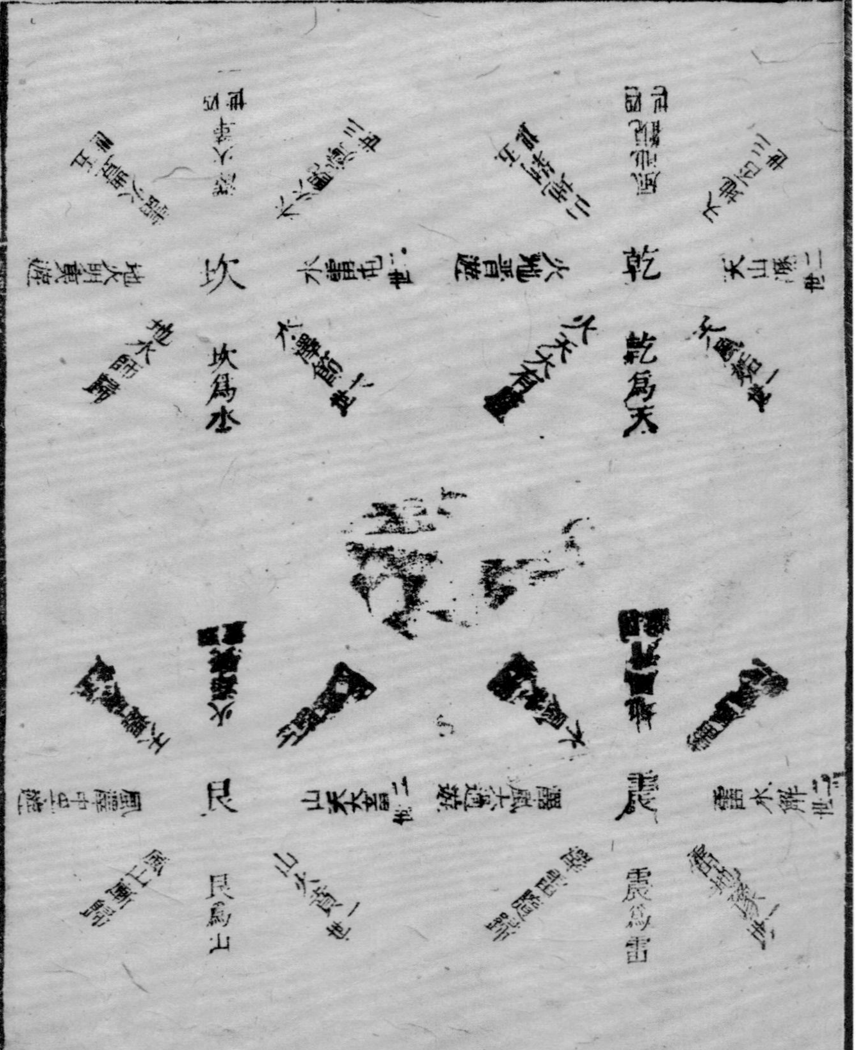

周易

朝爽堂

推之圖

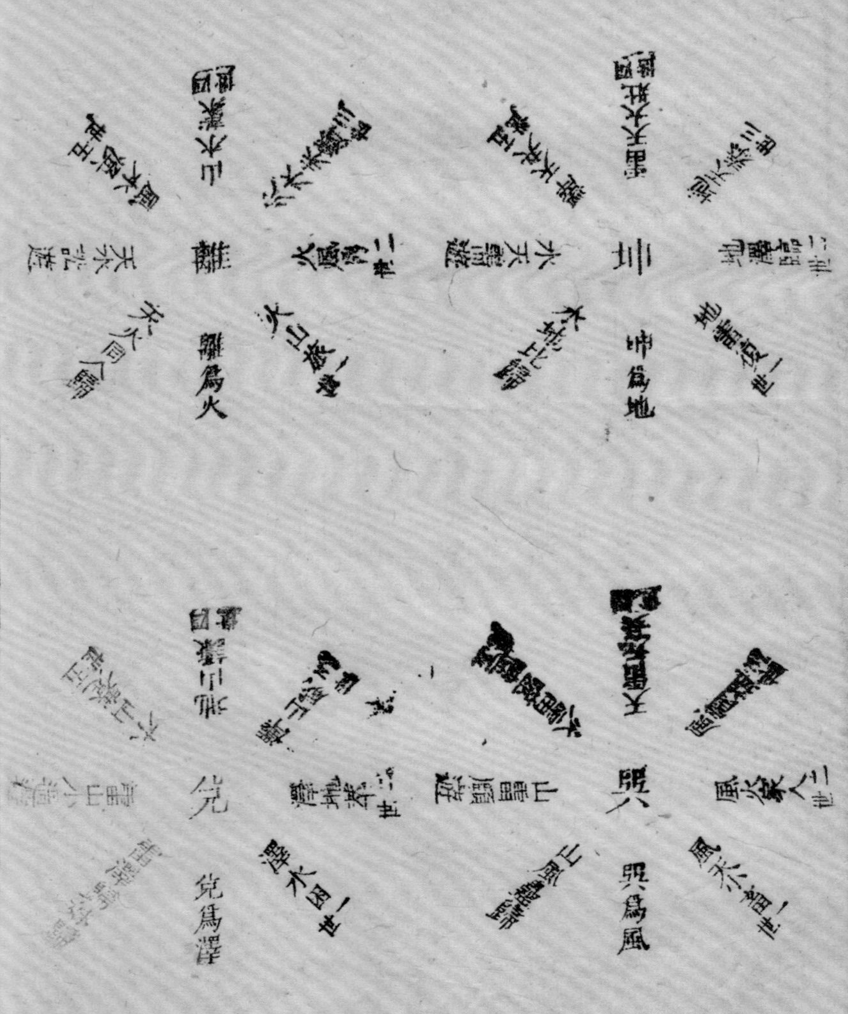

採圖　五十九

乾順進一得姤姤乾之一世自姤進二得遯遯乾之二世自遯進四得否否乾之三世自否進八得觀觀乾之四世自觀進十六而得剝剝乾之五世也上爻不變故三十二數不用彼三十陰三十二陽皆六十四卦上爻耳卦有遊魂歸魂亦以八與十六爲法乾遊魂自剝退八而得晉歸魂自乾進十六而得大有此自然之理也坤逆進亦以此準焉

震退一得豫自豫進二得解自解進四得恒退八得升自升進十六得井而五世備遊魂則自井進八而得大過歸魂則自本卦進十六而得隨焉巽亦如之

坎右進一節退二屯自屯進四既濟進八革自革退十六得豐

而五世備矣遊魂則自豐退八而得明夷歸魂則自本卦退十六而得師焉離亦如之

艮右退一賁自賁退二大畜退四損自睽退十六履而五世備遊魂則自履進八而得中孚歸魂則自本卦退十六得漸兌亦如之

周易

六十四卦變通之圖

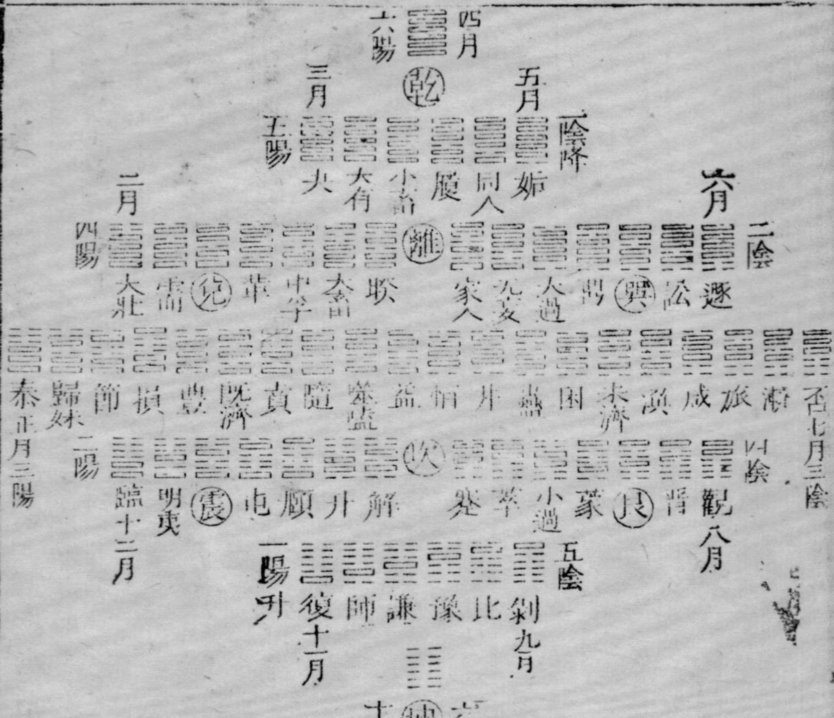

按朱子謂參同契以乾坤爲鼎器坎離爲藥物餘六十卦爲火候今以此圖推之蓋以人身形合之天地陰陽者也乾爲首而居上坤爲腹而居下離爲心坎爲腎心火也腎水也故離上而坎下陽起于復自左而升由人之督脈督脈陽脈也起自尻循脊背而上走于首陰起于姤自右而降由人之任脈任脈陰脈也至自咽循膺胸而下止于腹也上二十卦法天天者陽之輕清故皆四陽五陽之卦下二十卦法地地者陰之重濁故皆四陰五陰之卦中二十卦象人人者天地之德陰陽之交故皆三陰三陽之卦亦如人之經脈手足各有三陰三陽也又人上部法天中部法人下部法地亦其義也由是言之則參同之義不誣矣若夫恒卦居中則書所謂若有恒性傳所謂恒以一德孟子所謂恒心而恒之彖曰日月得天而能久照四時變化而能久成聖人久于其道而天下化成觀其所恒而天地萬物之情可見矣

朝爽堂

六十四卦反對變與不變圖

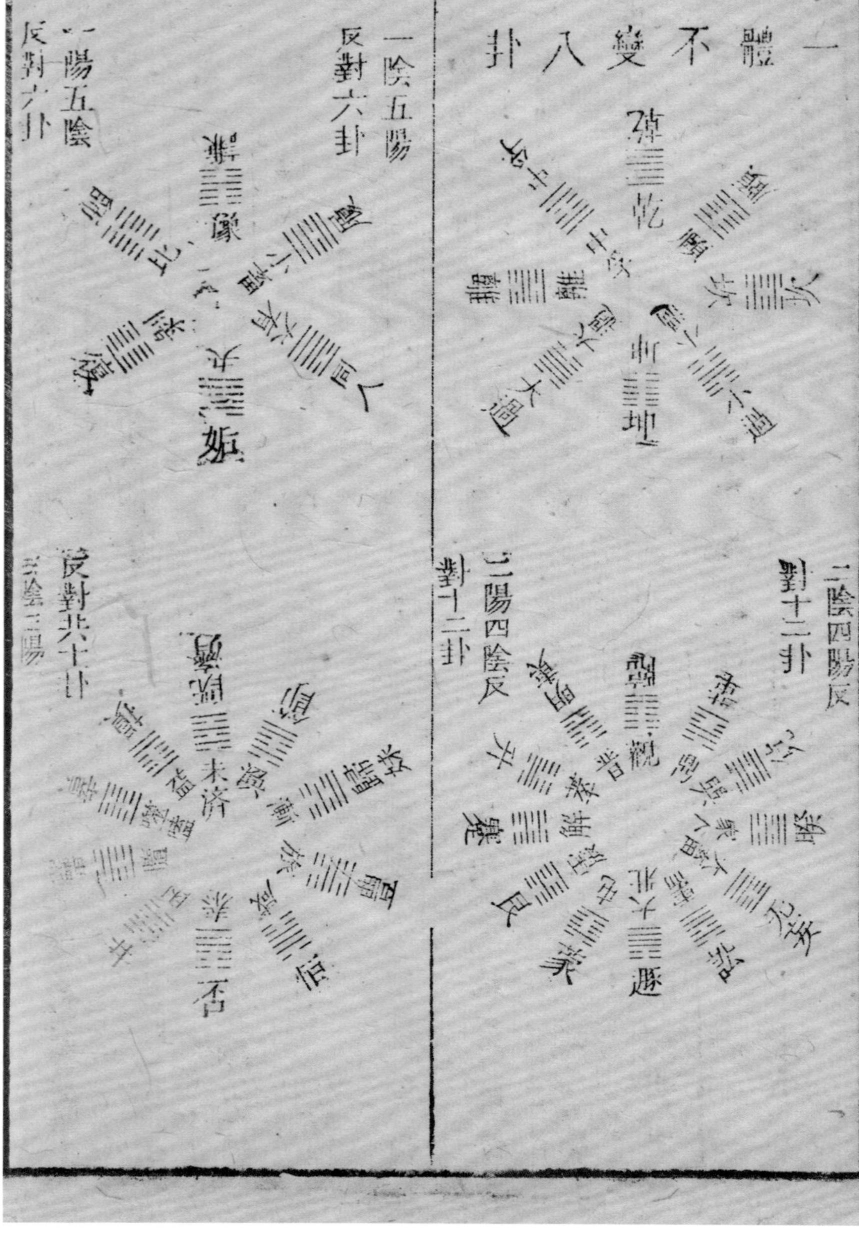

易道不過一陰一陽雖曰太極生兩儀兩儀即陰陽也兩儀生四象四象即陰陽之老少也四象生八卦八卦即陰陽之生生也八卦重而爲六十四卦六十四卦即陰陽之生生不窮也是圖也一體不變者八一陽五陰一陰五陽反對者各六二陽四陰二陰四陽反對者各十二而三陰三陽反對各十自卦象觀之雖有變與不變之殊相對相反之別不過陰陽奇耦升降錯綜而已天地自然之造化固如此圖象之布列非有意以安排也人惟即其象之可見以求其不可見則形上形下一以貫之而陰陽生生不測者流通充滿觸處皆然矣

八卦不變圖例

卦凡八宮宮凡八卦變者七卦不變者一卦凡八卦不變以統五十六卦之變天太陽其變天太陽故乾之乾乾不變地太陰故坤之坤坤不變天少陰其變地太陽故兌之巽中孚不變地太陽其變天少陰故巽之兌大過不變天少陽其變天少陽故離之離離不變地少陰其變地少陰故坎之坎坎不變天少陰其變地少陽故艮之震頤不變地少陽其變天少陰故震之艮小過不變

八卦變例

重乾天太陽之極而地太陰生焉乾不變其變地坤重坤地大陰之極而天太陽生焉坤不變其變地乾中孚天少陰之極而

地少陽生焉中孚不變其變也小過小過地少陽之極而天少陰生焉小過不變其變也中孚重離天少陽之極而地少陰生焉離不變其變也坎重坎地少陰之極而天少陽生焉坎不變其變也離頤天太陰之極而地太陽生焉頤不變其變也大過大過地太陽之極而天太陰生焉大過不變其變也頤

三才之圖

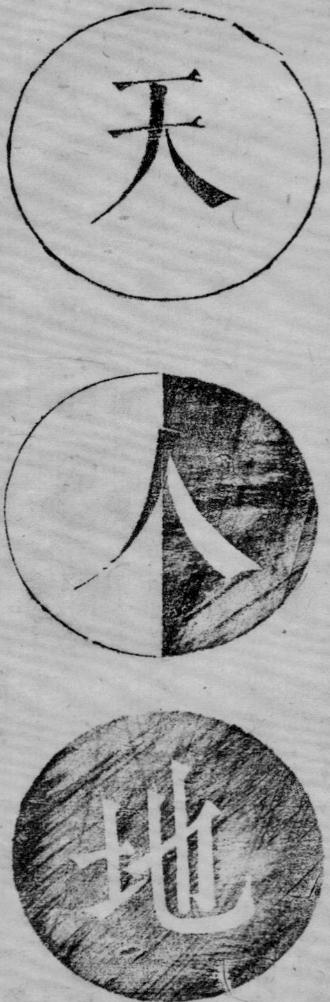

周易　　朝爽堂

易曰窮理盡性以至於命所以謂之理者物之理也所以謂之性者天之性也所以謂之命者處理性者也所以能處理性者非道而何是知道爲天地之本天地爲萬物之本以天地觀萬物則萬物爲物以道觀天地則天地亦爲萬物道之道盡之于天矣天之道盡之于地矣天地之道盡之于物矣天地萬物之道盡之于人矣人能知其天地萬物之道所以盡于人者然後能盡民也天之能盡物則謂之曰昊天人之能盡民則謂之曰聖人謂昊天能異乎萬物則非所以謂昊天也謂聖人能異乎萬民則非所以謂之聖人也萬民與萬物同則聖人固不異乎昊天者矣然則聖人與昊天爲一道聖人與昊天爲一道則

萬民與萬物亦可以爲一道也一世之萬民與一世之萬物號
可以爲一道則萬世之萬民與萬世之萬物亦可以爲一道也
明矣夫昊天之盡物聖人之盡民皆有四府爲昊天之四府者
春夏秋冬之謂也陰陽升降于其間矣聖人之四府者易詩書
春秋之謂也禮樂污隆于其間矣春爲生物之府夏爲長物之
府秋爲收物之府冬爲藏物之府號物之庶謂之萬雖曰萬之
又萬其庶能出此昊天之四府者乎易爲生民之府書爲長民
之府詩爲收民之府春秋爲藏民之府號民之庶謂之萬雖曰
萬之又萬其庶能出此聖人之四府者乎昊天之四府者時也
聖人之四府者經也昊天以時授人聖人以經法天天人之事

當如何哉仁配天地謂之人唯仁者眞可謂之人矣氣者神之宅也體者氣之宅也天六地四天以氣爲質而以神爲神地以質爲質而以氣爲神唯人兼乎萬物而爲萬物之靈如禽獸之聲以其類而各能得其一無所不能者人也推之他事亦莫不然唯人得天地日月交之用他類則不能也人之生眞可謂之貴矣天地與其貴而不自貴是悖天地之理不祥莫大焉

周易

伏羲六十四

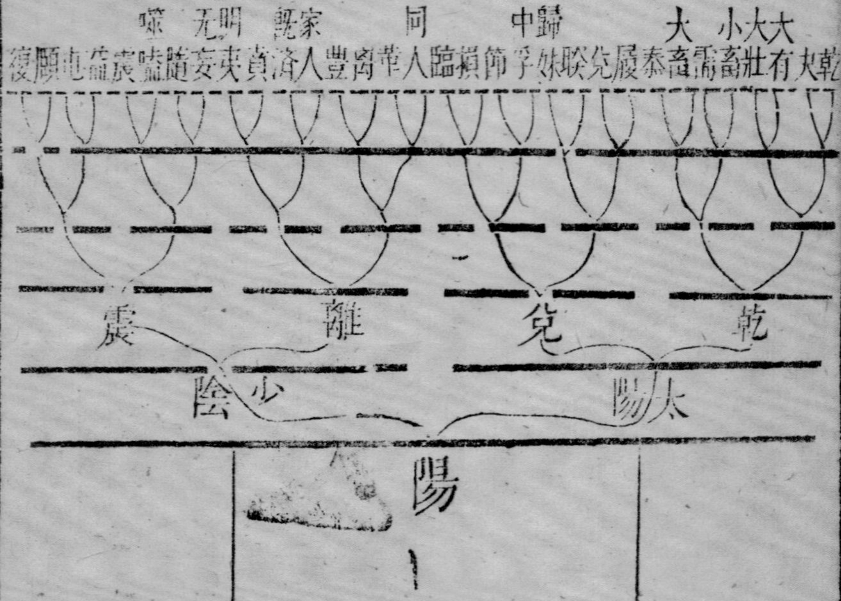
乾 夬 大有 大壯 小畜 需 大畜 泰 履 兌 睽 歸妹 中孚 節 損 臨 同人 革 離 豐 家人 既濟 賁 明夷 无妄 隨 噬嗑 震 益 屯 頤 復
乾 兌 離 震
太陽 少陰
陽

朝爽堂

卦次序橫圖

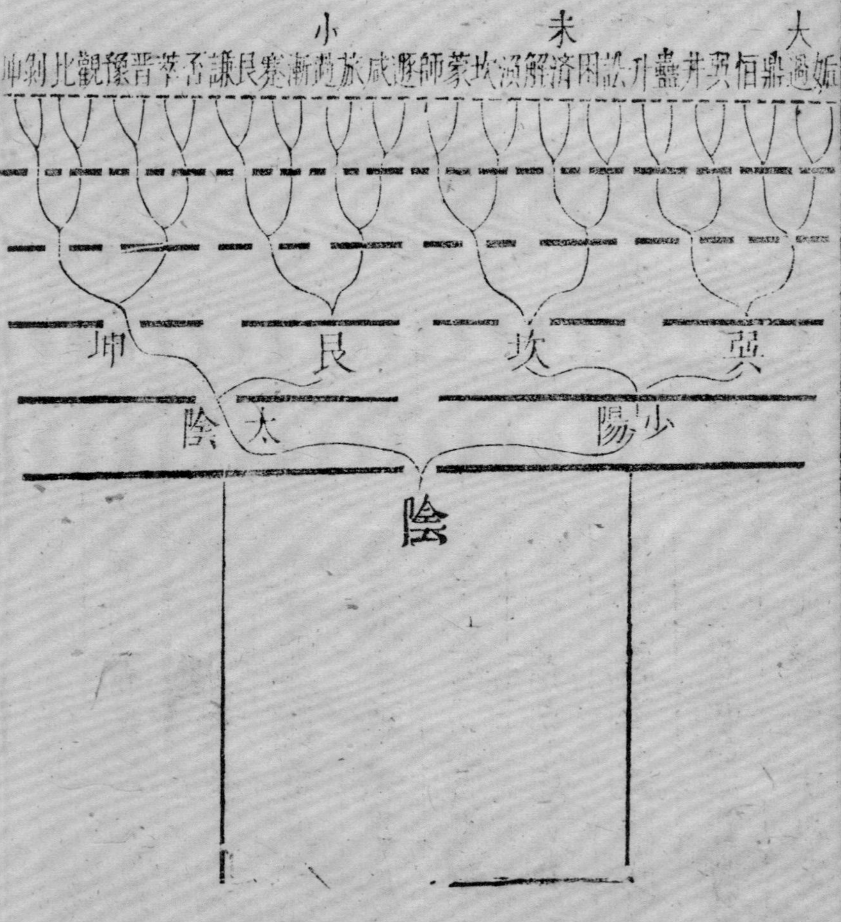

六十四卦橫圖序

乾一兌二離三震四巽五坎六艮七坤八而爲八卦八而十六則兩儀之上各加八卦又八卦之上各加兩儀也十六而三十二則四象之上各加八卦又八卦之上各加四象也三十二而六十四則八卦之上各加八卦下三畫則八乾八兌八離八震八巽八坎八艮八坤上三畫則乾一兌二離三震四巽五坎六艮七坤八各若八卦之上皆自然不容已者豈待文王而後重也周禮三易經卦皆八其別皆六十四周禮至劉歆時方出子雲不見周禮故以重易爲文王不知十三卦制器皆取已重之卦矣文王易即伏羲已重之卦而謂其改變位序也曷據哉

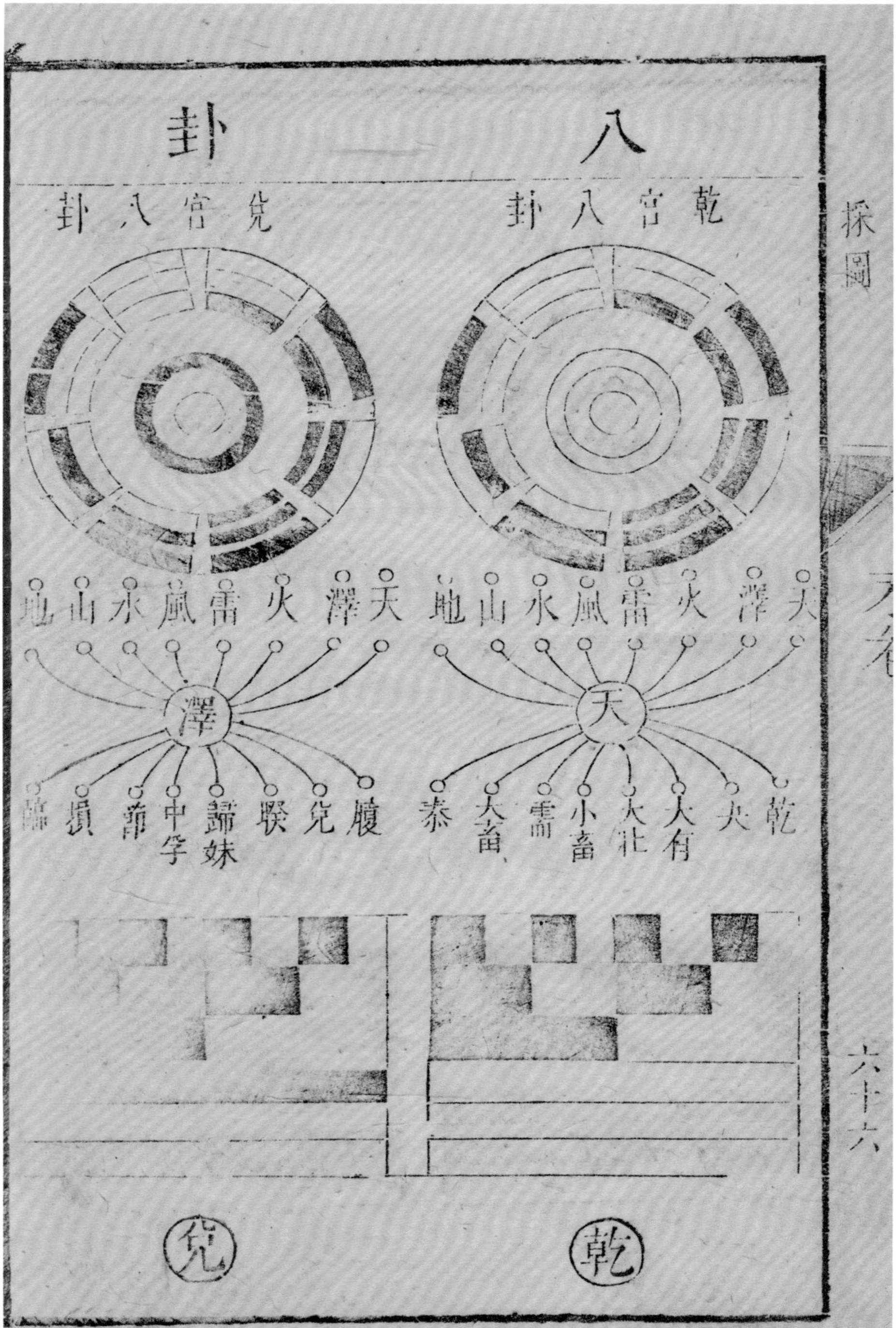

八卦
乾宮八卦
兌宮八卦
天 澤 火 雷 風 水 山 地
天 澤 火 雷 風 水 山 地
天
澤
乾 夬 大有 大壯 小畜 需 大畜 泰
履 兌 睽 歸妹 中孚 節 損 臨
乾
兌
採圖
六十六

周易 卷 朝爽堂

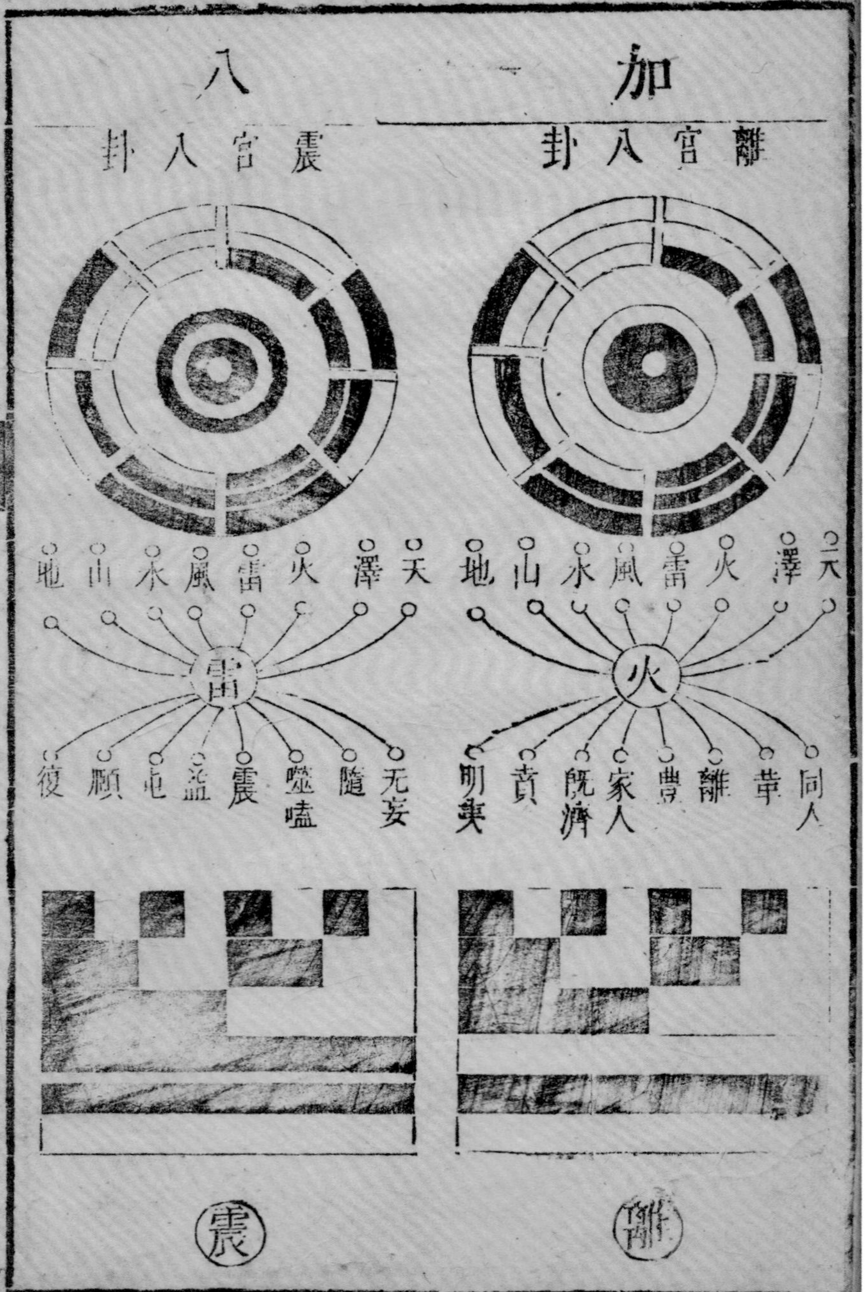
加一八
離宮八卦
震宮八卦
天 澤 火 雷 風 水 山 地
火
同人 革 離 豐 家人 既濟 賁 明夷
離
天 澤 火 雷 風 水 山 地
雷
无妄 隨 噬嗑 震 益 屯 頤 復
震

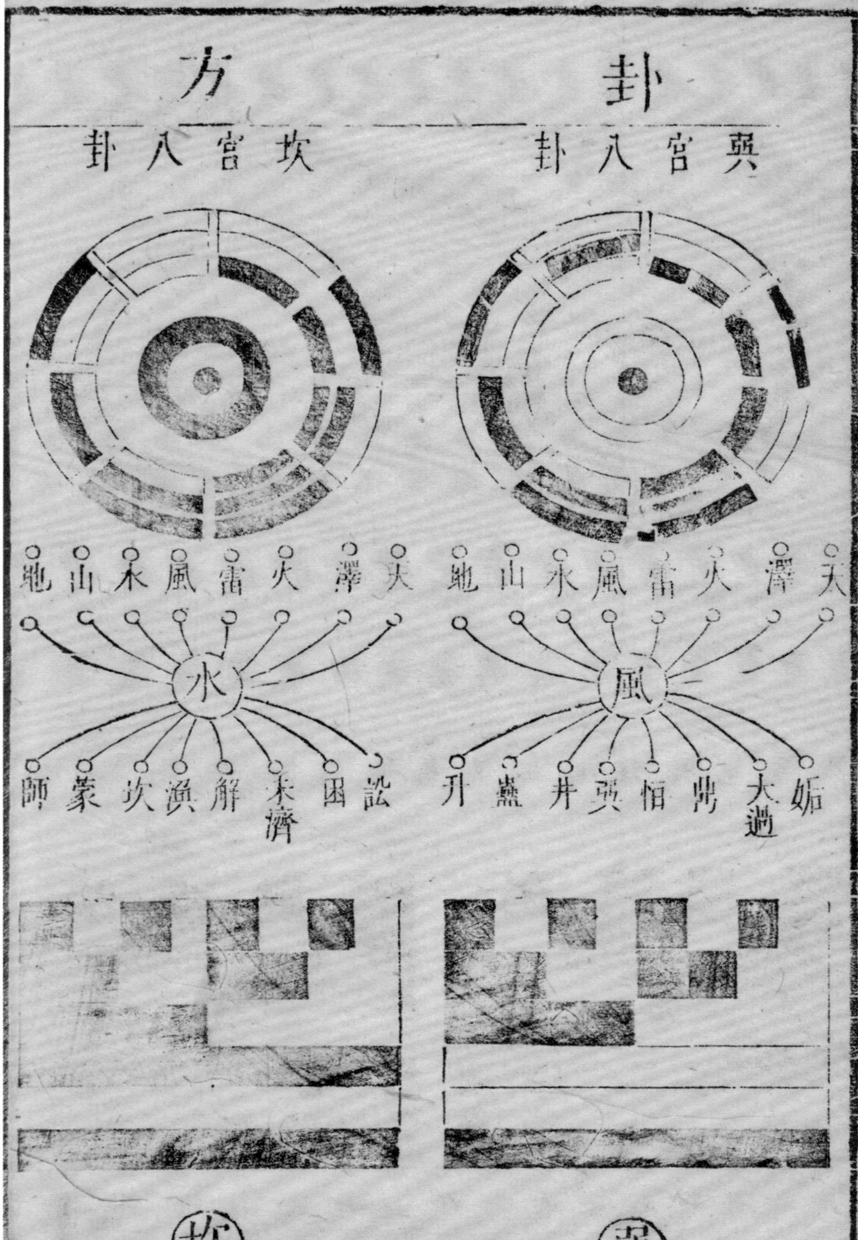
卦方
巽宮八卦
坎宮八卦
天
澤
火
雷
風
水
山
地
風
水
姤
大過
鼎
恒
巽
井
蠱
升
訟
困
未濟
解
渙
坎
蒙
師
巽
坎

圓圖

艮宮八卦

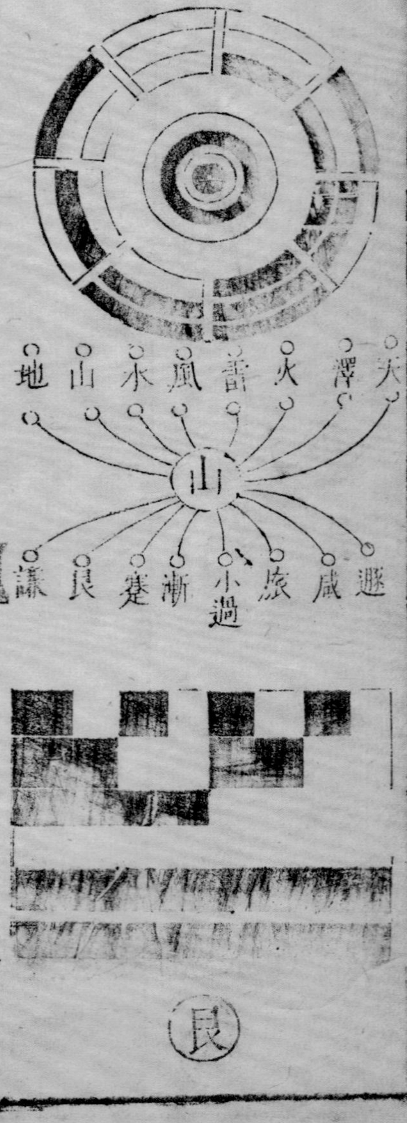

坤宮八卦

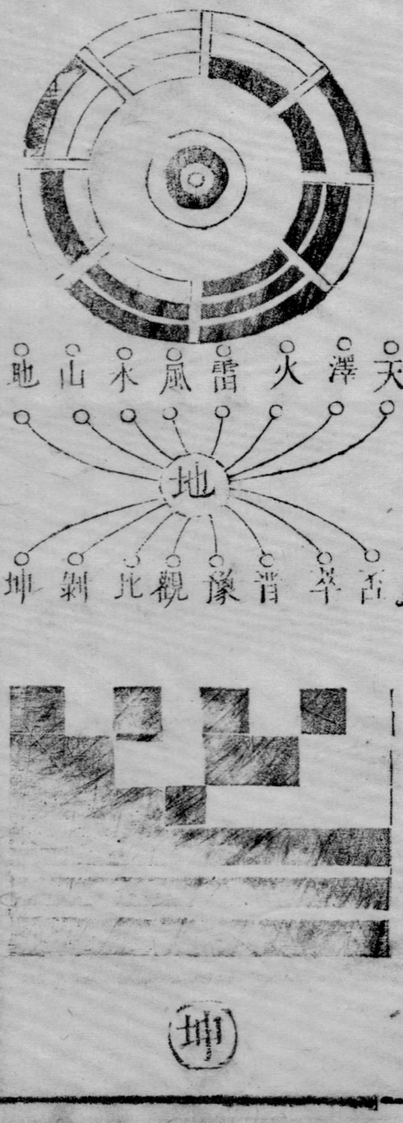

周易　朝爽堂

是圖也八卦之上各加八卦而成六十四卦即前之横圖是也但乾一兑二離三震四巽五坎六艮七坤八卦之與數豈安排而强合之哉一爲乾固于本卦一位上見之二爲兑即于本卦二位上見之三爲離四爲震五爲巽六爲坎七爲艮八爲坤莫不然也况即乾之一宫其八卦次序固依一二三四五六七八整然不亂而各宫皆然可見六十四卦聖人無一毫增損于其間矣

六十四卦生自兩儀圖

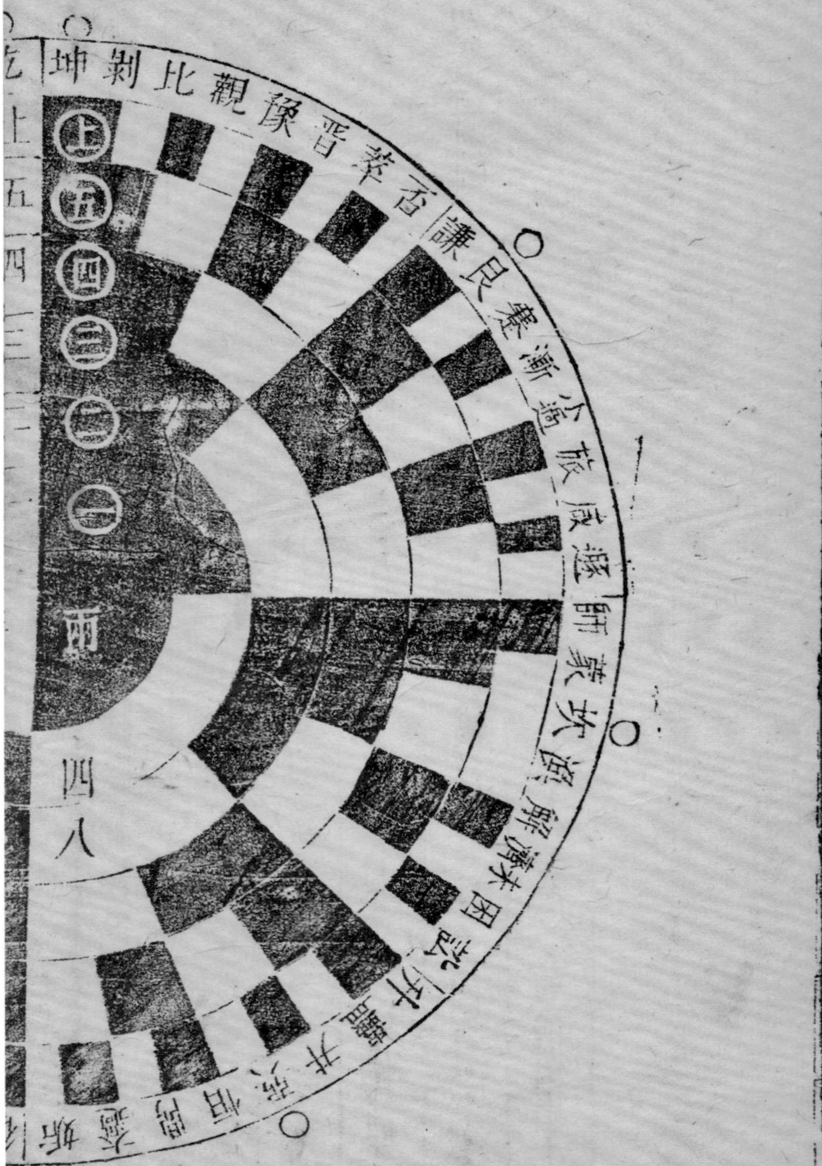

是圖也六十四卦始乾終坤其實只是陰陽迭爲消長循環無端雖爻至三百八十四亦只是陰陽二者而已故曰一陰一陽之謂道

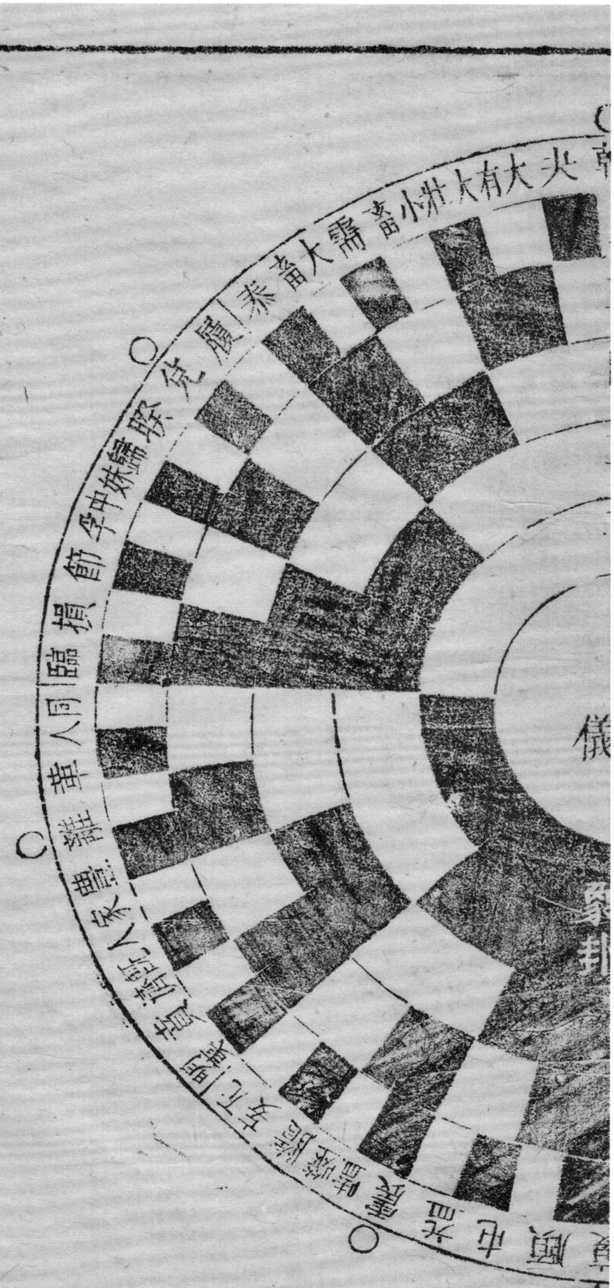

六十四卦陰陽倍乘之圖

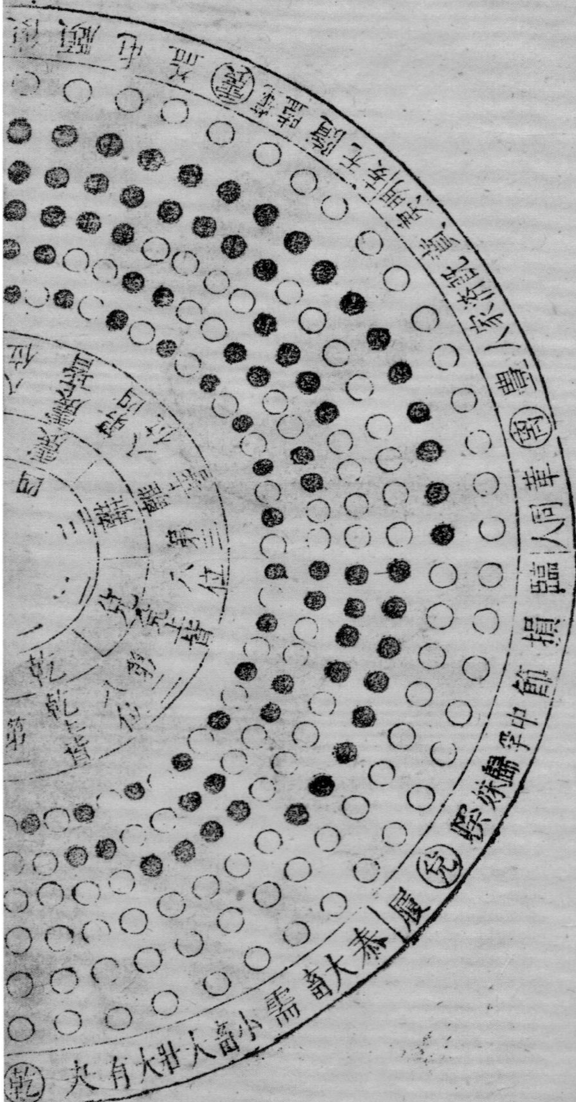

是圖也乾一兌二離三震四巽五坎六艮七坤八一皆自然而

然兌自復至乾皆上生自姤至坤皆下生要[illegible]陰陽倍乘焉耳

觀象自見

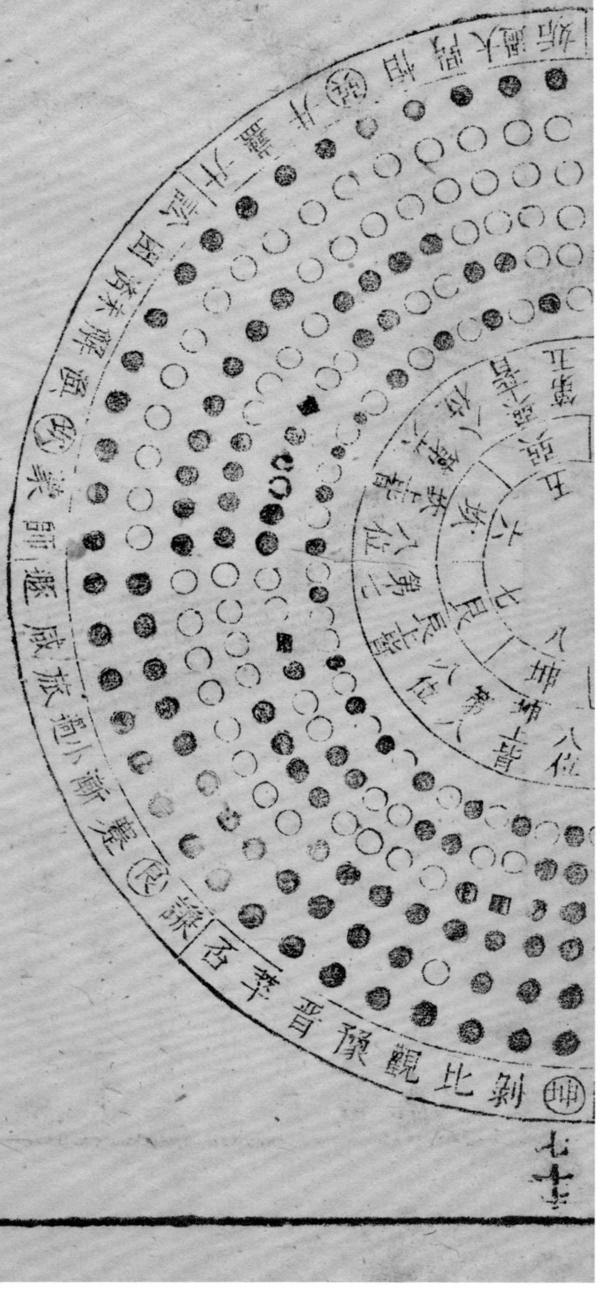

七十三

造化象數體用之圖

物之初生也氣之至也既生而象具焉是數爲象先也象既有矣而數復因象而行焉是象又爲數之先也故數之生象者先天也象之生數者後天也先天者生物之原也後天者成物之始也大矣哉數乎萬物之宗萬有之本也

造化之幾圖

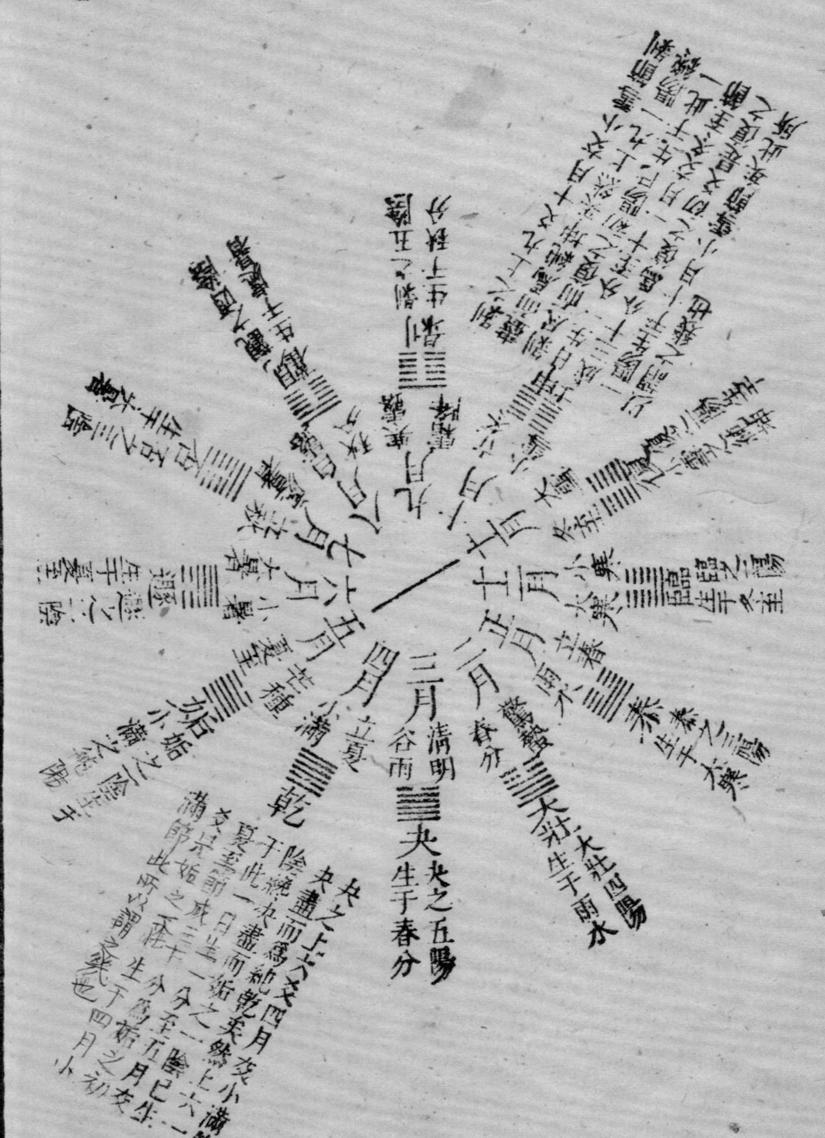

三月 清明 谷雨
夬之五陽生于春分
大壯四陽生于雨水
四月 立夏 小滿
五月 芒種 夏至
六月 小暑 大暑
七月 立秋
九月
十月
十一月
十二月 小寒 大寒
正月 立春 雨水
二月 驚蟄 春分

周易

六十四卦致用之圖

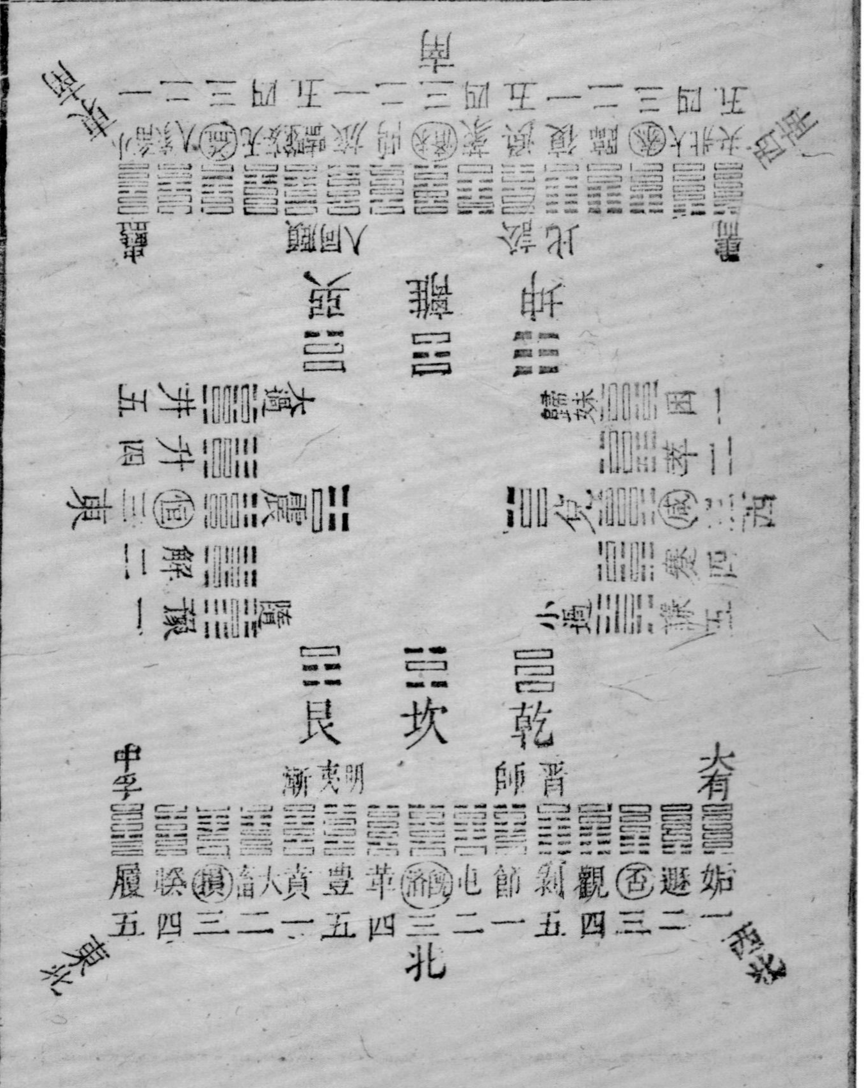

朝爽堂

乾起於西北者天傾西北之義乾既位西北則坤當位東南以地不滿東南故巽長女代居其位巽亦先天兌之反也是以坤退居西南三爻皆變而之乾乾三爻皆變而之坤互相反對而乾坤之位縱矣離火炎上而居南坎水潤下而居北坎三爻皆變而之離離三爻皆變而之坎亦互相反對而坎離之位縱矣艮反先天震而位乎東北巽反先天兌而位乎東南艮三爻皆變而之兌反而觀之則爲巽巽三爻皆變而之震反而觀之則爲艮亦互相反對而艮巽之位縱矣電激而雷故震居正東先天離位離火炎上故以上爻亦震三爻皆變而之艮反而觀之則爲震故震兌左右相反對而其位橫矣邵子[illegible]橫而六

卦變易之用也至哉言乎惟其如此故今時所傳卜筮宮卦亦乾坤相反坎離相反震兌相反艮巽相反乾宮之垢自坤而反觀之則爲夬乾之遯反坤之大壯乾之否反坤之泰乾之觀反坤之臨乾之剝反坤之復也坎宮之節自離而反觀之則爲渙坎之屯反離之蒙坎之旣濟反離之未濟坎之革反離之鼎坎之豐反離之旅也艮宮之賁自巽而反觀之則爲噬嗑艮之大畜反巽之无妄艮之損反巽之益艮之睽反巽之家人艮之履反巽之小畜也震宮之豫自兌而反觀之則爲謙震之解反兌之蹇震之恒反兌之咸震之升反兌之萃震之井反兌之困也其遊魂歸魂二卦謂其不在八宮正變之例以本宮第五爻變

而得外體之卦內三爻皆變則爲遊魂曰遊者自內而之外也第五爻變而內三爻不變則爲歸魂曰歸者自外而反內也周旋左右升降上下王者之禮法盡於是矣

帝出震圖

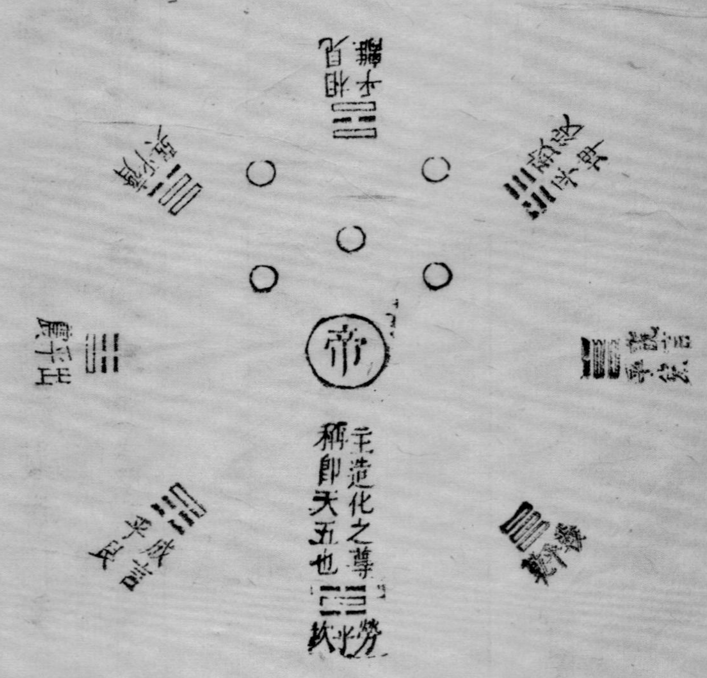

希夷曰正位稱方故震東離南兌西坎北四維言位故艮東北巽東南乾西北坤獨稱地者蓋八方皆統于地也兌言正秋亦不言方位者舉正秋則四方之主時爲四正類可見矣離稱相見以萬物皆見于此也兌稱說者以正秋非萬物所說之時惟以兌體爲澤澤者物之所說而不取其時焉艮稱成言者以艮之體終止萬物無生成之義今以生成爲言者以艮連于寅也故特言之坤加致字者以其致用于乾也觸類皆然

帝出乎震此帝字合下成言乎艮而統言之蓋謂八者乃帝之所主也出乎震者帝以震出萬物耳故下文曰萬物出乎震者以帝自出爲義則齊乎巽亦帝自齊相見乎離亦帝自相見乎可見分之爲八固有震巽離坤兌乾坎艮之不同而合之爲一孰非帝之所爲乎

復見天地之心圖

彖曰復其見天地之心乎
初九不遠復无祇悔元吉
象曰不遠之復以脩身也

繫辭曰復德之本也
復小而辨于物
復以自知

邵子詩曰耳目聰明男子身洪鈞賦予不爲貧須探月窟方知物未躡天根豈識人乾遇巽時觀月窟地逢雷處見天根天根月窟閑來往三十六宮都是春

冬至子之半天心无改移一陽初動處萬物未生時玄酒味方淡太音聲正希此言如不信更請問包羲

天高地下渾兮闢兮二氣絪緼莫知端倪屈伸摩盪變化無方成象成形洋洋乎充塞於兩間矣果孰主張是哉不可得而形容不可得而名狀渾淪無端謂之太極空洞無際謂之太虛眞精不二謂之大一生化莫測謂之大造高明博厚其形體也覆載發育其功用也陰陽剛柔神妙萬物皆所以言天地而非所以言天地之心也天地之心且不知何所指而欲見其心爲難矣哉復卦彖傳曰復其見天地之心乎天地之心何心也親上親下類聚羣分化機滿盈孰非天地生生之心乎雖純陰純陽冲漠無朕而萬象已森然其具在焉況天地之心本無間斷從開闢以來無一日不生無一息不生淵淵浩浩無從而見之也

聖人教人惟于雷在地中一陽起于五陰之下其卦名曰復可見其心焉何哉乾知大始坤作成物一陽之復即乾陽也乾陽復于坤陰之初則其作成物已于此乎知大始矣一歲之間大生廣生品物流形滿腔子生意盎然莫不由冬至一陽以鼓其化生之機天地生物之心不即此而見之乎蓋天地以生物爲心物必陽氣而生也玩其卦畫一陽復于五陰之下而得意忘象亦可以默識矣

五聖制器尚象圖

䷝ 離下離上 離 重離有巽體巽繩離目有罔罟象

䷩ 震下巽上 益 巽木入于前耒象震木動于後耜象

䷔ 震下離上 噬嗑 市離虛象致民震出象聚貨艮止象又藏山海之寶象交易否初五爻得所陰陽均

䷀ 乾下乾上 乾 乾在天乾上衣象

䷁ 坤下坤上 坤 坤在地坤下裳象

䷺ 坎下巽上 渙 巽木坎亦堅木刳剡巽伏兌金象方成舟楫又巽木行坎水象

䷐ 震下兌上 隨 初至四似離牛象震馬象

䷏ 坤下震上 豫 坤為戶艮為門闕重門之象艮手遇震木擊柝也暴客震躁也

䷽ 艮下震上 小過 震木兌金斷之艮土止震動而有兌金揉之又上動下止杵臼之象

䷥ 兌下離上 睽 兌為巽木之反有弓象巽繩又弦象坎堅木兌金剡為矢象

䷡ 乾下震上 大壯 震木在上為棟乾在木下為宇兌澤雨象震伏巽風象

䷛ 巽下兌上 大過 巽木兌反體亦為巽木四陽在中有棺槨象

䷪ 乾下兌上 夬 乾兌本同生老陽判為二卦今復合成夬有書契判合象金象行天又有揭木之象

上十三卦夫子述五聖人制器尚象之事也器無窮卦之象亦無窮豈特十三卦為然哉夫子特舉此以發其例耳觀此則聖人之用易豈盡假卜筮以用之而卜筮一端豈足以盡易哉

蓍之德圓而神

聖人以此洗心退藏於密

天衍之數五十

心

易

其用四十有九

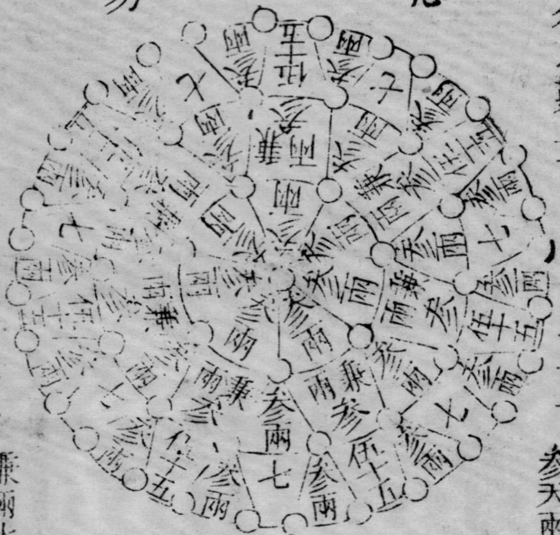

五十

合中一皆

參天兩地

虛中

一環

觀皆

七縱

觀皆

七七

七四

十九

兼兩七皆

本一

參伍十五

聖人以此齊戒以神明其德夫

按太衍圖有太極兩儀四象之象內含河圖洛書之數中一象天樞北辰不動所謂太極本无極故不用內一環即所謂太極爲七者一應紫微垣中斗樞第二環爲七者二應太微垣內兩樞左上陳星七右下罡星七所謂太極分爲兩儀也外一環爲七者四應天市垣列宿二十有八所謂兩儀分爲四象也斗杓所指魁罡所臨璇璣齊七政以閏月定時成歲此六十四卦三百八十四爻所由生其策萬有一千五百二十以當萬物之數也

卦之德方以知

太陽居一含九　其五十一五爲所居其一九所得之策四九所揲之策也

少陰居二含八　其五十二五爲所居其二八所得之策四八所揲之策也

老陽九

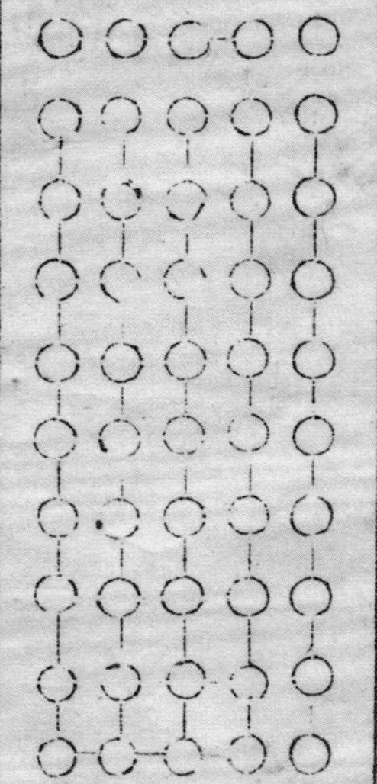

少陰八

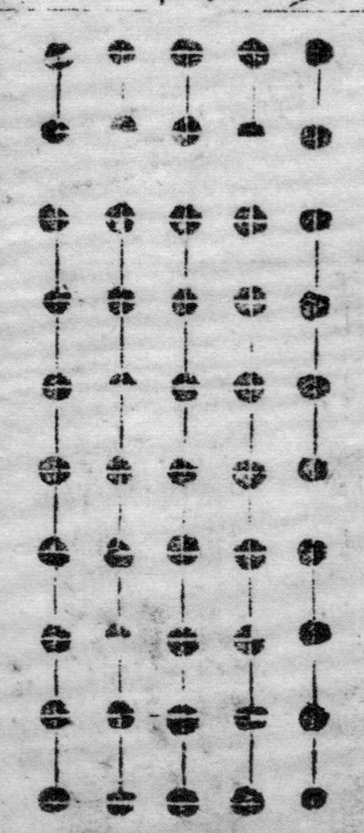

少陽居三含七　其五十三五爲所居其一七所得之策四七所揲之策也

太陰居四含六　其五十四五爲所居其二六所得之策四六所揲之策也

少陽七

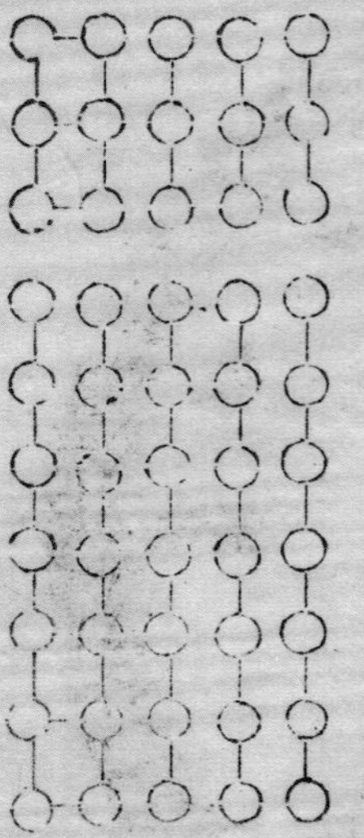

老陰六

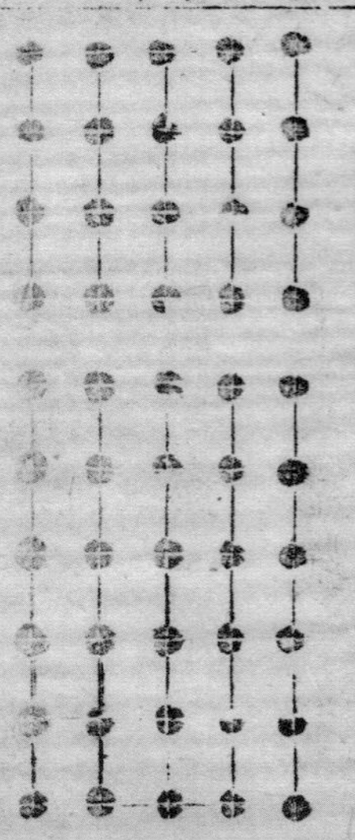

九九圓數圖

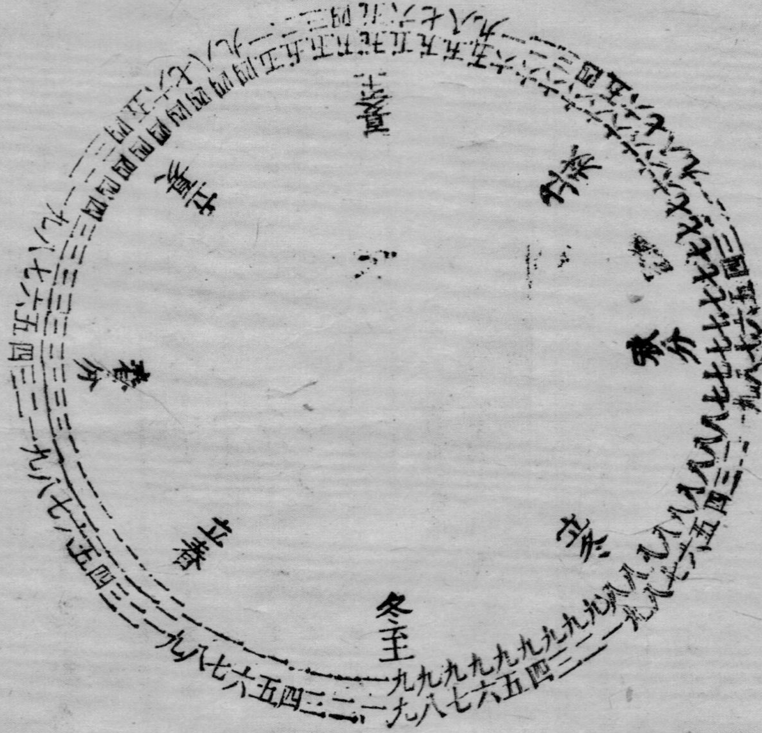

參兩會極
數一參一得三三二
生九地數二兩二
得四四生八以一
而九天之所以周
流而不已以二而
八地之所以對待
而不移天之道盡
于九九祿地爲有
餘地之道盡于八

九九方數圖

九一八一七一六一五一四一三一二一一一

九二八二七二六二五二四二三二二二一二

九三八三七三六三五三四三三三二三一三

九四八四七四六四五四四四三四二四一四

九五八五七五六五五五四五三五二五一五

九六八六七六六六五六四六三六二六一六

九七八七七七六七五七四七三七二七一七

九八八八七八六八五八四八三八二八一八

九九八九七九六九五九四九三九二九一九

八覩天爲不足然天用用而不用體故藏其體之九以從地地用體而又用用故加其用之八以應天九八合而歲功成矣

溟漠之間兆朕之先數之原也有儀有象判一而兩數之分也日月星辰垂於上山嶽川澤奠於下數之著也四時迭運而不窮五氣以序而流通風雷不測雨露之澤萬物形色數之化也聖人繼世經天緯地立兹人極稱物平施父子以親君臣以義夫婦以別長幼以序朋友以信數之教也分天爲九野　別地爲九州　制人爲九行　九品任官　九井均田　九族睦俗　九禮辨分　九變成樂　八陣制兵　九刑禁姦　九寸爲律　九分造曆　九筮稽疑　九章命筭　九職任萬民　九賦斂財賄　九式節財用　九府立圜法　九服辨邦國　九命位邦國　九儀命邦國　九法平邦國　九伐正邦國　九

貢致邦國之用　九兩繫邦國之民　營國九里朝城九雉九

階九室九經九緯

古占例圖

內正外悔例

僖十五年秦伐晉卜徒父筮之遇蠱曰正風也悔山也

本正支悔例

二三四爻變以本卦為正支卦為悔國語重耳筮遇正屯悔豫蓋四五凡三爻變也

五不變占一例

畢萬筮遇屯之比初變也

蔡墨曰其乾之同人二變也

晉將納王遇大有之睽三變也

周史筮陳敬仲遇觀之比六變也

南蒯遇坤之比五變也

晉獻筮嫁伯姬遇歸妹之睽六變也

五變占一例

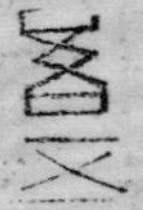

穆姜始往東宮筮遇艮之八史曰是謂艮之隨五皆變二不變也劉禹錫云變五而定一宜從少占是也

俱定本卦彖占例

孔成子筮立衛元遇屯曰利建侯彖辭占也

艮之八辨

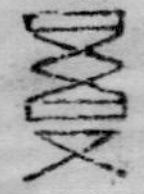

艮之隨亦隨之艮非之隨為八八者何筮法重為老陽數九單為少陽數七交為老陰數六折為少陰數八

貞屯悔豫皆八辨

蓋初與四五皆變不純乎九不純乎六而二三上則純乎少陰故言皆八

俱變依乾坤二用占例

蔡墨對魏獻子曰在乾之坤曰見羣龍无首吉此六爻皆變也

明蓍策

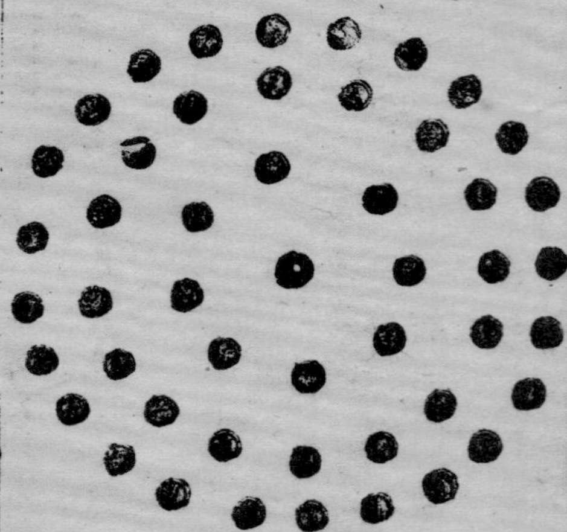

傳曰大衍之數五十其用四十有九

朱子曰大衍之數蓋取河圖中數天五乘地十而得之以五乘十以十乘五而亦皆得五十焉至用以噬則又止用四十有九皆出理勢之自然非人之智力所能損益也

右蓍四十九策綑作一束法太極全體之象其數之所以然蓋總八卦生生爻之實也陽儀之畫七（儀一畫象二畫卦四畫也）陰儀之畫七（儀一畫象二畫卦四畫也）因而七之七七四十有九傳曰蓍之德圓而神圓者其數奇以七圓聚而簇之則有自然之圓矣卦之德方以知方者其數偶以八方比而疊之則有自然之方矣神者妙用不測知者變通不拘蓍陽卦陰蓍動卦靜大易之體用至矣

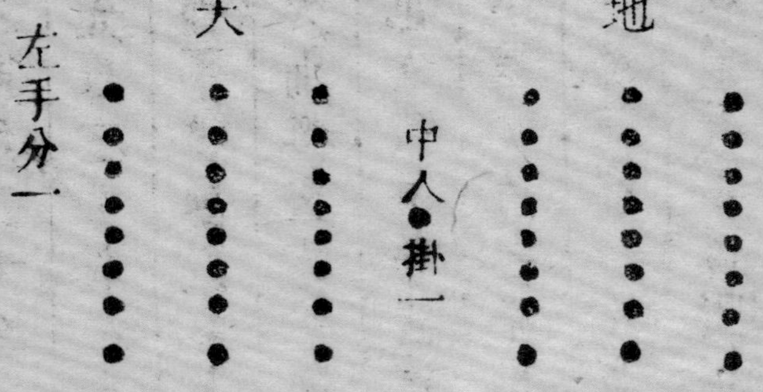

傳曰分而爲二以象兩掛一以象三兩者天地也三者人也掛者懸置也韻會曰置而不用是也舊說掛于小指次指間故訓再扐而後掛不通而以爲明第二變不可不掛一字之訓不明而有不勝其支離矣

右蓍四十有九策分而爲二以象兩儀而掛置之一策于中以象

人左右策四十有八蓋總卦爻之實也八卦經畫二十有四重之則爲四十有八又每卦各八變其爻亦四十有八也其揲法先以左手取左半之策握之而以右手取右半一策掛置于中而不復動以象人居天地之中其陰陽寒暑晝夜變化一聽于天而無與焉一雖無與而常與四十有八者並用參爲三才者也次以右手四揲左手之策而歸其奇或一或二或三或四于小指次指之間謂之扐象三年一閏又以右手取右半之策取三餘三取一餘二取六餘四取四歸于大指中指之間謂之再扐象五年再閏而後掛者謂總所歸二奇置于掛一之所如掛一法韻會同合而置之是也其歸奇之數不四則八無所謂不五卽九

周易　　朝爽堂

得四爲奇一偶四也。于是復合過揲之策，或四十四，或四十分揲歸掛如前法，爲第二變。又合所餘過揲之策，或四十，或三十六，或三十二，分揲歸掛亦如前法，爲第三變。三變之後，然後視其所掛之策，得三奇爲老陽，三偶爲老陰，兩偶一奇以奇爲主爲少陽，兩奇一偶以偶爲主爲少陰。每三變而成一爻，十有八變而成一卦，一卦可變而爲六十四卦，而四千九十六卦在其中矣。

周易

太玄準易卦名圖

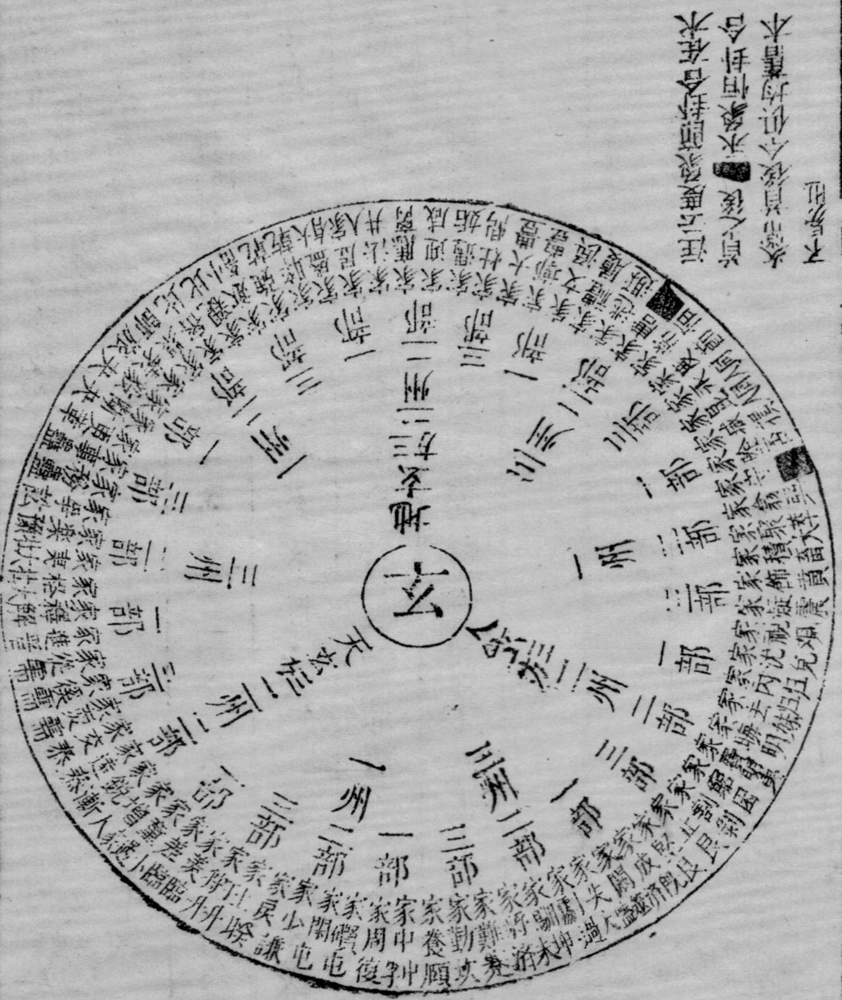

朝爽堂

關子明擬玄洞極經圖

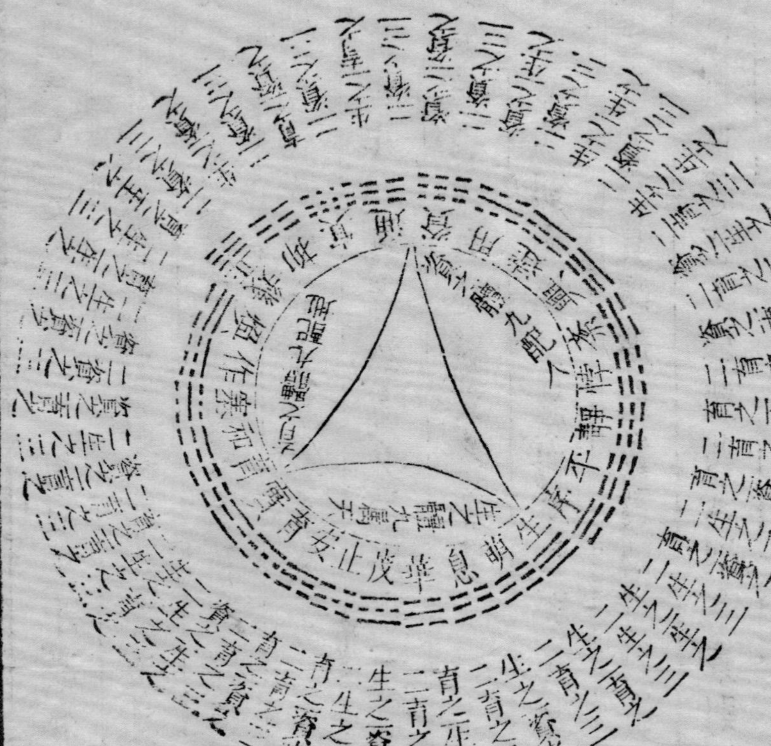

採圖　八十三

涵極雖是擬玄其實只是一生二二生三三生萬物一即一之象其名曰生一即二之象其名曰育一即三之象其名曰資由生而萌息華茂止安育實屬乎天由育而和塞作燠幾抑冥通屬乎地由資而用達與柔悖靜平序屬乎人是三三而九三九而二十七觀其所畫非杜撰者然而不足以窺天地造化之祕則玄且不足以擬易也何有於擬玄之極哉

天地闢萬物生生必萌萌而後息息而華華則茂物不終茂故所以止止然後安安則得其燠燠則實實則可以資矣資必有所用用然後達達則能與物不終與與久則柔柔則悖治悖莫若靜靜則平平則有序序則可以育矣育然後和物不終和和

久則塞決塞必有作作則煥煥則幾矣正矣至正必有抑抑則其物不終其故以通而終焉

潛虛氣圖

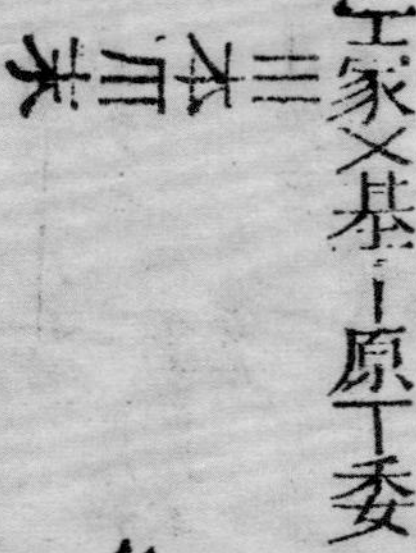

潛虛名圖

一等象王二等象公三等象伯四等象牧五等象率

十家右
十家左

潛虛體圖

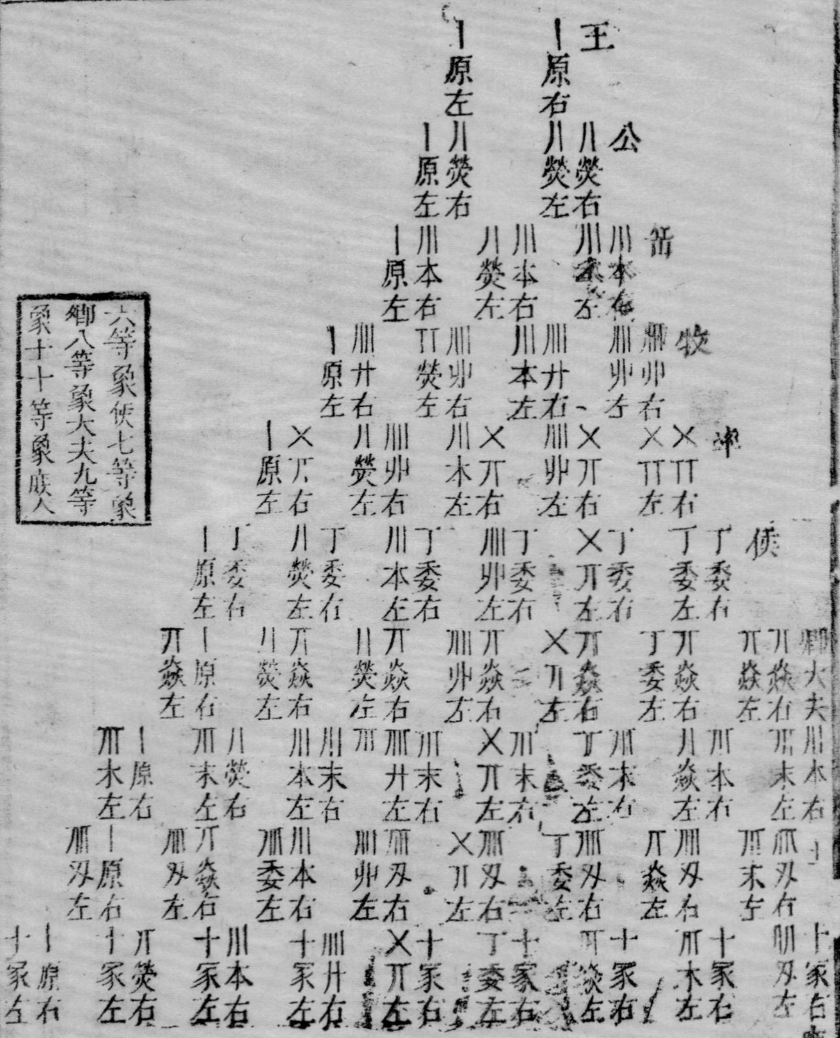

採圖

司馬温公潛虚自叙

萬物皆祖於虚生於氣氣以成體體以受性性以辨名名以立行行以俟命故虚者物之府也氣者生之戸也體者質之具也性者神之賦也名者事之分也行者人之務也命者人之遇也

八十五

河圖中十

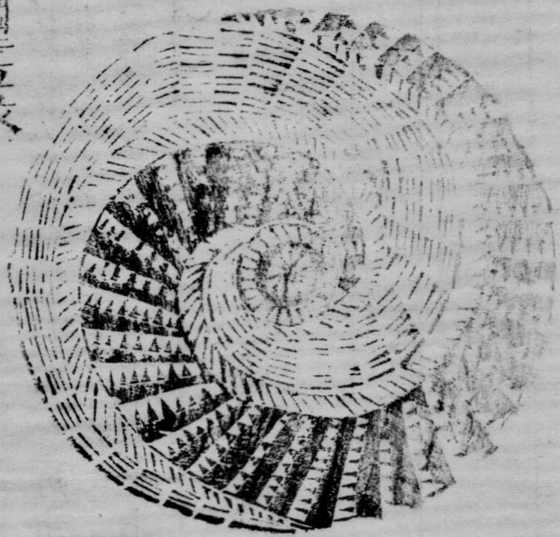

河圖之陽

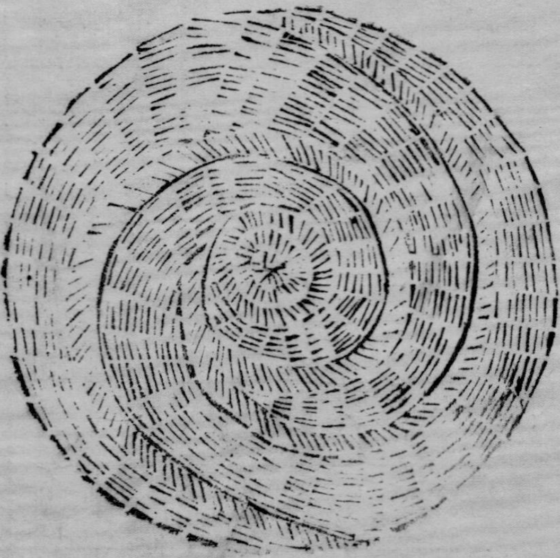

此五圖畫數陰陽旋文各異列之於前發明後之全圖以便閱者

河圖中

河圖中五之四

五之一

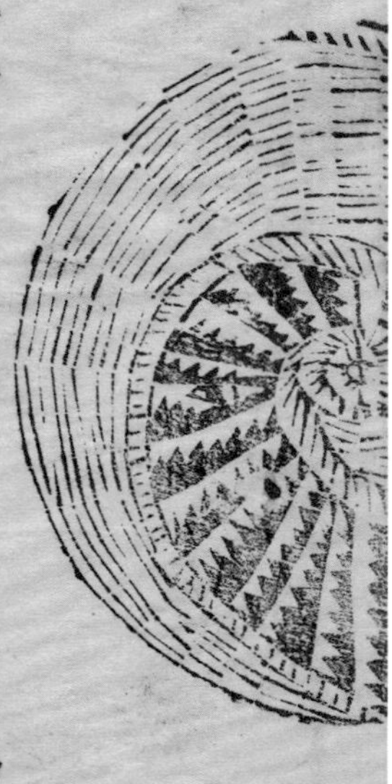

河圖之陰

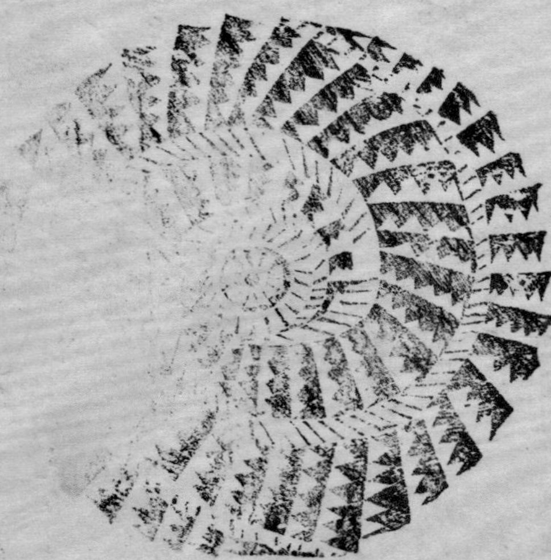

八十六

周易

古河圖

古河圖下一。六上。二七。左三八。右四九。以五十為中。則馬身之旋文。發陰陽之氣數。其象圓。其道合以方。無分開肩偶。五行生成之說。故中五。中十。及中五之四。與夫陽白陰黑。其體而微。即一旋文。無非包括萬物太極之理。相得而各有合者。皆自然之數。豈必成之待生而後有五行之位哉。勉齋黃氏之言。誠得吉矣。

朝爽堂

古洛書

靈龜出于洛龜身甲拆具四十五數戴九履一左三右七二四為肩六八為足而五居中聖人則龜身之拆文畫為洛書然各點皆直如字畫者亦取其象而畫之故名為書也若點數亦圖而圖則非書之義矣此書[illegible]所傳之[illegible]

原圖說

元氣滋化而濕煖生一泡也滋生濕煖熅一爲於是一六二七殊爾水火生水火者同源異用者也火性蒸上蒸上者罔以達罔極必降降下者寒以堅於是三八四九列而木金成木根於水華於火金液於火凝於水水從火火從水也金木者水火之交也一六合爲水首尾去一則中存五二七合爲火首尾去二亦中存五金木亦然水火金木皆五也五土也生生之始終也然一泡之中五者頓具豈相待有哉元氣滋熅水之火也煖蒸濕隨火之水也水之火其氣即木是以木成而火復麗火之水其精即金是以金凝而水復胎金木一水火也火一水也一也頓

具者也分爲兩儀列爲四象盪爲八卦離爲三百八十四爻皆此矣或曰五既稱十中奚曰虛曰豈惟中五即其在水火木金者寧復有哉天一陽也得五以成水地二陰也得五以成火夫陰不可爲陽火不可爲水各一其性故也今爲陽爲陰爲水爲火五其有定性乎無定性則生此五成此五在中此五在水火木金此五知五行之相生而不知其所以生者五耳故五豈塊然有邪虛而已矣昔人有言摶空爲塊見塊而不見空土在天地後也粉塊爲空見空而不見塊土在天地先也亦善言五也雖然猶二也塊與空一也何事摶且粉哉故陰陽一息也天地一泡也圖泡之影卦圖之影也而泡亦影也是以君子貴洞虛焉則未發是已

河圖數起一六

周易

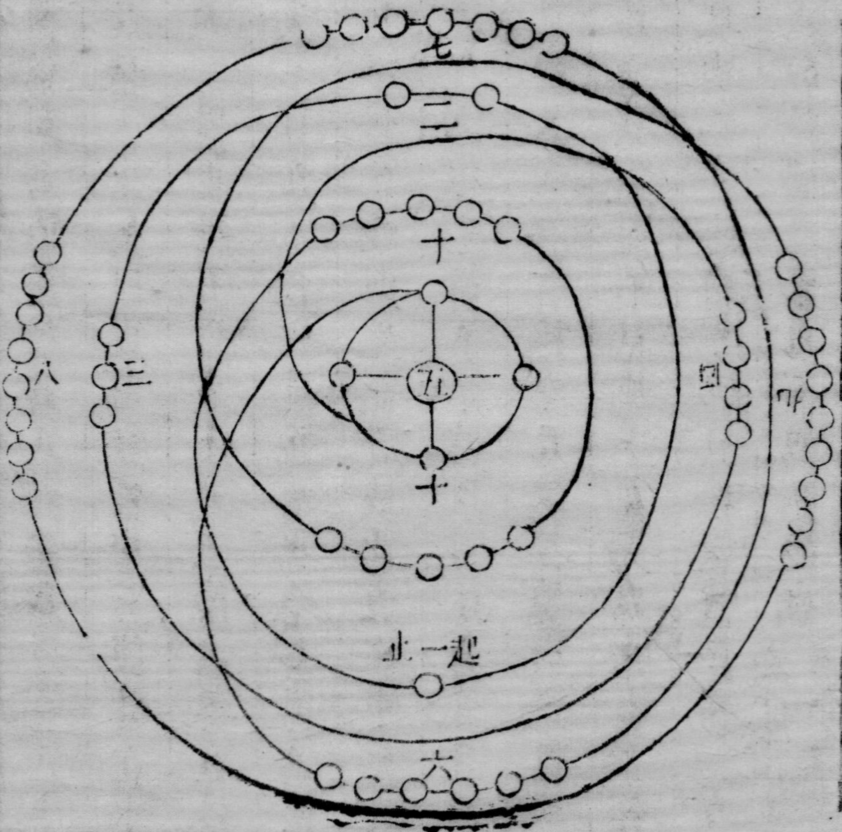

朝爽堂

圖之體在中而用在北故數起於北之一自北而南以生二自南而東以生三自東而西以生四自西而入于中以生五隨氣機之動極而變也自中而出于北以生六自北而南以生七自南而東以生八自東而西以生九自西而入于中以生十入必復出隨氣機之靜極而變也入乘靜機出乘動機動靜有常而流行不息西北者數所出入之門乎陰陽相求而數生焉數始於一而極於九化於二而通於十自北至西則陽數極極則流深不得不入而歸諸十自二至十則陰數極陰極必返不得不出而復于一一以始之九以極之二以化之十以通之數之圓而神也如是夫

河圖奇與偶合

一三五七九

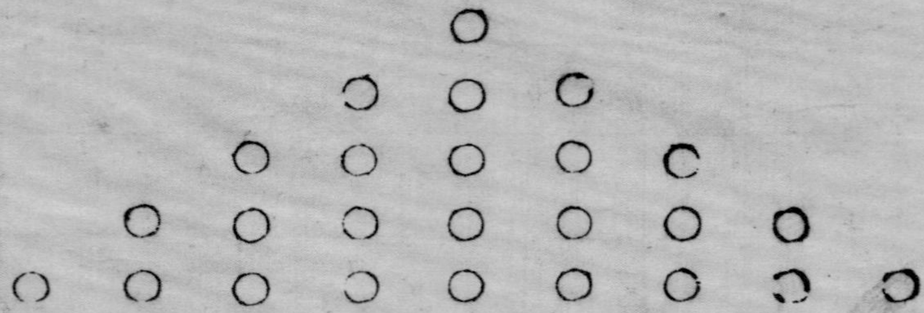

奇之位五

一三五七九積二十五故奇之

二四六八十

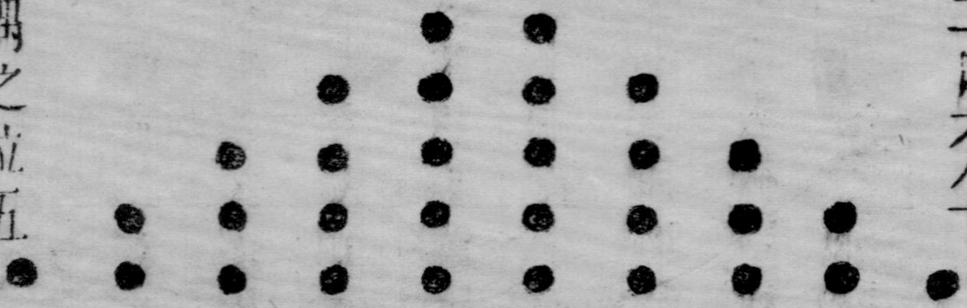

偶之位五

二四六八十積三十故偶贏

周易

興堂

洛書奇多偶少

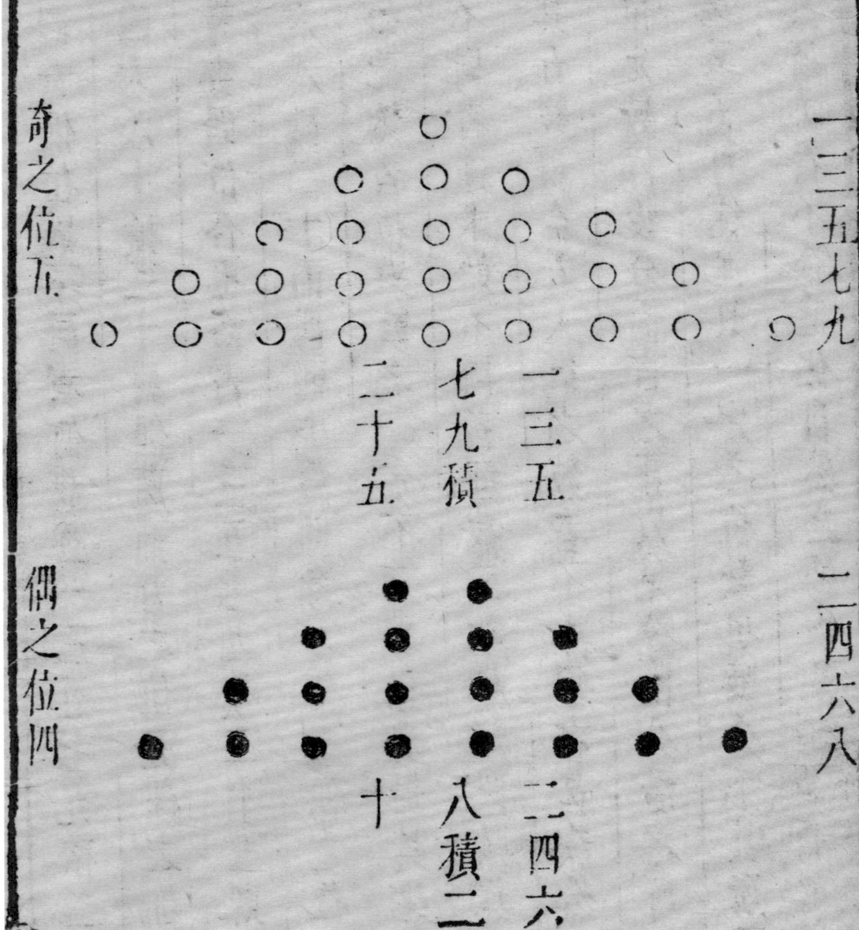

河洛二圖奇偶位數不同者何哉蓋一三五七九積二十五故奇之二四六八十積三十故偶羸而奇之位五偶之位五此河圖所以奇與偶位合也洛書一三五七九積二十五則奇數多矣二四六八積二十而偶則少焉且奇之位五偶之位四奇多乎偶者如此然皆位與數之一定不可易也真悟其生尅之理則圖書不同者迹未始不同者理彼又欲於河圖減其五數於洛書增其五數以合夫大衍之數者不亦謬之甚哉然以前皆圖書定位定數以後分而言之正以見分陰分陽之所以然而循環無端又不可徒泥其一定之位數也噫分乎其所不得不分合乎其所不得不合造化自然之妙不可得而圖也神而明之不存其人哉

蔡九峯皇極八十一名數圖

〡〡原　〡〢潛　〡〣守　〡〤信　〡〥直　〡〦蒙　〡〧閑　〡〨須　〡〩厲　〢〡成　〢〢冲

〢〣振　〢〤祈　〢〥常　〢〦柔　〢〧易　〢〨親　〢〩華　〣〡見　〣〢獲　〣〣從　〣〤交

〣〥育　〣〦壯　〣〧興　〣〨欣　〣〩舒　〤〡比　〤〢開　〤〣晉　〤〤公　〤〥益　〤〦章

〤〧盈　〤〨錫　〤〩靡　〥〡庶　〥〢決　〥〣豫　〥〤升　〥〥中　〥〦伏　〥〧過　〥〨疑

〥〩寡　〦〡飾　〦〢戾　〦〣虛　〦〤昧　〦〥損　〦〦用　〦〧郤　〦〨翕　〦〩違　〧〡迅

〧〢懼　〧〣除　〧〤弱　〧〥疾　〧〦競　〧〧分　〧〨訟　〧〩收　〨〡實　〨〢賓　〨〣危

〨〤堅　〨〥革　〨〦報　〨〧止　〨〨戎　〨〩結　〩〡養　〩〢遇　〩〣勝　〩〤囚　〩〥壬

〩〦固　〩〧移　〩〨墮　〩〩終　〡〡原　一之一

原元吉幾君子有慶數曰原誠之原也幾繼之善也君子見幾有終慶也

〡吉　〢咎　〣祥　〤吝　〥平　〦悔　〧災　〨休　〩凶　〡元　〡吉

八十一數原圖

〡吉〡吉〡吉〡吉〡吉〡吉〡吉〡吉〢咎〣祥〥吝
〤平〦悔〧災〨休〩凶〢咎〢咎〢咎〢咎〢咎〢咎
〢咎〢咎〢咎〡吉〢咎〣祥〥吝〤平〦悔〧災〨休
〩凶〣祥〣祥〣祥〣祥〣祥〣祥〣祥〣祥〣祥〡吉
〢咎〣祥〥吝〤平〦悔〧災〨休〩凶〥齊〥吝〥吝
〥吝〥吝〥吝〥吝〥吝〥吝〤吉〤咎〤祥〤吝〤平
〤悔〤災〤休〤凶〡平〢平〣平〥平〤平〦平〧平
〨平〩平〦吉〦咎〦祥〦吝〦平〦悔〦災〦休〦凶
〡悔〢悔〣悔〥悔〤悔〦悔〧悔〨悔〩悔〧吉〧咎
〧祥〧吝〧平〧悔〧災〧休〦凶〡災〢災〣災〥災

周易　　朝爽堂

〥災〦災〧災〨災〩災〨吉〨咎〨祥〨吝〨平〨悔

〨災〨休〨凶〡休〢休〣休〤休〥休〦休〧休〨休

〩休〩吉〩咎〩祥〩吝〩平〩悔〩災〩休〩凶〡凶

〢凶〣凶〤凶〥凶〦凶〧凶〨凶〩凶

此後八十數皆依前圖次序而吉凶祥吝而悔平災休因之即此一圖可以例其餘矣但吉咎休凶只依一二八九之數可以定之中間雖稍有錯綜而所占率不外此不知禹敘疇箕子洪範果如是乎否也

蔡九峯謂河圖更四聖而象已著洛書錫神禹而數不傳故作是書以究極其數其演數之法縱橫皆九位經之以一一一二一三至於九一九二而終之以九九緯之以一一二一至于九一九九二亦終之以九九是于數學亦自有見而一一一二一比擬洪範則非矣且謂二二而四四四而八八八者八卦之象也一而三三而九九者九疇之數也由是重之八八而六十四六十四而四千九十六而象備矣九而八十一八十一而六千五百二十一而數周矣謂易成于耦止于象固不知易謂範始于一專于數豈知範者哉噫離象言數易道之不明也久矣嘗觀西山有曰楊氏之太玄八十一首關氏之洞極二十七象司馬之潛虛五十五名皆不

知而作者也固不足于三子矣九峰承其家學欲正司馬氏喜太玄之失而亦未離乎楊氏之見蓋亦由易道之不明也然則陰陽消長自然之理義文周孔發揮造化自然之文何由而昭然于天地間哉

皇極經世先天數圖

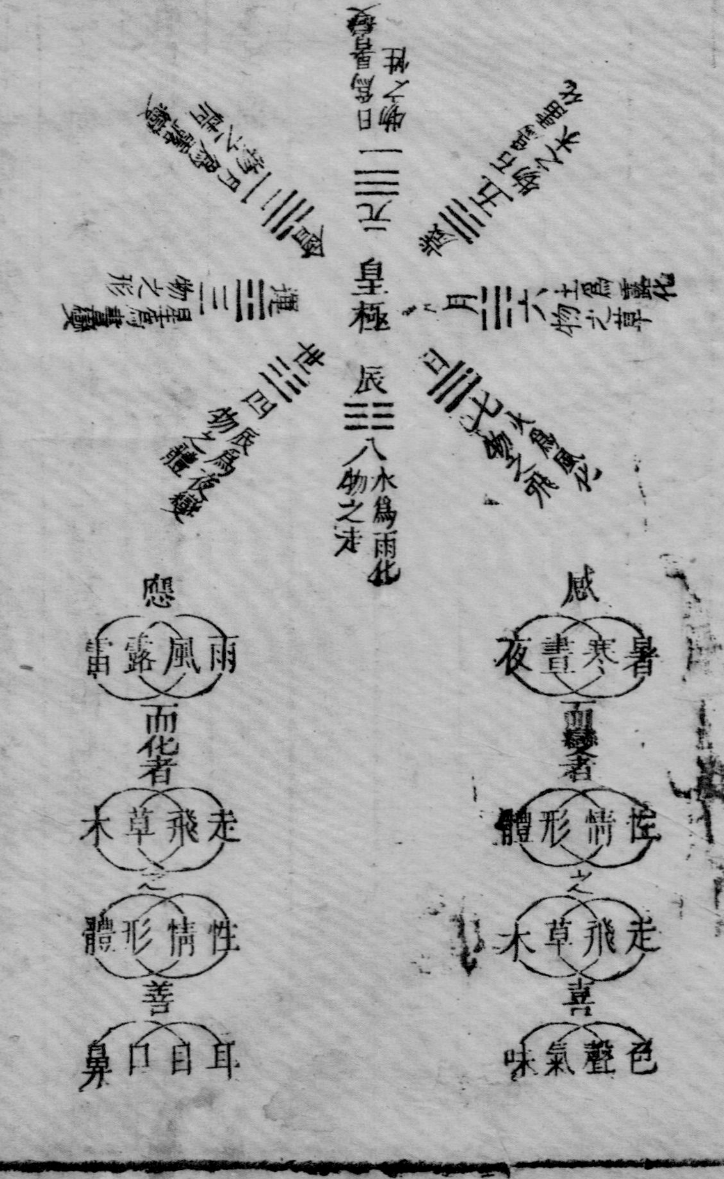

此圖邵康節先生所述也古今之數皆始於一而皇極之數實本於伏羲之先天也乾一兌二離三震四巽五坎六艮七坤八是八卦之生數也陽一而陰二故陽之生陰二而六之爲十二陰之生陽三而十之爲三十是以乾始爲一而兌爲十二離則十二而三十爲三百六十震則十二而爲四千三百二十自巽之坤皆奇偶之生數也離之爲六十四卦則以所生之數而相乘之如其總數也如兌之震則爲十五萬五千五百二十之數也周旋六十四卦相生之數皆如是也若以日月星辰水火土石暑寒晝夜飛走草木分隸於八卦得生生之數則知其所以生得化化之數則知其所以化在學者冥心於此思則得之也

此圖即先天八卦圓圖乾兌離震為日月星辰之變數坤艮坎巽為水火土石之化數四象運而四時行焉八卦變化而百物生焉邵子皇極經世之綱領茲可見矣

元會運世大意總論

夫天地萬物以一為之原原于一而衍之為萬窮天地之數而復歸于一日為元（天主日）元者氣之始也其數一（一元）月為會會者數之交也其數十二（十二月）星為運運者時之行也其數三百六十（周天之數）辰為世世者變之終也其數四千三百二十觀一歲之數而一元之數可知矣以大運而觀一元則一元一歲之大者也以一元而觀一歲則一歲一元之小者也一元統十二會三

百六十運四千三百二十世歲月日時各有數焉一歲統十二月三百六十日四千三百六十二時刻分毫釐絲忽眇沒畢有數皆統于元宗于一始終往來而不窮在天爲消長盈虛在人爲治亂興廢皆不能逃乎數而反之近事小物其生成顛末吉凶成敗洞晰之如響古未嘗有也

後記

《來知德全集（輯校）》的出版，緣起於2014年10月在梁平舉辦的"2014來知德儒學思想國際研討會"。此次會議，除了匯聚美国斯坦福大学、日本大阪市立大学、四川大學、西華師範大學、西南政法大學等高校老師，還有海內外關注來學的研究者。會議中，大家正式提出"天下來學"的倡議，並一致認爲，像來知德這樣一位在歷史上具有深遠影響的大儒，他的相關著作應及時全面整理，以供研究之需。《周易集注》雖在此前已經多次點校整理出版，但是諸如《來瞿唐先生日録》《太史來瞿唐先生年譜》等古籍文獻還未曾正式整理出版。至於已經出版的各類《周易集注》整理本，也因爲採納的參校本種類有限，未能將《周易集注》版本的正誤與异同全面地呈現。這些不足之處都堅定了我們整理出版《來知德全集（輯校）》的決心。

既然決定整理來知德的各類相關著作，首先面臨的問題就是版本的收集與甄別。我們通過查閲諸類圖書館館藏書目，基本掌握了當前來知德相關著作館藏著録信息，尤其明確了《周易集注》和《來瞿唐先生日録》在國內外各大圖書館的版本收録情況。通過相關渠道，我們得到了一些珍貴的古籍影印資料，進一步通過在全球範圍内重金購買的方式，獲得了不少罕見於世的珍稀版本。此外，爲了一覽幾種較爲罕見的版本，整理者曾專程前往北京國家圖書館、四川省圖書館等機構，親自目驗了相關版本的具體信息。這些工作都爲之後的校勘整理提供了古籍版本上的支持與依據。

經過數載的努力，我們在總結前人整理研究成果的基礎上，對《周易集注》《來瞿唐先生日録》以及《太史來瞿唐先生年譜》等古籍文獻詳细逐一標點校勘。又對《周易集注》與《日録》加以簡明注釋。盡最大努力，力求做到内容的準確與校勘的完善。而爲了使讀者更加直觀地了解相關古籍善本的原貌，此次還將《周易集註》與《來瞿唐先生日録》中最具代表性的版本加以原色影印，一並附於校注内容之後。令人欣喜的是，此次《來知德全集（輯校）》的出版，被列入“巴渝文庫”出版工程首批出版項目，並入選國家出版基金資助項目、重慶市出版專項資金資助項目，這也是對我們輯校工作的最大肯定。

此次《來知德全集（輯校）》得以面世，離不開四川大學古籍所、西華師範大學區域文化研究中心以及海内外諸位學者的支持與幫助，特别是唐明邦老先生生前親題書名，並諄諄指導；徐芹庭先生多次來函來電，悉心審改文稿。同時，此書在策劃出版過程中得到了重慶出版集團副總編輯郭宜先生、美術分社總編輯鄭文武先生和責任編輯王娟女士等人的鼎力相助。特此説明并致以誠摯的謝意。

由於編者的水準有限，錯誤和疏漏之處，敬請方家批評指正。

編者

2020年4月8日